UM PEREGRINO EM AQUÁRIO

David Spangler

UM PEREGRINO EM AQUÁRIO

Tradução
ADAIL UBIRAJARA SOBRAL
MARIA STELA GONÇALVES

EDITORA PENSAMENTO
São Paulo

Título do original:
A Pilgrim in Aquarius

Fotografia do autor por
Findhorn Foundation Visual Arts.

Edição	Ano
1-2-3-4-5-6-7-8-9	98-99-00

Impresso em nossas oficinas gráficas.

Este livro é amorosamente dedicado à
memória do
Dr. Wayne Guthrie
e ao
Dr. Bella Karish.

Obrigado por me iniciarem
em minha peregrinação para Aquário.

Ele é dedicado igualmente aos milhares de pessoas que partilharam da minha peregrinação ao longo dos anos e a todos os que trilharam antes de nós, como pioneiros, os caminhos que levam a uma Nova Era.

SUMÁRIO

AGRADECIMENTOS

Todo livro reflete o impacto de muitas pessoas sobre a mente e o coração do autor, e este não é uma exceção. Foram tantas pessoas — todas aquelas que me deram a honra de assistir às minhas palestras e seminários práticos — que a simples menção delas constituiria por si só um livro. Mas a minha peregrinação por Aquário não teria sido possível sem elas, ou pelo menos teria seguido um curso muito diferente. Muito do que aprendi sobre a Nova Era e o mundo sagrado veio do diálogo com elas. Assim, a todos vocês que me concederam o privilégio da presença, do amor, do apoio, do intelecto, do coração e da alma, obrigado!

Agradeço também a John, meu amigo, aliado e mentor. Ele não tem corpo, mas eu nunca usei isso contra ele. Sem John, minha peregrinação não teria sido tão divertida nem tão sabiamente orientada.

Meus profundos agradecimentos ao pessoal da Findhorn Press, especialmente Karin e Thierry, pela paciência que tiveram comigo e por seu apoio nas intermináveis revisões que eu fazia enquanto me empenhava em descobrir a melhor forma para o livro. Também devo agradecer a Lynn Barton, que fez a editoração do original mais de uma vez, já que eu vivia mudando tudo!

Quero agradecer ao Dr. Jackson Spielvogel por me permitir a inclusão do seu excelente artigo sobre a história da idéia de Nova Era como apêndice deste livro. O doutor Spielvogel é um mestre e escritor notável, bem como um notável amigo.

Também devo agradecer a um grupo de amigos fantásticos que leram todo o original em várias versões iniciais, amigos cujos conselhos e comentários, idéias e sugestões fizeram o texto que vocês têm na mão incomensuravelmente melhor do que ele teria sido sem a sua participação. Essas pessoas prodigiosas são Donna Alvarado, Christopher Bamford, Lillis Ruth Chaffee, John Cutrer, Barbara Finn, Robert Gilman, Lawry Gold, Sherry Landrum, Betty Manchester, Andy Smallman, Linda Souma, Marshall e Hazel Spangler, RJ Stewart e Alison Wilson. Agradeço ainda a Susan Wilner, cuja editora, a Outside the Box, Inc., me forneceu uma prodigiosa imagem para o Prólogo.

Por fim, agradeço à minha família: a Julie, minha mulher, cujo constante apoio e cujos comentários e idéias contribuíram incomparavelmente para este livro, e às quatro pessoas maravilhosas que tenho o privilégio de chamar de meus filhos: John-Michael, Aidan, Kaitlin e Maryn. Vocês renunciaram ao seu pai por três meses e me ajudaram a manter um espaço de concentração e de trabalho quando eu sei que na realidade queriam que eu brincasse com vocês (e eu também queria!). Por seu amor e apoio, como sempre, obrigado. Eu os amo.

PRÓLOGO

A Cristalização da Nova Era

Certo dia, fui despertado às seis da manhã pela campainha do telefone. — Bom dia! — disse uma voz animada depois que eu consegui encostar o fone no ouvido. — Sou repórter da revista *Time* em Nova York. Estou falando com David Spangler?

— Sim — respondi.

Minha voz devia estar engrolada, porque a moça exclamou: — Meu Deus! Você estava dormindo? Esqueci-me do fuso horário. Três horas de diferença, não é? Lamento muito. Será melhor ligar mais tarde?

— Não, não — eu disse. É difícil eu acordar depois das seis na maioria das manhãs (especialmente com quatro filhos), mas é ainda mais raro repórteres da *Time* ligarem para mim. — Tudo bem. Seja como for, costumo estar de pé a esta hora. Em que posso ser útil?

— Bem, estou escrevendo um artigo sobre a Nova Era e preciso de ajuda. Há tanta coisa que se autodenomina Nova Era que está muito difícil descrever com precisão o que é. Você poderia me dar uma definição concisa? Meu editor disse que você era a pessoa para quem eu devia ligar.

Eu? O editor dela me recomendara? Depois de anos de palestras sobre a Nova Era, eu estava diante dos meus quinze minutos de fama?

Embora fosse uma comunicação telefônica, eu passei a mão pelos cabelos para parecer mais apresentável naquela situação; isso não é nada trabalhoso, pois já não tenho muitos fios. — Ah, sim — eu disse. — Posso dar-lhe uma definição concisa de Nova Era.

Isto serve apenas para mostrar que, embora eu estivesse acordado, meu juízo dormia. A maioria das pessoas que me conhecem diria que eu nunca fui capaz de definir o que quer que seja em menos de vinte e cinco palavras... mas isso é outra história.

Tentei então condensar tópicos como transformação social, mudanças de paradigma, holismo, a Hipótese Gaia, a espiritualidade cotidiana, a co-criação e outras idéias que compunham as minhas palestras numa definição concisa, compacta. Na verdade, fiz várias tentativas, esperando que, embora não estivesse sendo breve, ao menos fosse claro. Quando finalmente acabei, houve silêncio do outro lado da linha. E a repórter perguntou: — Mas o que você tem a dizer sobre os cristais?

— Cristais? — repliquei, demonstrando não estar compreendendo.

— Sim, você não disse coisa alguma sobre os cristais.

— Cristais? — repeti. — Por que cristais?

— Bem — ela parecia surpresa, como se eu de repente me tivesse transformado no idiota da cidade bem na frente dela. — Não posso escrever sobre a Nova Era sem discutir os cristais. Todos os adeptos da Nova Era acreditam no uso dos cristais para vários propósitos mágicos. Foi o que me disse meu editor.

— Não — repliquei, espantado. — Isso não é verdade. Eu mesmo não uso cristais. — Claro que, naquele momento, meu olhar foi atraído para o grande cristal multifacetado que pendia na janela do quarto. Minha mulher o pusera ali há três anos por causa de sua beleza, e quando o sol brilhava através dele, o cristal criava belos arco-íris nas paredes do quarto. Agora, em vez de peça decorativa, ele passara de repente a ser um ícone mágico, prova da minha condição de adepto da Nova Era. Tive o ímpeto de derrubá-lo.

— Ah, bem, então sinto muito — disse ela. — Nesse caso, você não pode me ajudar. Se vou escrever sobre a Nova Era, diz meu editor, tenho de incluir os cristais. Obrigada por sua atenção. — E, com isso, ela desligou...

Cristais!

Por que os cristais se tornaram o símbolo da Nova Era? Talvez porque alguns grupos esotéricos acreditem que o paradigma essencial da Nova Era seja a organização e a ordem (enquanto o paradigma da Era de Peixes que agora se encerra foi a devoção) e porque o cristal representa um alto estado de ordem. Contudo, os cristais têm estruturas tão rígidas que o tipo de ordem e organização por eles representado é antes semelhante a um estado fascista ou uma obsoleta hierarquia corporativa dos primórdios da era industrial do que à mentalidade difusa, mais democrática e processual que se costuma associar com o ambiente da Nova Era.

Creio que, se temos de escolher um símbolo para a Nova Era, a célula é uma imagem muito superior. A célula é uma organização fluida, um sistema sobremodo complexo e estruturado que não obstante conserva a flexibilidade e o dinamismo; trata-se de um cristal orgânico. Por outro lado, ao contrário dos cristais, ninguém aufere lucros com as células. É difícil trazer uma célula pendurada no pescoço (embora se possa simplesmente mostrar o pescoço: ele tem inúmeras células e todas de graça).

De qualquer maneira, qualquer que seja o símbolo que você prefira, bem-vindo à Nova Era!

Como a repórter da *Time* descobrira, o termo "Nova Era" é usado para descrever um vasto território, abrangendo uma multiplicidade de atividades e crenças, nem todas coerentes entre si e sequer capazes de se apoiar mutuamente. Não admira que muitas pessoas estejam confusas com relação ao seu exato significado. Todos gostaríamos de cristalizá-la numa definição simples.

Neste livro, quero apresentar a você a minha concepção pessoal do que é a Nova Era. Muitos dos leitores já terão suas próprias opiniões e idéias sobre o que ela é, espero que advindas da experiência real e não simplesmente do que diz a imprensa. É minha expectativa que os meus pontos de vista o estimulem a pensar de modo mais profundo acerca de coisas que você já sabe ou nas quais acredita. Com respeito a quem está tendo contato com a idéia de Nova Era pela primeira vez, espero que este livro lhes dê combustível para o pensamento e seja bom fundamento para um exame mais aprofundado por parte de vocês, bem como para a formulação de perspectivas e modos próprios de ver o tema.

A Nova Era pode ser muitas coisas para muitas pessoas. E também pode ser muitas coisas para uma mesma pessoa, visto exibir diferentes facetas. Apresentarei agora alguns pensamentos iniciais, que serão, todos eles, examinados de modo mais detalhado no corpo do livro.

Para começo de conversa, diferencio "Nova Era" de "movimento da Nova Era". Este último é uma confluência moderna de idéias, acontecimentos, grupos e atividades que se alinham de alguma forma, por mais trivial e minimamente que seja, com as idéias de transformação pessoal e planetária, e que propõem diversas maneiras de procurar alcançá-la. Ele contém igualmente elementos que atribuem menos importância à transformação e vêem nos dados demográficos do movimento um novo mercado. (Em 1995, o total arrecadado com a venda de artigos voltados para a Nova Era — livros, fitas, vídeos, Cds e produtos vendidos pelo correio —, somado à renda estimada dos retiros e seminários, ultrapassou a casa dos 450 milhões de dólares. Como empreendimento comercial, a Nova Era com certeza chegou, e isso não é uma questão de somenos importância!) Quando falou comigo, a repórter da *Time* na realidade me fez perguntas sobre o caráter e as crenças do movimento da Nova Era e não acerca da idéia de Nova Era propriamente dita.

A Nova Era é, por outro lado, uma idéia atemporal. Ela é bem mais ampla do que o movimento que traz o seu nome. Tem uma história de pelo menos três mil anos e, sob certos aspectos, representa uma intuição da alma e do coração humanos segundo a qual um mundo definido pela unidade entre espírito e matéria, entre natureza e humanidade, entre o sagrado e o encarnado não é apenas uma possibilidade, mas um imperativo.

Certa feita, quando me pediram que dissesse em poucas palavras qual era a minha concepção da Nova Era, o que escrevi foi:

> *A Nova Era representa um mundo no qual há uma cultura planetária dando expressão à nossa humanidade comum e ao bem-estar de todos os seres que habitam a Terra. É também um mundo de culturas locais fortes, honrando e possibilitando a expressão das qualidades individuais ímpares de lugares e biorregiões específicas, etnias específicas e identidades locais. Essas coletividades organizadas funcionam no contexto de redes globais de comunicação, de comércio, de imaginação e de apoio mútuo. Assim, tanto o local como o planetário, tanto o individual como o coletivo, são apoiados de maneira sinérgica. Ensinam-se os indi-*

víduos a ser criativamente ímpares e a se envolver de modo compassivo e responsável uns com os outros.

A humanidade é guiada por uma forte consciência ecológica e por uma vigorosa ética da Terra. Ela mostra igualmente um forte sentido de espiritualidade e das dimensões espirituais que partilham do mundo conosco. As religiões são honradas e celebradas como caminhos para o sagrado. Contudo, vê-se a espiritualidade como um recurso humano e como um vínculo com o cosmos que não pode ser contido em nenhuma instituição nem dogma particulares, mas que é livre para trazer graça a todas as instituições e empreendimentos humanos.

A humanidade dá prosseguimento ao seu arrojado progresso tecnológico, mas, nesta nova civilização, ela o faz seguindo percursos que estão em harmonia com o seu bem-estar espiritual e ecológico e que não obscurecem a vida da alma em nosso íntimo ou no íntimo do mundo.

Na minha visão da Nova Era, a humanidade adquiriu instrumentos, habilidades e conhecimentos para expandir-se na direção das fronteiras da cooperação e da compreensão mútuas, de uma harmonia atuante com o mundo que nos sustenta ecologicamente, das fronteiras do espaço e dos domínios inexplorados do espírito e do amor universal que está na base de todo ser.

No momento em que escrevo este livro, a minha concepção ainda é esta. Mas ela é suscetível de mudança e de revisão de acordo com o aumento dos meus conhecimentos. Afinal, ela não está esculpida em cristal.

Quando monto quebra-cabeças com os meus filhos, sempre tentamos descobrir as peças de canto para nos ajudar a definir as fronteiras da figura (ainda não experimentamos fazer quebra-cabeças redondos!). Segundo vejo, os quatro cantos do quebra-cabeça da Nova Era são uma perspectiva planetária, uma consciência ecológica, novos paradigmas na ciência e na tecnologia e novas intuições sobre a responsabilidade pessoal. No centro do enigma há, não obstante, o engajamento com a dimensão espiritual e sagrada da vida: a dimensão da alma que há dentro de nós e no seio do cosmos. A Nova Era pode ser concebida como a Era da Alma, sendo esta entendida não como algo distinto e separado do corpo e da personalidade, mas como um princípio unificador, um princípio sinérgico, uma atividade de vinculação, de imaginação e de co-criação entre nós, o cosmos e o sagrado.

Eu às vezes imagino a Nova Era como um pretexto. Ela é um pretexto para imaginar a maneira como o nosso mundo poderia evoluir, como ele poderia ser diferente, como poderia ser melhor. Um pretexto para ter novas visões oníricas. Para experimentar e explorar novos comportamentos e atividades. Mesmo que a Nova Era não existisse como nome, a mesma função ainda se faria presente na sociedade. Simplesmente empregaríamos para ela alguma outra denominação. Para desenvolver-se e ser viável, toda cultura precisa de uma dimensão de experimentação e de transformação que se situa além das fronteiras do conhecido e aceito. Não que tudo o que transpira nesta dimensão seja valioso ou útil, agradável ou seguro. Muito da experimentação pode ser um modo de rejeitar compromissos, diferente apenas pelo prazer da diferença e até mesmo perigoso. Mas onde existem integridade e visão, desejo de servir e um sentido de perspectiva histórica e de ligação com o bem-estar e o destino da cultura em termos mais abrangentes, a experimentação pode ser profunda e muito útil, levando-nos a todos a uma vida nova e melhor.

Creio que a Nova Era dirige-se fundamentalmente às fronteiras: fronteiras entre as diversas experiências do eu, fronteiras entre pessoas, entre o eu e o mundo e entre o eu e o sagrado; fronteiras entre a humanidade e a natureza, entre a humanidade e o cosmos, entre a humanidade e os mundos interiores, entre o físico e o espiritual, a mente e o corpo ou a consciência e a matéria; fronteiras, enfim, entre ricos e pobres, desenvolvidos e em desenvolvimento, a indústria e as características locais, o moderno e o pós-moderno, o antigo e o novo. A Nova Era é uma imagem da transformação passível de ocorrer nestas fronteiras.

As fronteiras são lugares nos quais a mudança pode acontecer, em que se processam a comunicação e o intercâmbio, nos quais novas coisas vêm à existência. O caos habita as fronteiras, mas a vida também tem aí o seu domicílio. Na realidade, há na teoria do caos um domínio chamado "beira do caos". Nessa região — nessa fronteira entre a estabilidade e o caos —, um sistema ou organização perde a sua coerência e a sua estabilidade em grau suficiente para tornar-se suscetível de mudança, de transformação e de reorganização, porém não a ponto de decair no caos. Trata-se do domínio no qual o conhecido e o desconhecido, o familiar e o imprevisível, se reúnem de maneira co-criadora. Trata-se da essência da vida.

A Nova Era é o espírito dessa beira do caos, espírito da fronteira, do vir-a-ser. Ela nos conclama a compreender esse domínio conscientemente e a penetrar nele, nessa extremidade, de modo a poder entrar em contato com uma força primordial de auto-organização e de manifestação, força de novidade e de vir-a-ser. Chama-nos ao engajamento com a força primordial da vida de maneira mais profunda. Não se trata de um chamado para o caos, como temem alguns, mas para nos dirigirmos à beira criativa do caos.

O espírito da Nova Era advém da crescente parcela manifesta da alma do cosmos. Ela personifica o anseio pelo próximo passo, em especial pelo próximo passo capaz de revelar e personificar uma parcela mais ampla do mistério que é a sacralidade no coração e no corpo do universo. A Nova Era faz ressoar aquela parte de nós (e do cosmos) que busca aquilo que podemos ser, e não apenas o que fomos ou o que somos agora.

Também acho que a Nova Era é uma encruzilhada na qual se encontram quatro elementos; em seu encontro, estes elementos geram um impulso co-criador e transformador, um impulso capaz de dar origem a um mundo melhor.

Um desses elementos é o processo de mudança transformadora. Vemos muito disso no mundo atual, em seus aspectos tecnológico e social. As mudanças no conhecimento, na tecnologia, na política, na economia e nas estruturas sociais estão acontecendo numa velocidade sempre crescente, de uma maneira sem precedentes na história humana. Com efeito, a Nova Era costuma ser descrita primordialmente como uma imagem da mudança: a transformação do mundo que conhecemos em algo novo ou, mais apocalipticamente, a morte do mundo nosso conhecido e seu renascimento como algo diferente e melhor.

Porém, há mais coisas na Nova Era além de transformação e mudança. Uma coisa nova pode não ser necessariamente melhor ou diferente. Conheci grupos da Nova Era que, embora proclamem conceitos e idéias holísticos, são tão opressivos para os seus membros como os grupos que usam as idéias e métodos hierárquicos que definem a civilização desde a Suméria e o Egito antigos.

Considero a mudança e a transformação um elemento horizontal. Mas há também um elemento vertical. Ele representa o mergulho mais profundo no espírito, numa presença de novidade. Esse aprofundamento pode ser concretizado mediante a prática de uma disciplina religiosa específica, mas pode igualmente ser descoberto por pessoas que se ocupam da ciência, dos negócios, do governo, das artes, da engenharia, dos esportes e de muitas outras atividades. Na verdade, as religiões organizadas, com seu apego a certas imagens e crenças cultural e historicamente determinadas, e sua insistência nelas, podem obscurecer o próprio espírito que buscam servir sob camadas de estrutura e de doutrina.

Há um problema bastante conhecido que pede que se desenhe um quadrado com um X dentro usando apenas sete linhas ou movimentos da caneta, sem levantar a caneta do papel ou voltar sobre uma linha. A única maneira de resolvê-lo consiste em estender uma linha para fora do quadrado, solução que muitas pessoas a princípio não percebem, pois estão condicionadas a pensar em chegar a uma forma de resolver o problema apenas nos limites do próprio quadrado.

Do mesmo modo, há em nós, seres humanos, e no mundo como um todo, uma dimensão situada fora do quadrado da dimensão cotidiana, material. Podemos chamá-la de dimensão da ligação e da integridade maior ou de dimensão da alma. Podemos também dar-lhe o nome de dimensão do espírito, de Deus ou do mistério. Seja como for, muitas das soluções que buscamos para os problemas do mundo, bem como a visão interior e o poder criador que temos de invocar para nos capacitar a fazer mudanças para melhor, estão nessa dimensão fora do quadrado.

A Nova Era representa para mim a extensão criadora e prática da capacidade perceptiva do ser humano para esta dimensão mais ampla, fora do quadrado do pensamento materialista. Concebo-a como uma dimensão de profundidade espiritual e de integridade, dimensão de co-criatividade. Se não reconhecermos a existência dessa dimensão, fazendo dela uma parte de nossa vida, a mudança poderá trazer um mundo diferente, mas não trará um mundo da Nova Era. Porque a visão da Nova Era é a do surgimento de um mundo sagrado, e o mundo sagrado incorpora essa dimensão profunda que se acha além dos limites do quadrado.

Neste momento, boa parte das experiências de círculos da Nova Era com a dimensão exterior ao quadrado assume a forma de um exame de formas antigas de espiritualidade, como o xamanismo, ou dos domínios do ocultismo e da mediunidade. Inclui-se aí igualmente um forte elemento de busca de várias modalidades de disciplina mística inerentes ao cristianismo, ao judaísmo, ao budismo, ao hinduísmo e ao islamismo. Contudo, há um crescente esforço, que tem por objeto formas planetárias e não-denominacionais de espiritualidade, que visa procurar compreender de novas maneiras a dimensão espiritual, usando uma linguagem e imagens novas (muitas vezes emprestadas da ciência moderna). Esse esforço pode ter particular relevância para a nossa época.

Na medida em que este livro tem um tema específico, trata-se desta dimensão vertical — a dimensão espiritual — da Nova Era, especialmente levando em consideração que muito já se escreveu sobre o elemento horizontal, ou de transformação, em livros acerca dos novos paradigmas, de profecias e de mudanças sociais.

Outro elemento que converge para o encontro na encruzilhada são as honras que se prestam ao eu. Penso no eu, neste contexto, como a experiência de ser um indivíduo particular com relacionamentos particulares diante do mundo e perspectivas particulares a respeito deste. Reconheço que sou o produto de uma cultura ocidental que apresenta um longo histórico de exaltação do eu individual (ao mesmo tempo em que, educacional, social e politicamente, exerce com freqüência pressões sutis, e por vezes não tão sutis, sobre cada um de nós para que nos conformemos e ajamos como todos os outros). Todavia, trago também para este contexto anos de experiência e de trabalho com uma dimensão espiritual interior em que cada encarnação individual é percebida como uma valiosa manifestação do infinito, que oferece, em sua própria particularidade, um potencial de conhecimento e energia criadora que é ímpar e insubstituível. O indivíduo é um ponto de vir-a-ser e de novidade.

Este elemento do eu é bem representado nos círculos da Nova Era pelos muitos encontros e seminários sobre o crescimento e o desenvolvimento pessoal, assim como por todo o movimento do Potencial Humano e da psicologia humanista. Compreender a dinâmica por intermédio da qual nós moldamos, sustentamos e alimentamos a nossa encarnação individual é sobremodo importante. Contudo, há ocasiões nas quais este elemento fica desequilibrado em função da ênfase exagerada que recai no eu pessoal e em sua evolução.

Esta tendência pode ter como contrapartida equilibradora o elemento final, que julgo ser a idéia da condição de pessoa ou da manifestação do coletivo no interior do pessoal. Há uma fronteira em que o crescimento do eu individual volta-se para si mesmo de maneira solipsista e potencialmente destrutiva, ameaçando tornar-se um sistema fechado e auto-referencial, exceto se puder expandir-se no âmbito dos seus vínculos e relacionamentos com o mundo mais amplo a fim de descobrir uma nova dimensão de si mesmo. Trata-se da fronteira da empatia, o ponto no qual nos tornamos participantes do bem-estar de uma totalidade mais ampla do que aquela que constituímos. É o ponto em que o amor, expandindo-se, transcende-nos a fim de nos levar à união com uma experiência mais abrangente de eu. É a experiência da comunhão, que forma a base do tecido da comunidade e que o aprofunda e transforma.

Desse modo, considero a Nova Era como um plano no qual as forças da mudança, do aprofundamento e da harmonia espiritual, do desenvolvimento pessoal e do desdobramento e enriquecimento da comunidade se encontram e trazem à vida um fluxo de co-criatividade e de revelação, de inspiração e de entusiasmo pelo futuro. Trata-se do ambiente em que irrompe em nossa vida e na vida do mundo, de maneira nova e inesperada, a expressão da unidade no interior da criação, unidade essa que denomino mundo sagrado. Um plano de novidade, de renovação e de irrupção.

A meu ver, a idéia de Nova Era surge em nosso tempo para nos lembrar que este lugar, esta encruzilhada, existe e que, em meio à mudança planetária, também podemos dar um passo para penetrar no âmbito da transformação e do aprofundamento no nível planetário. Podemos ir além da mudança, alcançando o desvelamento, ir além da novidade, alcançando a bem-aventurança.

A encruzilhada de que falo não é nova; ela sempre foi parte do nosso potencial mais profundo. Agora, a visão desse potencial volta a acender-se em nosso mundo. Eis a dádiva que a idéia de Nova Era tem a oferecer. Lembrando-nos dessa dádiva, ela pode nos proporcionar maneiras de descobrir essa encruzilhada em nosso próprio ser. Então, a partir de sua força e da sintonia que traz, poderemos contribuir para moldar um mundo melhor para todas as criaturas que habitam a Terra, humanas e não-humanas.

É isso que a Nova Era significa para mim.

Trata-se de uma visão que se está tornando manifesta no tempo [*time*], mas que infelizmente nunca conseguiu entrar na *Time*.

CAPÍTULO 1

O Louco de Aquário

A dar crédito aos meios de comunicação, a Nova Era é habitada por médiuns, ocultistas, pessoas que foram seqüestradas por OVNIs, paranormais, viciados em seminários práticos, pessoas com problemas de narcisismo, cartomantes e pessoas que usam pedaços de quartzo pendurados no pescoço. Segundo essa concepção, a Nova Era é o ambiente ao qual as pessoas se dirigem quando querem reequilibrar os chacras, purificar a aura e descansar a mente.

Esta imagem é, naturalmente, distorcida, como costumam ser os estereótipos desses veículos, empregando os elementos mais estranhos de uma minoria para definir as características de uma comunidade bem mais ampla. Poder-se-ia dizer também que uma dona-de-casa é alguém que passa os dias recostada num sofá, comendo chocolate e assistindo à televisão, ou então que um professor universitário é alguém que tem "romances" com as alunas. Por outro lado, desde tempos imemoriais, os estereótipos têm sido usados para provocar tanto o riso como a auto-reflexão. Logo, de quando em vez, ao me sentir particularmente tolo e com o humor do Monty Python, entro na versão humorística da Nova Era e penso num novo parque temático de diversões: O Mundo de Aquário. Permitam-me brincar por um momento e imaginem algo como isto:

Você entra pela Rua X (A Rua dos Fenômenos Inexplicados! Veja os Repolhos de Vinte Quilos! Jardins na Areia! OVNIs! Raptos por Alienígenas! Comunidades Naturais! Poderes Mediúnicos! Conspirações Políticas! Tenha a Mente Elevada e as Fronteiras Pessoais Ampliadas! A Realidade Nunca Mais Será Como Antes!!!). No corpo do parque, você pega um trenzinho para o Mundo da Terapia (Percorra a Montanha Russa do Grande Processo Interior! Fique com Arrepios nos Eletrizantes Altos e Baixos Emocionais! Grite de Pavor com as Introvisões! Seja Autêntico!). Centrado, com sua força pessoal resgatada, seu processo realizado e sua criança interior dançando de alegria, você passa pelo Mundo dos Mistérios Antigos (Percorra as Ruínas e Escavações dos Antigos Mistérios Ocultos e das Antigas Práticas Esotéricas! Vibre com a Tradição Mistérica Ocidental! Veja Magos Herméticos Caminharem pela Árvore da Vida!) Feito isso, você inicia, como um adepto, um passeio pelo Mundo Nativo (Monte Sua Prática Espiritual Personalizada a partir da "Salada" da Espiritualidade Tradicional dos Povos Indígenas — Pegue o Que Quiser e Deixe o Resto! Xamanize! [*sic*] Descubra Seu Próprio Animal de Poder e Leve Para Casa, Treinamento com Garantia!)

É hora de descansar e de visitar um dos muitos restaurantes do parque (Novo! MacTofu! Mais de 3 Vendidos!) ou talvez de mergulhar na Fonte dos Cristais (Purifique Sua Aura! Equilibre Suas Polaridades!) Mas não demore muito. Há mais emoções à sua espera. Assim, você se dirige, ansioso, para o Mundo da Profecia (Trema Enquanto Desastres Apocalípticos Mudam a Face da Terra! Observe a Civilização Chegar ao Fim! Ouça a Marcha Milenarista e Veja o Grande Desfile Hierárquico de Mestres, Anjos e Seres Espaciais, Levando os Sobreviventes para a NOVA ERA!).

Tomado pela vertigem e pelo assombro, você vai agora ter um contato real com o espírito por meio do Mundo do Universo Interior (Use o Canal e Comunique-se com Pessoas Mortas, Mestres, Anjos, Extraterrestres, Guias e Senhores da Guerra de Antigas Civilizações! Conheça o Estilo de Vida dos Mortos Famosos! Recorde-se de Suas Vidas Passadas! Aprenda com Seres que Ascenderam que Você é Amado, é Legal, é Perfeito e Tem Amigos em Círculos Elevados!)

Por fim, exausto mas feliz, você, já saindo do parque, visita a loja PsicoTec Lembranças e compra cristais para os momentos especiais em que precisa acumular ou concentrar Energias Psíquicas (Não Saia de Casa Sem Elas!).

Parece divertido, não?

A Nova Era pode ser um lugar de surpreendentes e prodigiosos contrastes. Em 1992, fui convidado para um seminário da Nova Era em Los Angeles para falar sobre a Fundação Findhorn, uma comunidade espiritual e da Nova Era localizado no norte da Escócia. Depois que falei, fui à ala de expositores e vi que todo tipo de negócios tinha estandes e mostruários. Perto de um homem que vendia cristais de todos os tipos e preços e de uma mulher que fazia leituras de vidas passadas, havia um estande oficial "Jerry Brown para Presidente", dirigido por voluntários impecáveis, de terno e gravata.

Pelo que me disseram, o ex-governador da Califórnia faria um comício no seminário; como tivesse bastante tempo antes de ter de ir para o aeroporto, fui ver os primeiros momentos disso. Quando eu me movimentava no auditório apinhado, o delicioso assombro que senti me tirou o fôlego. Se tivesse de apresentar um público "Nova Era" estereotipado, a equipe de um estúdio hollywoodiano não poderia fazer melhor: havia ali uma profusão reluzente e colorida de camisetas manchadas, contas, faixas de cabeça, vestidos indianos, pingentes de cristal, camisetas de mangas compridas com figuras de anjos e unicórnios e mensagens como "Os sábios têm bolas de cristal", ponchos e cabelos compridos em toda parte. Havia até um homem que trazia na cabeça uma pirâmide de arame. Eu lhe perguntei por que e ele disse que recebia, diretamente no cérebro, transmissões cósmicas de um sistema estelar situado nas Plêiades. Dado que todos os outros, inclusive eu, tinham ido ali ouvir o comício, percebi que ele deveria ser o mais sensato.

No palco, um guitarrista aquecia a multidão com cânticos sufis e mantras hindus, à espera do governador. Obviamente, tínhamos ali o cenário típico de uma campanha no sul da Califórnia!

Por outro lado, junto às paredes havia encarregados da segurança, de rosto de pedra, envergando ternos azul-marinho, que nunca sorriam, nunca franziam o cenho, e cujos olhos perscrutavam a multidão através de óculos escuros. Suponho que procuravam alguma coisa suspeitamente fora do comum, embora, Deus me perdoe, não tenho a menor idéia de como eles poderiam identificar um ser estranho no meio daquela multidão! Enquanto isso, no fundo, a imprensa, em meio a uma impressionante quantidade de câmeras e microfones, mostrava-se adequadamente entediada e desinteressada. Acho que mesmo que o próprio Jerry Brown aparecesse com um chapéu-pirâmide, este pessoal sequer teria pestanejado. ("Governador, queira desculpar, mas o senhor acredita que o voto das Plêiades está garantido?")

Era tão estranho que chegava a ser espantosamente divertido. Como gostaria de ter uma máquina fotográfica para registrar aquilo para a posteridade! Aquário encontra o serviço secreto! O descontraído estilo político da Nova Era! Infelizmente, Brown estava atrasado (se bem que, na Nova Era, pelo que me dizem, de qualquer maneira tudo acontece em seu momento certo e perfeito, de modo que na realidade ele estava no horário, onde quer que se encontrasse naquele momento), e tive de ir pegar o avião antes de sua chegada. Que pena! Eu estava de fato tentando imaginar o que ele diria a semelhante platéia!

Na verdade, eu gostava do governador; tínhamos vários amigos comuns e ele era um dos poucos políticos com uma visão genuína do futuro, um espírito filosófico e a disposição de levar a sua mensagem a todos os lugares em que ele julgasse haver pessoas dispostas a ouvi-lo. Naturalmente, sendo quase o último colocado nas pesquisas, Brown tinha o estímulo para conseguir votos onde os pudesse encontrar, por mais estranha ou marginal que a platéia pudesse parecer. Mesmo assim, admirei-o por levar sua campanha para um seminário da Nova Era. Tratava-se de uma atitude corajosa, dado que a imprensa já o rotulara, e à sua mensagem, ao apelidá-lo de "Governador Raio de Lua". Falar a um público que continha pessoas com pirâmides na cabeça não pode ter ajudado muito a alterar esta imagem.

Disse-me recentemente um amigo: "A Nova Era é muito confusa. Vai dos ensinamentos mais profundos e sábios a *hippies* que vendem cristais na esquina. É difícil perceber o que ela efetivamente é."

Meu amigo está certo. A Nova Era é confusa. O que se pode fazer com algo de que, a depender das pessoas com quem se fala ou das fontes que se usam, se diz incluir quase tudo — de rituais ocultistas à nova ciência, de seqüestrados por OVNIs à medicina holística, da mediunidade às comunidades auto-suficientes, do Armagedon a práticas alternativas, de Hierarquias de Mestres a vendedores ambulantes de cristais? Às vezes, tenho a impressão de que o movimento da Nova Era é como um imenso campo de refugiados no qual a única coisa que todos têm em comum é a coisa de que estão fugindo (o corriqueiro, o familiar, o tedioso, os comportamentos padronizados), e não o lugar para onde estão indo.

Quando penso em Nova Era, lembro-me freqüentemente de uma

metáfora. Nos últimos anos, milhões de pessoas em todo o globo envolveram-se com a rede planetária de computadores, cada dia mais abrangente, que leva o nome de Internet. Por isso, o ciberespaço, o hiperespaço ou o espaço virtual — há várias denominações para ele — tornou-se para as pessoas que nele transitam um espaço muito real. É um lugar imaginário, uma construção mental sustentada por uma rede eletrônica de milhões de computadores, dispositivos de conexão e linhas telefônicas.

A Nova Era é assim. Também ela é um lugar imaginário — ou, como o disse certa vez meu amigo poeta, David Whyte, "uma comunidade imaginária". A Nova Era é mais do que um movimento. É uma paisagem imaginária, uma construção mental sustentada por uma frouxa e amorfa rede de centros, encontros, seminários, retiros, mestres, livros, revistas e lojas. Você pode entrar em conexão com ela tal como o faz com o ciberespaço, tanto para uma rápida viagem como para permanecer nela por períodos mais longos. Pode-se visitá-la para obter alguma informação ou inspiração, do mesmo modo como se pode fazer dela um lugar em que viver e trabalhar, talvez indo para um centro espiritual como a Findhorn Foundation, no norte da Escócia. E até conheço pessoas que são como nômades aquarianos, percorrendo o país a fim de seguir os grupos migratórios de mestres espirituais, gurus do desenvolvimento pessoal e médiuns da Nova Era, indo de reunião em reunião, de seminário em seminário, de conferência em conferência, de ponto de força em ponto de força.

O movimento da Nova Era nem sempre foi tão amorfo; no entanto, com o passar dos anos, tornou-se uma espécie de massa de modelar. Ele foi igual a uma bacia oceânica para a qual convergiram todos os rios e correntes da aspiração, da esperança, do medo, da imaginação e da experimentação com respeito ao futuro. E é como o delta de um rio no qual os ricos depósitos de pensamento e de sentimento transformadores espalharam-se em todas as direções.

Uma história resumida

Para dar uma certa clareza ao assunto, apresento uma história resumida — contada, é claro, do meu ponto de vista — da evolução do movimento da Nova Era moderno nos Estados Unidos (e, em alguma medida, na Grã-Bretanha). Faço esta distinção porque, embora seja um fenômeno global, a Nova Era assume formas diferentes de acordo com cada cultura. Boa parte do que os meios de comunicação descrevem como o movimento da Nova Era é moldada por sua evolução moderna na sociedade americana e européia ocidental; mas a intuição de que o mundo está passando por transformações e de que há na Terra um novo espírito é universal. A reação que essa intuição provoca em outras sociedades não precisa assumir, e de modo geral não assume, a mesma forma que tem no Ocidente. Seria de fato interessante examinar as várias maneiras de entender e de exprimir a idéia de Nova Era em diferentes culturas espalhadas pelo globo, mas isso ultrapassa o alcance deste livro.

Quando ouvi falar pela primeira vez em Nova Era, nos idos de 1959, predominavam no seu âmbito os paranormais, os médiuns, os parapsicólogos e pessoas que tinham tido contato com discos voadores. (Na época, ninguém era seqüestrado, muito embora fosse freqüente que os homens contatados, segundo nos contavam, fossem convidados a dar passeios em veículos pilotados por mulheres belíssimas de olhos luminosos que discorriam sobre a importância do amor cósmico; na adolescência — claro que apenas por interesse científico —, eu muitas vezes me perguntava o que fazer para conseguir um contato desse gênero! É natural que isso me mantivesse atento às possibilidades da Nova Era.)

O tema principal era o apocalipse iminente que "purificaria" a Terra de todos os elementos indesejáveis da civilização moderna — inclusive, por infelicidade, muitas pessoas modernas, devido ao seu apego a valores materialistas e ao seu fracasso em obter a média em Evolução da Alma 101. Contudo, ou pelo menos foi isso que me garantiram, todas elas reencarnariam num bom lugar em que dariam continuidade à sua evolução/educação, de modo que na verdade elas não estavam sendo mortas pelos desastres e catástrofes nem sofrendo nada de parecido, mas realocadas. Seja como for, depois que tudo estivesse renovado e puro outra vez, um grupo composto por mestres espirituais e extraterrestres (estes conhecidos como "Irmãos do Espaço", se bem que, como mencionei, a maioria dos contatos parecia ser com Irmãs do Espaço... Ah, sexismo em Aquário) chegaria para ensinar aos sobreviventes como construir a utopia. Esplêndido!

É interessante que, nesse período, quase todos os adeptos da Nova Era que conheci eram republicanos conservadores — o que pode ter alguma relação com seu apego a profecias apocalípticas, visto serem eles então, sem sombra de dúvida, o povo despossuído vagando pelo deserto — e o programa social da Nova Era, presumindo-se que houvesse algum, era pró-indivíduo e antiinstitucional.

A partir da metade dos anos 1960, no entanto, a Nova Era começou a ampliar-se e a complexificar-se. Foram os anos do surgimento da contracultura *hippie* e das psicologias humanista e transpessoal, período em que as religiões e filosofias do Oriente se popularizaram e em que os movimentos do potencial humano, dos direitos civis e contra a guerra despertavam nas pessoas sua força pessoal, política e moral. (Eu vivia, na época, na região de San Francisco, na qual a polaridade entre a política radical dos estudantes de Berkeley e a contracultura *hippie* de Haight-Ashbury era dramática em seu contraste: na primeira, as pessoas iam para a rua fazer passeatas e protestos, ao passo que, nesta última, dirigiam-se a um seminário de autodescoberta, seguiam um guru ou iam procurar LSD. A política do exterior e do interior estava bem representada.)

Todos esses elementos e atividades começaram a misturar-se de vários modos com o movimento da Nova Era, dando-lhe uma feição muito mais dinâmica e ampla do que ele tivera, bem como uma dimensão de transformação social de que o movimento carecera anteriormente, ao que se somou uma decidida mudança política da direita para a esquerda.

Então, na década de 1970, houve toda uma nova irrupção de atividades transformadoras que começou a redefinir por inteiro a natureza da Nova Era. Incluíam-se aí novas imagens da natureza holística da realidade advindas de várias disciplinas científicas; formas organizacionais e administrativas não-hierárquicas e não-beligerantes na área de negócios e na política; todos os aspectos da questão ecológica e do relacionamento da humanidade com o planeta e, em particular, a Hipótese Gaia, que formulou em termos científicos aquilo em que os nossos ancestrais acreditavam piamente: a própria Terra é um ser vivo; a energia alternativa e a revolução verde; o feminismo e o retorno da Deusa como imagem do sagrado; e a idéia de uma cultura planetária em evolução que, sem substituir as culturas étnicas e locais, celebraria a identidade e unidade da humanidade como um todo. (O lema era "pense globalmente e aja localmente".) Por um breve período de luz, a Nova Era quase se tornou respeitável como termo genérico para todos esses movimentos sociais e essas reviravoltas científicas que nos permitiriam fazer do mundo um lugar melhor.

Como poderia dizer Peter Pan, Aquário foi apenas uma mudança de paradigma para a direita e um salto quântico diretamente no amanhã.

Vieram então os anos 1980. Essa década viu mais uma expansão de todos os elementos mencionados, ao lado do ressurgimento do interesse por médiuns, profecias e pelo tipo de fenômenos paranormais e relativos aos OVNIs que tinham sido tão comuns em 1959 (embora agora as pessoas estivessem sendo seqüestradas, e não por beldades espaciais). Ronald Reagan chegou à Presidência e, nessa época, a Nova Era identificara-se a tal ponto com as questões ambientais, o movimento verde e a política democrática liberal em geral que, quando o presidente Carter reconheceu a derrota para o seu rival republicano conservador, amigos meus de todo o país me telefonaram para dizer que a Nova Era acabara de morrer.

Agora, chegando à década de 1990 e caminhando rumo ao tão fabuloso Milênio, a Nova Era, tendo-se adaptado, sem dificuldades, aos anos Reagan e sobrevivido, em função da venda de música, cristais e intermináveis seminários de crescimento pessoal, amplia-se e incorpora a espiritualidade dos índios norte-americanos, o xamanismo, o culto à natureza, a bruxaria "branca", o neopaganismo e o ocultismo em geral (para o incômodo de muitos dos índios norte-americanos, neopagãos, bruxos "brancos" e ocultistas, que, ao menos na minha experiência, mostram com veemência não desejar ser considerados "Nova Era").

O resultado é que, no momento, o movimento da Nova Era é bem variado. O grau dessa diversidade pode ser intuído com uma rápida olhada no índice de um livro britânico de recursos da Nova Era, intitulado *The Seeker's Guide*, co-editado por um bom amigo e colega meu, o doutor William Bloom, cuja compreensão da Nova Era em nada fica a dever à de qualquer outra pessoa que eu conheça.

Por exemplo, entre os tópicos, atividades, grupos ou crenças considerados no livro como parte do movimento da Nova Era, temos: Gaia e a idéia de um planeta sagrado; a "nova ciência"; a Deusa; mistérios da Terra; estados alterados de consciência e fenômenos parapsicológicos; espiritualidade; meditação; comunidade; artes mágicas; xamanismo; mediunidade; astrologia; I Ching e Tarô; música da Nova Era; psicoterapia transpessoal; técnicas de cura alternativas e naturais; trabalho corporal; escolas alternativas; ecologia profunda; e sustentabilidade. (Se quiser ver a relação completa, de que esta amostra não é sequer um décimo, você vai ter de comprar o livro!)

A ironia aqui é que muitos desses grupos e abordagens tão diversos não se vêem como partícipes da Nova Era e se opõem a ser postos juntos como membros de um "movimento", especialmente o da Nova Era.

Isso levanta uma importante questão: quem decide quem ou o quê é Nova Era? Quais os critérios usados?

Quem decide quem é Nova Era?

A verdade é que a Nova Era, assim como a beleza, está nos olhos de quem a vê. O que eu penso ser Nova Era pode ser bem diferente do que você julga que é. Se tivesse sido o editor de *The Seeker's Guide*, eu teria feito uma seleção muito diversa.

O fato é que o movimento da Nova Era desenvolveu-se nos últimos quarenta anos sem direção, sendo apenas um movimento de pessoas. Ele não tem um comitê central, um líder nem um guru dizendo às pessoas em que acreditar. Não há nele fé central, exceto, quem sabe, a idéia de que a humanidade encontra-se em meio a uma transformação de proporções históricas. Não há dogma nem ortodoxia, nem, essencialmente, um acordo sobre os limites do movimento ou sobre quem é e quem não é parte dele. Nesse sentido, não se trata tanto de um movimento como de uma onda em expansão.

O problema está, naturalmente, no fato de que as palavras "movimento da Nova Era" sugerem uma coisa organizada e monolítica como uma religião ou partido político, com um programa único ou políticas aprovadas por todos. Longe disso! Ela se parece mais com uma quermesse, cuja atmosfera descontraída abarca centenas de barracas e de artigos diferentes que atendem a diferentes gostos e interesses, do que com uma grande catedral que se eleva majestosamente ao redor de uma visão espiritual e arquitetônica unificada e organizada.

Não que não haja grupos e indivíduos tentando apresentar-se como os verdadeiros árbitros da consciência da Nova Era, organizando todos sob seu estandarte ou ideologia, mas no momento, felizmente, eles estão tendo de coexistir com um tipo amorfo de comportamento, um comportamento que aceita a todos sem restrições, tal como são, e que tem elementos para todos os gostos, assemelhando-se mais ao carnaval de rua do que a um desfile militar.

Com efeito, tornar-se membro da Nova Era é uma questão de

auto-seleção (ou de autopunição, a depender do ponto de vista!). As pessoas se consideram parte da Nova Era por uma variedade de razões, que podem ser visionárias, esperançosas, econômicas, sociais ou egoístas, a depender dos seus motivos e de sua compreensão. A liderança depende destes mesmos fatores. A própria atitude liberal do ambiente típico da Nova Era promove uma atmosfera de "faça-você-mesmo" que permite a quase todos ser um líder, um guru ou um especialista instantâneo da Nova Era. Na maioria dos casos, basta apenas receber o "espírito" de alguma personagem lendária do passado distante ou das estrelas distantes! (A bem dizer, tenho muitas vezes a impressão de que o movimento da Nova Era tem muito mais terapeutas do que líderes, o que sugere alguma coisa sobre o porquê de ela não ser no mundo uma força tão eficaz quanto seria se fossem outras as circunstâncias.)

Há quem retrate seriamente o movimento da Nova Era como uma conspiração poderosa, unificada e maligna que pretende dominar o mundo. Julgo isso uma grande ironia, dada a desorganização geral, a falta de disciplina, o clima intelectual sentimentalista e o estado de acefalia de boa parte do movimento. Posso apenas desejar que todas as conspirações sinistras, algumas das quais, creio eu, estão se desenrolando no mundo, fossem como o movimento da Nova Era. Se fosse essa a situação, eu dormiria bem melhor.

Temas comuns

Há temas comuns que estão presentes em quase todo, senão em todo o ambiente da Nova Era. Existem áreas de consenso, sendo a mais essencial a constatação de que nos encontramos em meio a profundas mudanças e que, a partir destas, poderá surgir um mundo mudado para melhor. De fato, esse tema é muitas vezes enunciado com um imperativo: temos de transformar os nossos modos deficientes de agir para não provocar a nossa própria morte, levando junto boa parte do mundo.

Outros temas incluem o princípio da co-criação e da participação no dar forma ao mundo em que vivemos; a presença de um componente espiritual na transformação do mundo; a interligação, a interdependência e, num nível profundo, a unicidade de tudo o que existe; a presença de potenciais não empregados na consciência humana (e, o que é mais importante a meu ver, uma integridade, uma visão e uma sabedoria ainda não usadas); e um desejo de chegar a uma compreensão mais profunda da sacralidade da natureza e da natureza do sagrado. Há um sentimento comum de que somos pioneiros, de que estamos na ponta ou na fronteira de algo grandioso e cheio de prodígios.

A presença desses temas comuns nos fornece alguns critérios a partir dos quais as pessoas nomeiam a si e às outras como membros da Nova Era.

E, por falar em nomear, devo dizer agora que não gosto do termo "*New Ager*" [literalmente: "*nova-érico*"; adepto da Nova Era]. Considero-o enganoso, pois sugere alguém que é membro de um movimento ou de um grupo (o que implica que existe na realidade algo organizado como um movimento ou grupo) e supõe que ser adepto da Nova Era quer dizer aderir a alguma coisa, da mesma maneira como se torna republicano aquele que adere ao Partido Republicano ou episcopalista o que faz o mesmo com a Igreja Episcopal. Sugere a existência de uma ideologia, de uma organização, bem como de pessoas que estão dentro e pessoas que estão fora.

Não diríamos de alguém ser ele "*Space Ager*" ["*espaço-érico*", entusiasta da Era Espacial] ou "*Information Ager*" ["*informacionérico*", entusiasta da Era da Informação]. Somos todos parte da Era Espacial e da Era da Informação. Trata-se da descrição de uma característica da época em que vivemos. Do mesmo modo, o termo "Nova Era" descreve o fato de vivermos numa época de transformações abissais, um período no qual existe a necessidade de as pessoas, que estão sendo chamadas a isso, recorrerem aos seus mais profundos recursos de imaginação, de coragem, de inteligência, de compaixão, de sabedoria e de habilidade para conceber e dar forma, a partir do fluxo criativo-destrutivo do nosso tempo, a novas formas de convivência umas com as outras e com a Terra, formas que tragam harmonia a uns e outros. A idéia de Nova Era reconhece que somos todos construtores do mundo na maneira como percebemos, imaginamos e nos relacionamos com os outros e com o mundo; reconhece também que há em nós algo inato que deseja construir um mundo no qual seja agradável viver e que torne manifestos os aspectos melhores e mais elevados de cada pessoa, dando-nos apoio em nossa condição de seres dotados de criatividade e de imaginação.

O movimento da Nova Era pode representar modalidades bem

específicas por meio das quais uma parcela diminuta da humanidade está implementando essa expressão cheia de imaginação e criatividade, mas o impulso da Nova Era — a iniciativa de transformar o presente concebendo e construindo um mundo melhor — é algo em que todos estamos envolvidos num ou noutro momento da nossa vida.

À luz disso, podemos não ser todos "*New Agers*", mas somos todos participantes da criação de uma Nova Era.

Uma fronteira criativa

Em termos essenciais, o movimento da Nova Era se assemelha, para mim, a uma vasta nuvem de poeira interestelar e de gás aquecido (com milhares de anos-luz de comprimento) que compõe a terra natal das estrelas. Nela, vemos forças de exploração, de inspiração, de revelação, de soberba, de ilusão, de altruísmo, de egoísmo, de temor, de esperança e de visão rodopiando juntas num grande caldeirão de descoberta e de vir-a-ser. Se uma nova imaginação, uma nova cultura ou uma nova espiritualidade planetárias tiverem de surgir das estrelas a fim de ser um farol que permita à humanidade dar um passo maior no processo de descoberta de sua verdadeira natureza, é nesse tipo de caldeirão que hão de surgir.

O atrativo que tem a Nova Era para muitas pessoas é o seu caráter de fronteira espiritual e psicológica, um lugar em que é permitido experimentar, ultrapassar velhas fronteiras e dar uma oportunidade ao novo. Contudo, além das novas intuições e descobertas, podem surgir também coisas despropositadas, tolas, triviais, dolorosas, ilusórias e até mal-intencionadas e malévolas. Nem toda experimentação leva a resultados positivos; não se devem derrubar todas as fronteiras. O redemoinho pode criar uma comunidade como a Fundação Findhorn de um lado e, do outro, cidades como a do fanático Jones; a primeira, um lugar de vida, e esta última, um lugar de morte. Ele pode levar ao surgimento de mestres e líderes que de fato fortalecem e liberam, mas também daqueles cujo egoísmo se alimenta de seus seguidores e os mantém presos mediante o medo ou o deslumbre, tal como um sol domina seus satélites. Pode trazer grupos que promovem escolhas criativas ou cultos que impõem limitações.

Cabe a nós a decisão sobre o que aflora. São as escolhas que fazemos que moldam os potenciais desse campo vertiginoso de exploração e descoberta; é a nossa própria integridade e a nossa responsabilidade que determinam o resultado final. Não é preciso abandonar a inteligência, o senso comum ou os nossos valores apenas porque pisamos numa fronteira criativa; não vamos entrar nela apenas por diversão, mas em nome da quantidade de serviço ao nosso mundo que somos capazes de co-criar.

A fronteira lúdica

Li, há alguns anos, um artigo que comparava a Nova Era, pejorativamente, a uma "caixa de areia" em que os adultos, como crianças, podiam brincar com suas preocupações narcisistas e metafísicas enquanto os verdadeiros adultos continuavam a lidar com o mundo real. Era uma imagem de impacto e que, além disso, continha um pingo de verdade. Mas o autor deixou de lado um aspecto fundamental: a caixa de areia também pode ser um lugar de brincadeira cheia de imaginação, e o mundo de hoje surge da imaginação de ontem. A brincadeira das crianças não é igual à dos adultos; ela é mais formativa do que recreativa. É um recurso de aprendizagem e de busca mediante o qual a criança vem a conhecer a si mesma e ao seu mundo e descobre tanto possibilidades como limitações.

Há um elemento lúdico na Nova Era; ela é uma caixa de areia de descoberta e de experimentação, lugar de engajamento com as forças formadoras da imaginação. O mundo precisa desses lugares, dessas "caixas de areia". Mesmo as idéias controversas e radicais têm seu lugar nesse ambiente; afinal, muitas das invenções e muitos dos benefícios que hoje temos foram considerados insanos ou ridículos quando propostos pela primeira vez. Além disso, grande parcela das idéias da Nova Era vem de uma genuína tentativa de trazer ao nosso mundo uma energia de afirmação da vida e da cura e de criar algo que possa ter valor para o futuro. Na verdade, existem no movimento da Nova Era bem poucas idéias que exibam a insanidade e a amargura espiritual da idéia de uma pessoa que ligou para um programa de entrevistas no qual eu estava: ela disse que todo esforço de proteção ecológica da Terra tinha inspiração satânica e deveria ser combatido por todos os cristãos, visto que apenas adiava o dia em que a Terra morreria e os eleitos ficariam na companhia de Jesus.

O importante em tudo isso é que a Nova Era é um autêntico

movimento popular. É um fenômeno de base e, como tal, representa uma vigorosa disseminação de uma imaginação coletiva, o surgir de uma força da psique coletiva, a emersão de um anseio e de uma intuição espiritual de que há sobre nós e sobre o mundo alguma coisa a ser descoberta, algo que vai transformar tudo o que conhecemos ao moldá-lo sob uma nova ótica.

No momento em que fazemos nossa caminhada por Aquário, é fundamental considerar esse fenômeno mais profundo, visto que estamos viajando ao lado de forças muito poderosas. Parte da nossa peregrinação consiste em compreender e co-criar com essas forças o máximo que pudermos e com a maior propriedade possível. Nós não podemos ignorá-las. No fim, podemos até divertir-nos com elas.

O louco

No Tarô, uma das cartas importantes dos arcanos maiores é o Louco. Ele é um simplório, mostrado na carta como alguém que está prestes a cair num precipício porque não olha por onde anda. Mas ele é igualmente símbolo da sabedoria oculta, da fé profunda e da sintonia espiritual que permite que se ande em meio aos perigos sem jamais se machucar.

Esta imagem representa uma rica e antiga tradição espiritual que veio a ser personificada, por exemplo, no bobo da corte, que era o único a ter o direito tradicional de desrespeitar a realeza e falar íntima e zombeteiramente com o rei e a rainha, sendo isso uma forma de possibilitar uma nova perspectiva e de obter uma visão e uma sabedoria novas. Encontramos aí ecos do mestre zen (ou, na realidade, de mestres e instrutores espirituais de muitas tradições) que ensinava em parte por meio de enigmas, jogos de palavras e koans. Também comparece aqui a figura do palhaço, cujos gestos ridículos podem nos permitir a visão de nós mesmos de novas maneiras, mesmo enquanto rimos.

O Louco, seja qual for a sua manifestação, é o mantenedor e guardião do mistério e da transformação espirituais; é sua inocência e falta de malícia e sua disposição a percorrer um caminho menos transitado e suportar as incompreensões e insultos da sociedade que lhe garantem seu poder. O Louco é aquele que pode ser como uma criancinha, e assim aproximar-se do sagrado. É ele que, por meio do riso e da brincadeira, pode fundamentar e integrar energias espirituais que de outro modo seriam demasiado intensas para suportar. É o Louco que, longe de ser antiintelectual ou de se opor à aprendizagem, nos ensina o uso da mente para trazer sabedoria por meio da humildade, porque é ele que sabe que quanto mais aprendemos, tanto mais se nos evidencia a nossa ignorância. Logo, é o tolo que diz antes "Tenho mais a descobrir!" do que "Sei tudo!"

O movimento da Nova Era é, sob muitos aspectos, um Louco coletivo moderno. Estão em sua custódia um profundo e misterioso impulso espiritual, um anseio de transformar o futuro e uma intuição de que podemos fazê-lo. Esse impulso promove coletivamente o exame de uma força co-criativa que há em nós e no mundo, força que, creio eu, estamos apenas começando a perceber e a compreender.

Há muita coisa no movimento da Nova Era que é simples loucura, e não o Louco. Mas o Louco também se faz definitivamente presente aí. Há sandice, mas há também inocência, a vontade de ser diferente, de parecer tolo e de ser alvo de zombarias com o objetivo de encontrar uma nova verdade.

Comecei este capítulo com humor a fim de honrar o Louco. Há muito de que rir (e com que rir) na Nova Era. E, depois de 35 anos, já fui respeitoso o bastante para vir com alguma piada. Também o fiz para reconhecer que há uma fronteira de tolice e de ridículo que é preciso cruzar a fim de conseguir além dela uma visão mais profunda. Para descobrir o verdadeiro Louco, pode ser preciso conviver antes com os loucos.

Você pode começar a conhecer a Nova Era com algum temor, devido às coisas que ouviu falar dela, que viu nos meios de comunicação ou que viveu em carne e osso, coisas que lhe parecem ridículas, estranhas ou pior do que isso. Pode haver para você algum mal-estar associado com esta peregrinação.

Se for esse o seu caso, você está em boa companhia. A maioria dos meus amigos próximos e colegas de trabalho na Nova Era durante todos esses anos me disse que não queria mais ter seu nome associado a esse termo, muito embora o seu trabalho continue a ter como foco a mudança positiva no mundo. Um deles chegou a me convidar para dirigir um seminário de transformação no seu centro, mas disse que eu não poderia mencionar a Nova Era no título para não dar uma impressão errada. Devo pedir desculpas?

Mas não posso me ofender. Quando vejo os jornais ou revistas representativos da Nova Era, eu também fico muitas vezes incomodado. Quando vou a uma reunião de pais e mestres na escola de meus filhos e algum outro pai me pergunta o que faço, titubeio bastante. Não me incomodo tanto com os olhares vazios quando admito que ensino e escrevo sobre a Nova Era quanto com as expressões de vaga piedade. (— Meu Deus — imagino as pessoas dizendo. — Pobre David! Você sabia que ele... bem... faz parte do movimento da Nova Era? Ele parecia uma pessoa tão normal!)

Logo, em busca de energias profundas e em vias de irromper e do espírito de um futuro transformado, encaremos o fato de que ninguém respeita a Nova Era. Então, armado de risos, podemos prosseguir na nossa peregrinação. Loucos, avançar! Aquário nos espera!

CAPÍTULO 2

O Peregrino

Eu soube da existência da idéia de Nova Era em 1959, quando tinha 14 anos.

Naquele ano, meus pais e eu mudamos de Massachusetts para Phoenix, Arizona. Ali, devido ao seu interesse pelos OVNIs e pela parapsicologia, meus pais ingressaram num grupo que estudava esses assuntos. Veio-se a saber que o grupo também estava esperando o advento da Nova Era.

Boa parte do material usado por esse grupo vinha de médiuns que alegavam estar em contato com planos extrafísicos. Destacava-se entre esses médiuns uma mulher muito carismática chamada Neva Dell Hunter. Ela entrava em transe mais ou menos como o fazia Edgar Cayce e, nesse estado semelhante ao sono, uma personalidade chamada doutor Gordon falava por seu intermédio. Embora fossem amplos os tópicos sobre os quais discorria — relativos a atualidades, política, economia, vidas passadas e diversos tópicos de parapsicologia —, o doutor Gordon voltava repetidamente à idéia de uma Nova Era que estava por vir: a Era de Aquário.

Embora tenham sido os meus pais que iniciaram esse contato com a Nova Era, eu adorei tudo aquilo; eu sentia que estava no lugar certo. De um lado porque a própria idéia da Nova Era ressoava profundamente em meu íntimo. Do outro, porque, ao longo da minha infância, eu tivera algumas experiências mediúnicas e místicas que me propiciaram a percepção de uma dimensão da vida que estava além do que os meus sentidos físicos podiam revelar. Durante anos, eu julgava simplesmente que todos tinham experiências como as minhas, de modo que nunca as considerei fora do comum. Conhecer Neva Dell e outros médiuns quando nos mudamos para Phoenix deu a todo este aspecto da minha vida contornos mais nítidos.

Uma percepção interior

Enquanto crescia, eu percebia com freqüência seres e energias incorpóreos. Por vezes, esses contatos interiores, que eu julgava simplesmente que eram anjos, se comunicavam comigo, fornecendo-me conhecimentos ou conselhos caso eu pedisse ajuda. Contudo, na maioria das ocasiões, eles me deixavam sozinho para ver as coisas com os meus próprios olhos e não se imiscuíam na minha vida diária.

Eram mais importantes para mim outras experiências que mais tarde classifiquei como de natureza mística. Elas começaram quando eu contava sete anos de idade. Elas deixaram uma profunda impressão nas partes mais profundas do meu eu. Quando ocorriam, eu me via imerso em luz e unido a um amor imensurável e a um sentido de unicidade com todas as coisas. Esse amor parecia-me estar presente em toda a criação, sendo uma presença que abençoava e enriquecia toda a vida. A meu ver, essa presença era Deus, e eu a chamava o Bem-Amado.

No contexto da Nova Era, encontrei pessoas que me deram muito apoio no tocante às minhas experiências interiores, e tive a oportunidade de começar a examinar esse fenômeno de contato interior, exame que, devo dizer, continua até hoje. Do mesmo modo, eu compreendia a Era de Aquário como uma época na qual o tipo de experiências místicas que eu tivera tornar-se-ia corriqueiro, o que permitiria às pessoas construir uma civilização baseada na experiência de unicidade, de bem-aventurança e de amor imensurável. Esta idéia me comovia muito, visto que, se havia algo que eu mais desejava no mundo, era que todos tivessem a experiência do Bem-Amado tal como eu tivera.

Por todas essas razões, vi-me logo de início profundamente atraído pela idéia de Nova Era. Mas não demorou muito para eu perceber que não era um peregrino feliz em Aquário.

Infeliz com o Apocalipse

Naquela época, a maioria das coisas que eu ouvia sobre a Era de Aquário vinha de canais e de médiuns como Neva Dell. Praticamente todos eles apresentavam uma visão apocalíptica. A Nova Era seria um período de abundância, de alegria, harmonia e consciência espiritual, mas só viria depois de uma enorme catástrofe, como uma guerra nuclear ou devastadoras mudanças da Terra que abalariam a civilização moderna, matando, no processo, bilhões de pessoas.

Eu não podia conciliar esse tom apocalíptico do pensamento da Nova Era com a presença criativa e amorosa do sagrado que eu sentia no mundo que me rodeava. A princípio, levado pela excitação de ser parte de todo o cenário da Nova Era, conhecendo pessoas interessantes, indo a fascinantes palestras e colóquios, chegando até a acampar no deserto à procura de OVNIs, consegui ignorar esses sentimentos. Mas com o passar do tempo a discrepância entre o que eu sentia e o que me diziam foi ficando cada vez mais incômoda.

O auge foi o momento em que, numa palestra sobre a Nova Era, depois de ouvir uma oradora fazer um relato particularmente vívido de todas as mudanças vindouras, mudanças que iriam, em suas palavras, "purificar a Terra" — eufemismo particularmente desagradável para a matança de muitíssimas pessoas —, levantei-me de repente, com uma irritação incontrolável, e disse em altos brados: "Não é assim que vai ser." Nesse ponto, a oradora olhou para mim e disse: "Ah, é? E quem vai impedir, você?" Foi então que eu de fato me surpreendi a mim mesmo, ao dizer: "Ora, claro que sim!" No silêncio que se seguiu, antes de as gargalhadas estourarem, deixei o local. Afinal, se não pode fazer uma entrada dramática, faça uma saída!

Não costumo fazer declarações bombásticas como essa, mas naquela época eu já estava saturado de todas as profecias e pressupostos sustentados por uma minoria eloqüente (pressupostos infelizmente comuns à maioria dos grupos religiosos e políticos que se formam ao redor de imagens milenaristas e apocalípticas), profecias e pressupostos segundo os quais bilhões de pessoas tinham de morrer a fim de que uns poucos escolhidos — aqueles que tinham as crenças certas — pudessem viver uma utopia ou um novo milênio. Julgo esses pressupostos arrogantes e repressivos; eu nunca os apreciara no contato com a minha tradição cristã e não via razão para tolerá-los no âmbito da Nova Era.

Dar um passo para a beira do abismo

Quando terminei a escola secundária e me inscrevi num programa de ciências na área de bioquímica, na Arizona State University, eu comecei a me afastar da cena da Nova Era. Não fosse a intervenção de outros fatores, eu provavelmente teria me afastado por completo dela, terminando como um cientista em vez de um místico autônomo.

Para minha surpresa, descobri na faculdade que a ciência e a matemática tinham em mim o efeito inesperado de fortalecer e tornar nítido o meu contato mental com os mundos interiores. Verifiquei que o pensamento e o estudo científicos e matemáticos ativavam e treinavam a minha mente abstrata e a minha imaginação, do mesmo modo como estimulavam um sentido de maravilhamento. Isso aprofundava espontaneamente minha sintonia. Para ajudar o processo, iniciei um programa regular de meditação diária e de sentar-me em silêncio.

Adveio desse processo um novo nível de contato interior que trouxe consigo a sugestão de que eu não descartasse a idéia da Nova Era nem desse as costas ao movimento correlato. Havia, nas duas coisas, camadas profundas que eu ainda não avaliara, prosseguia a mensagem, e parte do meu trabalho seria explorar essas camadas mais profundas.

Nessa época, na primavera de 1964, fui convidado por Neva Dell Hunter (que não era do grupo purificador) para dar uma palestra num amplo encontro sobre a Nova Era que ela patrocinava em Phoenix no verão. Ao que parece, o convite tinha como origem o seu contato interior, doutor Gordon. Curioso, e agindo em conformidade com o que os meus próprios contatos tinham dito sobre não fechar a porta para a Nova Era, aceitei o convite.

Por acaso, gosto de falar em público, e tenho a felicidade de poder transmitir esse prazer à platéia. Mas essa minha palestra me deixou surpreso. Como aprendera a fazer observando meu pai, que fora Mestre-de-Cerimônias e orador profissional, eu preparara meu pronunciamento de antemão e levara comigo alguns cartõezinhos de três por cinco centímetros que traziam os pontos essenciais que eu desejava abordar. Mas tão logo comecei a falar, tive a surpresa de me ver tomado por um fluxo de energia e por idéias que ultrapassavam em muito o que eu pretendia dizer. Eu não estava em transe, nem na posição de médium; não havia seres espirituais sussurrando no meu ouvido para me dizer o que falar. Mesmo assim, eu estava espiritualmente energizado e inspirado e, nesse estado, sabia com precisão o que queria e precisava dizer. Não cheguei a usar minhas anotações (e, na verdade, desde então dificilmente uso notas numa palestra; elas atrapalham o contato com uma sintonia mais profunda no momento).

O público foi atingido de maneira semelhante. Havia um fluxo de ligação entre nós, como se a palestra viesse de um coração e de uma mente comuns a todos nós, em vez de eu me dirigir à platéia. Na verdade, as palavras da minha palestra pareciam sem importância. O que de fato contava era essa energia de amor que nos unia a todos.

Mais tarde, percebi que alguma coisa fundamental se modificara no meu íntimo. Não somente eu adorara a experiência como sentira um chamado. Alguma coisa em mim sabia que falar e partilhar energia espiritual com as pessoas era a coisa certa para eu fazer. Além disso, na palestra, tínhamos todos sido tocados por uma visão da Nova Era que, em vez de apocalíptica, era profundamente estimulante e criativa. Tratava-se de uma visão sobre a qual eu queria saber mais e que desejava partilhar com os outros.

A oportunidade de fazê-lo apareceu. Os encontros de Neva Dell eram empreendimentos amplos para os quais afluíam pessoas de todos os cantos do país, e alguns dos que compareciam eram mestres e líderes de grupos. Depois da palestra, recebi alguns convites para viajar e fazer palestras para outros grupos em outras parte dos Estados Unidos.

Mas eu ainda não me convencera de que isso era a coisa certa. Eu ainda estava bastante comprometido com uma vida dedicada à ciência, e eu sabia que era impossível viajar, fazer palestras e ao mesmo tempo dedicar-me ao meu programa acadêmico. Assim, embora tivesse sofrido o impacto da minha experiência, naquele momento eu não estava preparado para abandonar a faculdade e a carreira que eu planejara na condição de biólogo molecular.

Mas enquanto dava prosseguimento aos estudos, eu não conseguia me esquecer da sensação de ser chamado a fazer um outro tipo de trabalho, e essa sensação foi tomando vulto no meu íntimo com o passar das semanas e dos meses. Finalmente, eu já não podia negar que ocorrera uma mudança fundamental na minha vida com relação ao meu futuro, e que tinha de tomar uma decisão.

Muitas pessoas sentem-se chamadas para uma vocação por um

impulso interior. A idéia de ser chamado não significa que a pessoa esteja sendo escolhida para uma missão especial, mas que há em sua vida uma ressonância que vai encontrar sua expressão mais plena e seu vínculo com um todo mais amplo no contexto para o qual a pessoa é conclamada por seus sentimentos.

No meu caso, eu tinha paixão pela ciência e sentia que era esse o campo no qual encontraria essa ressonância e a conseqüente realização. Para mim, a ciência sempre tivera uma aura de prodígio, e o chamado a aumentar o nosso conhecimento e o nosso sentido de ligação com o cosmos mediante o estudo dos mistérios e da estrutura da natureza parecia-me o mais elevado a que pode aspirar uma pessoa. Eu tinha uma atração especial pela biologia molecular por ser fascinado com as forças que moldavam a vida num nível mais fundamental. De que maneira a informação codificada no ADN torna-se uma pessoa, uma árvore, uma ave? Seja como for, o que exatamente era essa informação e como veio ela a existir na forma e no relacionamento das moléculas e átomos? Eu queria descobrir isso.

Porém, a questão que de fato me chamava era mais profunda e de caráter mais espiritual: como o Verbo se faz carne? Como interagem o espírito e a matéria? De que modo a alma se torna forma? O que me interessava, em última análise, não eram as medições obtidas no laboratório, mas o sentido que emergia da alma. A ciência, eu me dei conta, era minha maneira de abordar o espírito. Era uma maneira de submeter a escrutínio o mistério do modo pelo qual o espírito primal — a esseidade primal — se manifesta e molda o cosmos. Era no domínio espiritual que eu iria encontrar o contexto no qual poderia alcançar a ressonância máxima.

Mas agora eu me via envolvendo diretamente o espírito e não podia negar a realidade desse vínculo. Eu não sabia para onde esse vínculo me levaria, mas por fim me dei conta de que tinha de acompanhá-lo. Era como o Louco no Tarô: eu estava na beira de uma vida nova e desconhecida cujas dimensões e direções eu não podia ver com clareza — mas não havia escolha: eu tinha de dar um passo no abismo.

O início da peregrinação

Uma vez que, finalmente, cheguei a essa conclusão, passei à ação. Na primavera de 1965, saí da faculdade e fui para Los Angeles, onde fora convidado a dar uma série de palestras na Fraternidade da Orientação Universal, centro de metafísica gerido por Wayne Guthrie e Bella Karish, dois mestres da maior integridade e amor. E assim comecei a minha peregrinação em Aquário.

Tive a imensa sorte de não ser forçado a dar esse passo sozinho. Uma amiga da família, Myrtle Glines, era há anos conselheira matrimonial e de relações humanas. Era uma mulher dotada de uma rica sabedoria e de muito amor e perspicácia; ela construíra uma carreira bem-sucedida no campo do aconselhamento e tinha também fundado uma escola de formação para outros conselheiros. Ela conhecia Wayne, Bella e Neva Dell, e estivera presente na minha palestra em Phoenix. Mais tarde, ela me convidou para falar em Salt Lake City a um grupo de amigos e colegas seus; e eu me ausentara da faculdade no verão de 1964 e fizera a palestra.

Em 1965, Myrtle deixou o consultório e a escola e dedicou-se à sua própria busca espiritual. Ao mesmo tempo, ela foi convidada por Bella e Wayne para ir a Los Angeles fazer uma palestra na Irmandade. Como íamos para o mesmo lugar, decidimos formar uma equipe; na verdade, tornamo-nos mentores um do outro, eu na área da espiritualidade e do trabalho com os mundos interiores e ela na área da personalidade e de sua integração e integridade. Foi uma parceria que durou 22 anos, até seu falecimento aos 79 anos.

Ao mesmo tempo, consegui mais um colega com quem formo desde então uma parceria e que tem me servido de mentor. Mas, no seu caso, trata-se de um ser não-físico, um contato do mundo interior a quem dei o nome de John porque gostei do nome e porque ele me disse que o chamasse como quisesse.

John apareceu uma manhã em que eu e Myrtle estávamos na casa de um amigo nosso de Los Angeles discutindo uma série de aulas que planejávamos dar juntos. Nós dois sentimos sua entrada na sala, uma forte presença de amor e de bom humor que na minha visão interior parecia um homem de quarenta e poucos anos parecido com um professor universitário; vestia um paletó de *tweed* com enchimentos nos ombros; enfim, um Mr. Chips do plano interior. Ele por certo escolhera uma imagem que eu julgasse tranqüilizadora e conhecida! John me disse que já trabalháramos juntos e que era hora de voltarmos a fazê-lo.

A história completa da minha parceria com John e com outros contatos do mundo interior a que ele me deu acesso tem de esperar por um outro livro. Basta dizer que, entre John e Myrtle, passei por um programa de treinamento que me levou, de um lado, às profundezas da minha personalidade, procurando sempre tornar-me mais integrado e apoiado na realidade concreta, e, do outro, às profundezas do meu espírito, na eterna procura de um maior alinhamento com o Bem-Amado e de uma maior sintonia com o chamado mais íntimo da minha alma. Tenho para com os dois, por esse motivo, uma dívida que jamais poderei resgatar.

Os mentores

No que se refere à Nova Era, John e seus vários colegas me deram conhecimento de que o seu propósito era me ajudar a transcender as várias imagens e crenças que se acumulavam em torno dessa idéia a fim de entrar numa sintonia cada vez mais profunda com o espírito que está em sua base. Embora esporadicamente, e quando fosse apropriado, eles me fossem dar informações ou responder a perguntas, sua técnica de ensino consistia essencialmente em me estimular a pensar sobre a idéia de Nova Era (ou de qualquer outro tema com que estivéssemos trabalhando num dado momento), a fazer perguntas de modo constante e a ir além dos pressupostos. Seu objetivo era, segundo John, antes me mostrar um modo de pensar do que transmitir um ensinamento ou uma crença. Mas eles sublinharam repetidamente, ao longo dos anos de nossa associação, que a Nova Era não viria como resultado de algum apocalipse ou desastre.

Nesses anos, eles nunca encorajaram nenhum tipo de dependência; pelo contrário. Seu papel, diziam, era se fazer desnecessários no meu processo espiritual, exceto para estar presentes como amigos e colegas.

Eles efetivamente acentuaram desde o início que eu deveria praticar uma espécie de disciplina pessoal de sintonia com o sagrado, de maneira bem independente do meu trabalho com eles. Afirmavam que isso era importante para o meu bem-estar e a minha evolução espirituais. Como eu já seguia uma tal prática, não era necessário muito estímulo, mas John e seus colegas disseram com clareza que só poderiam trabalhar comigo se isso não interferisse no meu relacionamento com o Bem-Amado e no meu mergulho profundo no sagrado que habita tudo aquilo que é vivo.

Essa sintonia com o sagrado também tinha importância para eles porque, ao ver de John e de seus colegas, a Nova Era não é um evento específico, mas uma ampliação da presença do sagrado no mundo, uma revelação mais abrangente da integridade e do amor que se acham no coração do mundo e de nós mesmos. Sua posição era a de que, se não tivermos um sentido do sagrado, não podemos ter um sentido daquilo a que a Nova Era se refere.

Com esse objetivo, eles me estimularam a ir além das imagens da Nova Era e até mesmo da própria Nova Era, tal como o Mestre Eckhart, teólogo e místico alemão do século XIII, dissera que, para conhecer Deus, é preciso ir além das imagens de Deus.

Para John, o sentido da Nova Era não é o surgimento de uma nova civilização *per se*; esse sentido reside no desvelamento do sagrado no seio do nosso mundo e da nossa humanidade. Se não pudermos nos tornar receptivos a esse espírito amoroso e co-criativo, nenhuma outra mudança que ocorrer vai levar à transformação que está no cerne da imagem de uma Nova Era.

Se John e seus amigos me chamaram a atenção para o papel e a presença do sagrado no interior da Nova Era, Myrtle destacou a necessidade de esta última fundamentar-se no autoconhecimento, numa personalidade saudável e em boas relações humanas. O treinamento que ela me proporcionou e as lições que com ela aprendi foram inestimáveis na integração e fundamentação do meu trabalho interior; eles me propiciaram uma visão maior de mim mesmo, dos meus pontos fortes e das minhas vulnerabilidades, da minha sabedoria e das minhas distorções. Além das minhas palestras e aulas sobre a espiritualidade e a Nova Era, elaboramos juntos aulas e seminários que ensinavam a integrar o espírito e a personalidade num processo que denominei “viver a divindade que existe no corriqueiro” ou simplesmente “a espiritualidade do cotidiano”.

O trabalho com John e Myrtle e com inúmeros outros amigos e colegas íntimos ao longo dos anos, especialmente com a minha mulher, Julie (que também é conselheira de relações humanas), e os nossos quatro filhos, definiu a minha peregrinação em Aquário. Em combinação com o meu trabalho interior, ele definiu a minha identidade específica no contexto da Nova Era.

Além disso, minha compreensão e apreciação da Nova Era têm sido moldadas pelo privilégio de trabalhar ao longo dos anos, em aulas e seminários, com milhares de pessoas que buscam uma visão nova e positiva do futuro da humanidade ou que estão criando esse futuro, às vezes de modo bem público, porém o mais das vezes na imediaticidade e privacidade de sua vida individual, particular. Quando me perguntam se tenho esperanças com relação ao futuro ou se creio que uma Nova Era de fato se aproxima, tudo o que preciso é pensar na vida e no trabalho dessas pessoas maravilhosas e em sua dedicação à integração entre o humano e o sagrado — e posso então dizer, confiante: "Sim."

A capacidade de escolher

Devido ao modo como se desenvolveu a minha peregrinação e ao tipo de experiências que tive, não tenho muito interesse pelas concepções específicas da possível natureza da Nova Era. O que de fato me interessa é como a idéia da Nova Era — a concepção de uma Nova Era — exerce um impacto em nossa vida. Como ela nos afeta o pensamento? Os sentimentos? Tem ela condição de nos transformar, de nos tornar mais profundos, de nos fazer olhar para nós mesmos e para o mundo de maneira nova? Ela pode nos aumentar a criatividade, a imaginação e, o que é mais vital, a nossa compaixão e o nosso amor? Ela favorece ou prejudica a nossa busca da manifestação de um mundo sagrado? Ela pode aumentar a nossa capacidade de escolher?

Estas são questões importantes para mim. Se vamos ter uma Nova Era, ela não será resultado de alterações na Terra, da chegada de discos voadores ou do surgimento de mestres do oculto. Se algum desses eventos — todos parte integrante das profecias padrão da Nova Era — ocorrer, claro que vai iniciar uma mudança; porém, um mundo mudado não é necessariamente um mundo sagrado nem uma resposta mundial às qualidades da alma. Não; se vamos ter uma Nova Era, tê-la-emos porque a faremos por meio dos nossos valores, das nossas opções, da nossa criatividade e da nossa imaginação, da nossa sintonia com o sagrado, do nosso esforço, do nosso trabalho.

Falo de fazer uma peregrinação em Aquário, mas isso não passa de simplificação. No sentido mais profundo a que me refiro, Nova Era na realidade não é o mesmo que Era de Aquário. De acordo com a astrologia, esta última virá quer façamos ou deixemos de fazer o que quer que seja, visto que as eras astrológicas são como meses de um grande ano cósmico, e é inevitável que elas se sucedam. Mas a Nova

Era — compreendida não como uma coisa nova ou um período específico de tempo, mas como algo que advém de uma mente e de um coração humanos transformados e do amadurecimento da humanidade para um relacionamento novo e amoroso consigo mesma e com o seu mundo — não vem automaticamente. Ela vem por intermédio da ação de escolher. Vem da ação de dar concretude. Da vitória na luta contra nossas tendências e tentações de valorização do insignificante, de intolerância, de estupidez e de maldade. Vem de ações praticadas na trivialidade da vida diária. A Nova Era vem, tal como ocorre com o destino de toda peregrinação, da ação de dar um pequeno passo após o outro até alcançar a meta. Nesse momento, o "lá" se torna "aqui", e a Nova Era deixa de ser uma profecia e se torna resultado da vida que optamos por levar.

CAPÍTULO 3

A Jornada do Peregrino

Em 1959, a Nova Era equivalia para mim à Era de Aquário, o próximo passo da evolução espiritual deste mundo. Tratava-se de um evento profético que se concretizaria independentemente de qualquer coisa que pudéssemos ou não fazer na qualidade de seres humanos, algo que traria à existência uma nova civilização baseada no amor e na harmonia.

Uma visão do futuro, alguma coisa na qual acreditar.

Passados 37 anos, vejo a Nova Era como idéia, não como evento. Ela se configura como algo que vive na minha imaginação como uma inspiração, na minha mente como um conjunto de princípios e paradigmas, no meu coração como vínculo espiritual e presença e na minha vida como um parâmetro de ação. A Nova Era já não é uma visão do futuro; é uma visão do presente.

A Nova Era deixou de ser algo em que eu acreditava e tornou-se uma coisa que pratico.

A Nova Era é hoje tão real para mim quanto o era há 37 anos. Contudo, sua realidade se alterou. Naquela época, tratava-se de uma coisa que existia fora de mim. Agora, é também algo que está dentro de mim.

Ganhei um grupo

A maior parcela dessa mudança ocorreu entre 1966 e 1970. Nesse período, eu era professor de um grupo de pessoas que queriam mergulhar na idéia da Nova Era tão profundamente quanto eu fosse capaz de levá-las. O grupo não tinha um nome nem uma organização; havia um grupo estável e constante de indivíduos que participava toda semana dos encontros que eu promovia, e outras pessoas que apareciam ou não de acordo com as moções do espírito.

Não havia um líder ou mestre; tratava-se essencialmente de um grupo de estudo, uma espécie de Clube do Livro. Escolhia-se um livro específico sobre espiritualidade ou sobre a Nova Era para ler, e o livro se tornava o foco das discussões até que as pessoas julgassem suficiente; elas então começavam a ler outro livro juntas.

Os membros do grupo leram especificamente os livros de Alice Bailey, autora teosófica e da Nova Era que afirmava serem alguns dos seus livros transmitidos telepaticamente por um mestre espiritual tibetano. Dentre os livros da Nova Era, os de Bailey destacam-se pela ausência de sensacionalismo e de emocionalismo, por sua ênfase no trabalho de grupo e no serviço planetário e por terem como foco a disciplina intelectual combinada com um espírito de boa vontade e de amor. Para muitas pessoas do movimento da Nova Era, esses livros são julgados leitura obrigatória.

Quando cheguei, o grupo queria mais do que simplesmente ler livros. Estava buscando um mestre que desse um rumo e dinamizasse seu estudo e, o que é mais importante, que oferecesse uma programa de aprendizagem e de prática que lhe possibilitasse incorporar o espírito da Nova Era em sua vida e em seu trabalho cotidianos. As pessoas do grupo já não queriam só ler ou falar sobre a Nova Era; elas queriam vivê-la.

Tendo em vista essa meta, elas pediram que eu fosse seu professor residente. Era uma proposta esplêndida. Eu não conhecia o trabalho de Alice Bailey, mas eles não pareciam achar isso um problema. Assim sendo, aceitei o convite. O grupo mostrou ser o sonho de todo professor, a classe ideal. As pessoas eram carinhosas, entusiasmadas, dedicadas e práticas. E exigiam o melhor que eu pudesse oferecer.

Sempre será para mim um mistério o que os levou a me escolher, um conferencista desconhecido de Los Angeles, de 21 anos de idade, a quem tinham ouvido apenas um par de vezes, para ser seu mestre. Creio que estávamos fadados a nos unir e, trinta anos depois, algumas daquelas pessoas ainda são íntimos amigos meus. Fui muito agraciado pela sorte por ter pessoas como essas na qualidade de amigos e colegas numa fase tão incipiente do meu trabalho.

O grupo em questão aceitava que uma Nova Era estava nascendo e não precisava ser convencido da vinda de uma transformação; seus membros por certo não estavam interessados em repisar nenhuma das profecias então correntes. As profecias não constituíam estímulo para eles, que por outro lado já aceitavam o fato de a humanidade estar entrando num período de transição que iria alcançar uma intensidade cada vez maior. O pessoal desejava penetrar o mais profundamente possível na idéia e no espírito da Nova Era. Queria saber como esta idéia poderia tornar-se uma força espiritual em sua vida diária. Pretendia saber o que podia fazer interior e exteriormente a fim de contribuir para uma transformação positiva do mundo que o cercava.

Essas pessoas queriam ser discípulos de novas possibilidades, queriam ser parteiras de um novo espírito. Queriam servir.

Além do evento

Só se pode servir no presente. Posso pensar em servir amanhã, mas só posso agir de maneira útil hoje, no momento presente. Por essa razão, ao me empenhar em servir às necessidades e desejos do grupo, comecei a encarar a Nova Era cada vez menos como um evento futuro e mais como algo com que me envolver de modo criativo no presente.

Isso apresentava duas implicações. A primeira é que somos capazes de criar uma Nova Era, que temos condições de co-criar um mundo melhor e que não precisamos deixar que "forças superiores" ou "irmãos do espaço", Mestres ou anjos façam isso por nós. No movimento da Nova Era no final da década de 1950 e início da de 1960, a compreensão de como Aquário se manifestaria era, de modo geral, oposta.

A segunda implicação é que a Nova Era não é apenas uma imagem profética ou um evento pelos quais temos de esperar, mas uma presença em manifestação com a qual podemos co-criar e interagir. Há nela alguma coisa com que podemos nos envolver: um espírito, uma essência, uma dinâmica com que podemos nos relacionar. A Nova Era tem uma realidade presente.

Essa perspectiva e suas implicações recebiam o apoio integral de John e de seus colegas. Eles acentuavam que eu não devia cristalizar a Nova Era num evento, mas vê-la como uma força ou espírito que permeia inúmeros eventos. Era, diziam eles, como se um vento fresco do espírito estivesse então soprando na direção de um novo território. Nossa tarefa consistia em aprender como enfunar as velas e aproveitar esse vento a fim de navegar para um mundo melhor. O espírito podia nos oferecer o vento, mas a navegação e as velas eram encargos nossos.

Trabalhando com esse grupo, Myrtle e eu usávamos nossos recursos complementares: ela lhes ensinava princípios e técnicas para melhorar a comunicação e as relações humanas e apressar o autodesenvolvimento, pretendendo com isso liberar seus talentos e potenciais criativos no nível da personalidade. Eu, por minha vez, tratava dos aspectos interiores, espirituais, do desenvolvimento pessoal, bem como da Nova Era, recorrendo ao meu contato com John e seus colegas para obter assistência.

Como alguém que saíra há não muito tempo da universidade e que tinha uma formação científica, eu também buscava ajuda em outra direção bem conhecida: uma boa pesquisa à moda antiga.

Embora não conhecesse as obras de Alice Bailey ou de outros teosofistas no momento em que passei a ser parte do grupo, decidi que me empenharia em conhecê-las, pois boa parte desse material referia-se à idéia de uma Nova Era (embora deva admitir que nunca consegui entender *A Doutrina Secreta** de Madame Blavatsky — para mim, livros sobre a teoria da mecânica quântica eram mais fáceis de digerir). Também passei a ler mais livros nas áreas da psicologia, da história da cultura e das tradições místicas, sem abandonar meus interesses científicos.

Comecei a freqüentar livrarias em busca do quanto pudesse encontrar sobre a Nova Era, a transformação social e assuntos conexos e potencialmente úteis. Na realidade, desenvolvi uma boa intuição para descobrir o que precisava e muitas vezes entrava numa livraria pouco depois de um livro novo e útil ter sido colocado na prateleira.

---

* Ver *A Doutrina Secreta*, publicado pela Ed. Pensamento, 1980.

Foi precisamente o que sucedeu um dia quando entrei na minha livraria preferida para dar uma olhada e descobri o livro *A Busca do Milênio*, de Norman Cohn, que acabara de chegar.

Em busca do milênio: a Nova Era como história

O livro de Cohn é uma análise histórica e sociológica da tradição do "milenarismo revolucionário e do anarquismo místico" na Europa Ocidental entre os séculos XI e XVI. Na verdade, a obra faz uma crônica dos primeiros movimentos da "nova era" na Europa medieval, muitos dos quais tinham a mesma visão de um futuro espiritual utópico que as modernas idéias do século XX sobre a Era de Aquário, e que também se faziam acompanhar de profecias apocalípticas.

O milenarismo é uma crença cristã segundo a qual o Milênio, o reino de mil anos de Cristo, está prestes a se iniciar. Em sua Introdução, Cohn define o Milênio, tal como retratado pelas seitas ou movimentos milenaristas, como *terrestre*, isto é, a se manifestar "nesta terra e não em algum céu extramundano"; *iminente*: seu advento ocorreria dentro de pouco tempo e repentinamente; *total*, ou seja, transformaria por completo "a vida na Terra, de modo que a nova providência não seria um mero aprimoramento do presente, mas a própria perfeição"; e *miraculoso*, causado "por forças sobrenaturais, ou com a sua ajuda".

Esta é a descrição mais precisa possível dos elementos de muitas versões modernas da Nova Era, especialmente nas décadas de 1950 e 1960, particularmente se se acrescentar a "forças sobrenaturais" "extraterrestres vindos de OVNIs", que são, afinal, o equivalente tecnológico moderno das forças sobrenaturais que eram admitidas e em que as pessoas acreditavam na Idade Média.

Este livro teve sobre mim o efeito de fazer-me situar toda a idéia e todo o movimento da Nova Era num contexto histórico mais amplo, liberando-a, em minha mente, do caráter de ser um fenômeno peculiar da segunda metade do século XX. Havia, como me dei conta, uma tradição de pensamento da Nova Era, utópico e milenarista, e muitos dos elementos da Nova Era moderna, particularmente as profecias apocalípticas, eram retomados dessa tradição.

O livro tirou a Nova Era do contexto do miraculoso e do oculto e a fez parecer mais humana aos meus olhos. Ela se tornou parte de uma tradição humana de antecipação utópica ou escatológica, parte de um anseio e de uma esperança que tivera uma história própria. Estava incluída em nosso legado humano de idéias, não sendo simplesmente uma revelação moderna.

Do mesmo modo, a obra levou-me a perceber o motivo de todos os movimentos históricos da "nova era", ou milenaristas, acabarem por fracassar no tocante aos seus propósitos declarados: eles quase sempre surgiam entre as classes despossuídas e mais pobres da época, no ambiente de pessoas desejosas de uma mudança radical mas que se sentiam impotentes para fazê-la ocorrer. Disso decorria a ênfase em algum tipo de intervenção sobrenatural para resgatar os fiéis e remover da Terra os elementos corruptos e malévolos da sociedade, de modo que um novo mundo pudesse surgir.

Esse sentido de impotência também se traduzia em alienação e raiva, de modo que esses grupos de modo geral separavam-se da sociedade de que eram parte e assumiam diante dela uma atitude beligerante. Usavam a antiga técnica de estabelecer sua identidade, poder e solidariedade a partir da criação de uma imagem do inimigo que funcionasse como fronteira entre os justos e os iníquos. Por infelicidade, isso não os tornava muito queridos na sociedade do seu tempo, que muitas vezes tomava medidas beligerantes e agressivas contra eles, incluindo ações militares, perseguições e assim por diante. Isso fazia ao menos que, mesmo que essa posição beligerante fosse implementada de modo passivo e pacífico, o grupo milenarista se visse impedido de integrar-se criativa e transformadoramente à sociedade mais ampla. Eles se interessavam mais em fugir do que em agir para mudar o sistema (claro que, para muitos desses grupos, parecia sem sentido tentar mudar a sociedade existente, visto que suas profecias e visões orientadoras os levavam a crer que o mundo logo se acabaria em desastres apocalípticos depois dos quais os justos sobreviventes construiriam um novo mundo).

Não era preciso ser cientista para observar o movimento da Nova Era no final dos anos 1960 e ao longo da década seguinte e ver essas mesmas atitudes de impotência, de fuga e de criação de adversários, tudo contribuindo para a possibilidade de o moderno movimento da Nova Era seguir o caminho dos seus antecessores históricos, talvez (Deus o permita!) de maneira não tão violenta e sangrenta, mas com igual ineficácia e falta de impacto histórico. (Na realidade, cerca de trinta anos depois, ainda posso ver essas atitudes no movimento da Nova Era, se bem que talvez em menor intensidade, já que em anos recentes a Nova Era tornou-se menos um movimento de defesa de idéias do que um cenário para terapias e para o crescimento pessoal ou para escolhas de estilos de vida, sendo improvável que alguma dessas coisas venha a inspirar intensas paixões políticas ou levar as pessoas a levantar barricadas.)

Ver a idéia de Nova Era no seu devir histórico foi para mim uma revelação. Isso lhe conferiu uma atemporalidade que a tornou mais acessível a mim. E era essa a direção que eu pretendia seguir.

O arquétipo do mundo sagrado

Ao mesmo tempo, também descobri outra tradição de pensamento, que está presente em toda cultura. Trata-se da idéia de uma época vindoura de graça e perfeição na Terra, período de paz e prosperidade abundantes no qual o espírito do sagrado será conhecido por todos os corações. A tradição cristã fala do Milênio por vir e da Nova Jerusalém, mas a idéia é universal. Os budistas, por exemplo, esperam o advento de Maitreya, o próximo Buda, que conduzirá a humanidade a um tempo de perfeição espiritual, enquanto os budistas tibetanos se referem à época na qual a cidade santa e a consciência de Shambhala descerão a fim de reger o mundo.

Mesmo as tradições seculares contêm o equivalente disso na imagem da utopia e na noção do progresso que levará a humanidade, em última análise, a um mundo quase perfeito. (Podemos ver essa imagem da cultura popular na série *Jornada nas Estrelas*, que apresenta a Federação dos Planetas Unidos e a sociedade utópica da Terra no século XXIV.)

Na minha opinião, essa imagem de um mundo harmonioso, espiritualizado, amoroso, criativo e holístico se faz tão presente no pensamento e nas aspirações do ser humano que merece ser considerada uma imagem arquetípica; ela exerce um vigoroso efeito sobre a nossa imaginação pessoal e coletiva. Sinto ser ela a fonte psicológica essencial do atrativo e da força carismática da Nova Era: uma intuição de que um mundo assim é possível e de que o destino da humanidade é ser participante em sua co-criação.

Eu muitas vezes chamo essa imagem de "mundo sagrado" porque, para mim, ela manifesta as qualidades de amor e de integridade, criatividade e vitalidade, sabedoria e vida que associo com o sagrado, bem como porque, nas tradições espirituais, esse mundo se distingue pelo fato de a humanidade ser enfim capaz de imbuir-se claramente do espírito do sagrado e de personificá-lo. Um mundo assim é um gerador de graça e de bem-aventurança para o cosmos como um todo.

O mundo sagrado pode muito bem ser (e creio que o é) o destino da nossa Terra, mas o seu arquétipo e o profundo impulso de se envolver na co-criação de um mundo de integridade e interligação são elementos que estão agindo neste exato momento em nossa psique. Podemos recorrer a todo instante à sua energia, tal como fazemos com a energia de toda e qualquer configuração psicológica, a fim de nos enriquecer e nos tornar senhores do nosso próprio destino; isso, porém, só vai acontecer se formos capazes de integrar essa energia de maneira equilibrada em nossa vida diária.

Entrar em sintonia com essa energia, e integrá-la, constitui para mim uma parte importante do trabalho com a Nova Era e de sua personificação no momento presente. Trata-se de um enriquecimento e de uma expressão humanas muito diferentes de quaisquer outros vínculos que se possa fazer com fontes transpessoais e espirituais envolvidas na co-criação de um novo mundo.

Com efeito, quanto mais trabalhava com o grupo, e quanto mais viajava e fazia palestras sobre a Nova Era, observando diretamente muitos dos elementos do movimento, tanto mais convencido eu ficava de que a atitude de procurar fora de nós uma força "sobrenatural" ou extraterrestre a fim de trazer miraculosamente à luz uma Nova Era constituía uma perda de tempo e uma dilapidação suicida de energia. Para chegar a uma Nova Era, teríamos de aceitar a responsabilidade de fazer opções e agir a fim de co-criá-la — e, de modo geral, teríamos de fazê-lo enquanto envolvidos com o mundo, e não apartados dele.

Todas essas idéias tornaram-se farinha para o moinho do nosso grupo — e nós a beneficiamos à exaustão. Examinamos juntos muitas maneiras pelas quais poderíamos ser discípulos do espírito do mundo sagrado e incorporar sua energia espiritual à nossa vida diária. Por fim, contudo, tudo isso terminou quando Myrtle e eu começamos a viajar exaustivamente, o que acabou na Grã-Bretanha, no verão de 1970, quando fomos seguindo o rumo norte para a Escócia, a fim de visitar a lendária comunidade de Findhorn, de que tanto ouvíramos falar.

A comunidade de Findhorn: "A Nova Era é aqui e agora!"

Chegando a Findhorn naquele dia luminoso e ensolarado de agosto de 1970, fui recebido calorosamente por Peter e Eileen Caddy e por Dorothy Maclean, que fundaram a comunidade. Para minha surpresa, eles há três anos me esperavam. Parece que Dorothy recebera pelo correio, em 1967, um libreto que eu escrevera sobre o Cristo para usar em minhas aulas na Califórnia. Sem que eu soubesse, um dos alunos o tinha enviado a ela. Dorothy convenceu Eileen a ler o libreto e, ao fazê-lo, esta teve uma visão segundo a qual eu chegaria algum dia à comunidade e que seria parte de sua liderança. Sem saber quem eu era nem como entrar em contato comigo, os três tinham simplesmente esperado que a visão se realizasse, como já ocorrera com tantas outras visões de Eileen. Logo, minha chegada foi uma espécie de cumprimento de uma profecia e, ao final da minha primeira semana ali, Peter, o administrador geral, me pediu que eu me unisse a ele na liderança e o ajudasse a criar a comunidade.

Muito falei alhures sobre o tempo que passei em Findhorn e sobre o meu papel de co-diretor da comunidade de 1970 a 1973, razão por que não vou repetir tudo aqui. Basta dizer que a Findhorn me proporcionou a oportunidade sem paralelo de pôr em prática muitas das idéias acerca da co-criação da Nova Era, o que não me fora possível na Califórnia. Viver numa comunidade tem definitivamente suas vantagens. Já li textos dizendo que aprendi sobre a Nova Era em Findhorn e que o meu tempo ali marcou o início da minha carreira pública; mas, como demonstrei, isso não é verdade. Levei para lá os frutos de cinco anos de pensamento, intuição, ensino e labuta com as implicações interiores e exteriores da Nova Era, e tive a felicidade de encontrar na comunidade um parceiro co-criativo para a minha peregrinação.

Uma coisa é verdade: aprendi muito em Findhorn sobre como se implementam idéias e como se faz com que elas funcionem praticamente no cotidiano. Fiz amizades profundas e duradouras que continuam até hoje (entre outras coisas, foi lá que conheci minha mulher) e fui indizivelmente inspirado pelo amor, o espírito generoso e o talento criativo de todos os que acorreram e construíram a comunidade enquanto ali vivi. Para mim, no decurso da minha estada ali, a

Nova Era assumiu um corpo bem mais definido e uma dimensão mais rica, tendo-se além disso tornado mais tangível.

Também é verdade que, em conseqüência do meu trabalho na comunidade, tornei-me uma figura mais pública e fui mais associado com a idéia da Nova Era do que antes. Na realidade, fui tão identificado com isso que um jornalista, escrevendo mais com exuberância do que a partir de fatos, disse que eu era o pai da Nova Era, o que é uma risível inverdade (a menos que eu tivesse mais de três mil anos de idade, período a que, no mínimo, a Nova Era remonta). Além disso, já tenho quatro filhos, o que é mais do que suficiente para mim!

Os três anos passados em Findhorn foram incrivelmente estimulantes e criativos, em especial graças ao talento e ao trabalho dos membros então presentes; eles assentaram alicerces tão sólidos que, mais de vinte anos depois, a comunidade ainda floresce e faz um trabalho maravilhoso. Dentre as contribuições que dei a esse processo, a única que de fato se destaca para mim foi, na realidade, uma dádiva de intuição vinda do trabalho feito anos antes no nosso grupo de estudos na Califórnia.

Isso aconteceu no meu primeiro mês de comunidade. Peter Caddy aproximou-se de mim certa manhã com uma carta que recebera da Austrália. Era uma previsível advertência profética da Nova Era que nada tinha de especial: mudanças iminentes na Terra, a guerra global prestes a eclodir e discos voadores posicionados para descer numa missão de resgate daqueles cujas vibrações fossem "suficientemente elevadas" para viver na nova terra e construir a nova civilização. Era hora de interromper o que se estivesse fazendo e de fugir para as colinas (no caso de Findhorn, para a praia), onde se teria melhor oportunidade de evitar os desastres e onde os OVNIs poderiam nos encontrar com mais facilidade. (Quando penso nisso, vem-me de modo irresistível à mente a imagem de um casal inocente passeando por uma colina deserta e sendo inadvertidamente apanhado por um disco voador em busca de refugiados da Nova Era!)

Peter me perguntou o que eu achava desse material, e eu disse que considerava aquilo uma bobagem. Além disso, prossegui, além de errôneas, essas profecias e as atitudes que elas estimulam traem a Nova Era.

— A Nova Era é aqui e agora — falei. — É uma realidade espiritual, uma força criadora dentro de nós neste momento. Por que esperar por algum acontecimento exterior antes de dar expressão a essa força? Por que não supor que a grande mudança apocalíptica já aconteceu e, em vez de esperar por ela, começar a pensar e a agir como se a Nova Era existisse aqui e agora? Podemos fazê-lo nesta comunidade. Mesmo na Nova Era teremos de nos relacionar uns com os outros, criar os filhos, fazer comida, cultivar a terra, relacionar-nos com o sagrado e fazer todas as demais coisas de que os seres humanos sempre tiveram de desincumbir-se na sua vida diária. Por que não fazer essas coisas na comunidade, como se a Nova Era existisse aqui e agora, e ver o que acontece? Liberaríamos muita energia criativa que, de outro modo, não está sendo usada enquanto se espera o cumprimento de alguma profecia.

Trata-se basicamente da posição a que chegáramos no nosso grupo da Califórnia. E foi essa a compreensão da Nova Era que levei para Findhorn. Peter adorou a idéia, em parte porque ela tinha ressonância em seu tipo de personalidade, que era muito mais de agir no momento do que de ficar esperando.

Assim, a partir desse momento, no que se refere a Findhorn, a Nova Era existia aqui e agora, e devíamos prosseguir com as experiências relativas ao que isso significava e a como viver na prática o espírito do novo. Essa posição, como verificamos, liberou de fato uma enorme energia de criação e de aventura na comunidade, e creio que ela formou o alicerce de todo o impressionante crescimento de que a comunidade se beneficiou nos anos subseqüentes.

Essa atitude também gerou controvérsias em outros grupos britânicos da Nova Era, culminando na denúncia de Findhorn e no corte de relações com a comunidade, por parte de dois líderes e mestres do movimento, devido ao fato de que, segundo ele, não acreditávamos nas profecias e estávamos enganando as pessoas ao dizer que a Nova Era pode ser aqui e agora. Isso serve apenas para mostrar que o movimento da Nova Era tem tanta propensão a ter tolas disputas teológicas e ideológicas quanto todos os outros movimentos espirituais iniciados pela humanidade.

Transformações planetárias e mudanças de paradigma

Em 1973, deixei a comunidade de Findhorn e voltei para a Califórnia, principalmente porque eu começava a me sentir isolado no extremo norte da Escócia e sem contato com as correntes transformadoras que agiam no mundo e de modo especial nos Estados Unidos. A década de 1970 e o começo da de 1980 foram um período em que um número impressionante de novas idéias e imagens jorravam no âmbito da cultura, cada uma delas trazendo consigo um potencial de transformação.

Com efeito, ao longo dessa época, a própria idéia de transformação — a idéia de que a sociedade passava por uma evolução radical, talvez mesmo sem precedentes em nossa época — tornou-se popular, sendo objeto de muitas discussões e debates em livros e artigos. Acresce que essa transformação não era algo que acontecia conosco; ela acontecia por nossa causa, era algo de que podíamos ser parte e para a qual podíamos contribuir.

Para mim, era como se todas as minhas imagens da Nova Era tivessem se soltado e se tornado parte da cultura geral, fazendo aquele período ser verdadeiramente muito estimulante. De fato, a idéia de transformação cultural e planetária tornou-se uma idéia tão popular no âmbito da pesquisa e do estudo acadêmicos que, em 1979, um professor da Universidade de Wisconsin, em Milwaukee, me convidou para fazer com ele um programa e dar aulas a respeito, trabalho que realizei durante cinco anos antes de finalmente voltar para a Costa Oeste com a minha família.

Quando estava em Findhorn, e também nas minhas aulas e seminários, eu costumava discutir a Nova Era no contexto de uma cosmologia espiritual e metafísica. Isso se devia em parte ao fato de a Nova Era ter uma dimensão espiritual clara e, em parte, ao fato de as pessoas com quem eu estava trabalhando se interessarem por tópicos metafísicos e esotéricos e desejarem que eu os desenvolvesse.

Dando aulas na universidade eu não podia fazer isso. Eu lidava com um público completamente diferente, no qual havia tanto algumas pessoas interessadas por questões espirituais como muitas que não tinham esse interesse. Elas buscavam idéias e concepções que as ajudassem de maneira prática em sua vida diária. Em conseqüência, tive de desenvolver uma linguagem de transformação concreta, prática, não-metafísica. Isso mostrou ser uma grande bênção para mim, visto que me obrigou a descartar boa parte da linguagem e dos inúmeros conceitos com que eu costumava discorrer sobre a Nova Era a partir da minha primeira palestra em Phoenix em 1964. Vi-me forçado a pensar de modo ainda mais profundo na natureza da Nova Era. Eu precisava considerar o que ela era como fenômeno não-espiritual, não-esotérico e sobretudo humano.

Tendo esse objetivo em vista, descobri que era útil retornar à linguagem da ciência (em particular à da física quântica e à metáfora da partícula e da onda), bem como usar a linguagem dos novos paradigmas de transformação que estavam chegando ao conhecimento público. No cerne desses paradigmas estavam idéias como holismo, pensamento sistêmico, interligação e interdependência, a Hipótese Gaia, a ecologia e a sustentabilidade, energias alternativas, a teoria da informação, a cibernética e as maravilhosas imagens de Gregory Bateson do "padrão que vincula" e da "ecologia da mente". Todas essas idéias eram, a meu ver, idéias "espirituais"; elas transmitiam um conjunto de valores e de perspectivas que levava a estados mais amplos de integridade pessoal e de responsabilidade mútua.

Desenvolvi essa nova linguagem metafórica com o passar do tempo, mas ela me surgiu por inteiro na primavera de 1981, quando ajudei a organizar e co-patrocinei, com o Departamento de Ciências Políticas da Universidade de Wisconsin, uma reunião de representantes políticos eleitos de todo o país. O tema da conferência de três dias era espiritualidade, valores e a concepção de futuro na política americana. Mas o clima político não estava propício para o evento. A crise dos reféns do Irã acabara de ser resolvida no outono anterior e Ronald Reagan elegera-se presidente. Para a maioria dos presentes ao encontro, a imagem da espiritualidade na política evocava a tirania teocrática dos aiatolás iranianos. Além disso, todos os que compareceram, de vereadores e vereadoras a senadores e deputados, eram coincidentemente democratas (apesar de os nossos convites terem sido rigorosamente bipartidários) que estavam contristados e entristecidos com o orçamento recém-promulgado por Reagan, com seus cortes draconianos nos gastos de assistência social. O clima do evento era pessimista, raivoso e cínico. Os participantes queriam, antes de mais nada, exprimir suas frustrações e sua raiva dos republicanos. A espiritualidade era a coisa de que menos queriam falar!

Eu tinha a incumbência extremamente incômoda de fazer o primeiro pronunciamento, fixando o tema e o tom da conferência. Estava bem claro que eu não podia simplesmente começar a falar sobre espiritualidade; por isso, comecei discorrendo sobre como a ciência estava mudando a nossa concepção da natureza das coisas: passávamos de um universo de separação para um universo em que todas as coisas estavam em inter-relação, interligadas, e que é parte de uma totalidade mais ampla que o físico David Bohm denominou "ordem implicada". Apresentei o que desde então chamei de "linguagem da espiritualidade quântica", uma discussão sobre a natureza da realidade tal como descrita pela física quântica, com especial referência ao fato de se poder descrever a luz, a um só tempo, como partícula e como onda. Essas idéias atraíram a atenção da platéia e a estimularam intelectualmente; pude então recorrer à dualidade partícula/onda para discutir a natureza quântica da consciência e da identidade e o fato de nós igualmente exibirmos essas características duais, visto termos uma personalidade semelhante a uma partícula e um espírito que tem caráter de onda e que participa de uma totalidade mais abrangente. Isto assentou as bases para o exame mais explícito de idéias de espiritualidade e valores de totalidade e de interligação, bem como para discutir imagens de transformação e de evolução da sociedade (isto é, a Nova Era). Quando terminei, todos os participantes estavam ansiosos e animados para dar continuidade aos temas da conferência, e o estado de espírito raivoso se dissipara.

Creditei essa mudança menos às minhas capacidades oratórias e expositivas do que ao estímulo das idéias em si. Era a primeira vez que eu juntava todas as idéias do novo paradigma e da física quântica num único texto ligado com a espiritualidade. E estava satisfeito com o resultado, pois aprendera que isso fornecia às pessoas um novo conjunto de imagens e de conceitos para lidar com questões ligadas à espiritualidade, conjunto que elas poderiam vir a rejeitar se lhes fosse apresentado com a roupagem religiosa, esotérica e mística tradicional. A partir disso, as idéias do relacionamento entre a física quântica e a espiritualidade tornaram-se parte regular do meu repertório, como se vê no meu livro *Everyday Miracles.* (Para ver como uma física quântica *bona fide* trata do mesmo assunto, recomendo o livro de Danah Zohar, *The Quantum Self*, publicado em 1980, e sua continuação, *The Quantum Society.* Ela escreve no momento um terceiro livro cujo título provisório é *Quantum Espirituality*, mas que, creio eu, terá outro título quando for publicado.)

A idéia de que a nossa cultura passa por uma "mudança de paradigma" ou por uma mudança mental coletiva oferecia uma excelente maneira de falar sobre a transformação rumo a uma Nova Era. Liberto da obrigação de falar em termos espirituais, esotéricos e cósmicos, comecei a descobrir cada vez mais a força da dimensão humana e cotidiana dessa transformação. Na verdade, quando parei de dar aulas na universidade e voltei para a Costa Oeste, em 1984, descobri que preferia falar da Nova Era sem referência a cosmologias metafísicas ou esotéricas. Isso me forçava a ser mais preciso e concreto no que tinha a dizer — e, para um místico autônomo como eu, isso é sempre uma bênção!

A dimensão humana

Se não puder vincular-se com a nossa humanidade cotidiana sem nos ofuscar com imagens cósmicas ou esotéricas, a Nova Era como idéia não poderá fincar raízes no terreno em que deve fazê-lo para desenvolver-se e florescer: o solo do nosso caráter e dos nossos valores, o lugar interior no qual fazemos opções e aceitamos responsabilidades.

A dimensão espiritual da Nova Era é importante; a meu ver, aí está a paixão. Trata-se da alma de tudo aquilo que ela é. A Nova Era é a visão de um novo espírito que surge na Terra, transformando-nos e permitindo que participemos da co-criação de um novo céu e de uma nova Terra. Essa é uma idéia vigorosa. Foi essa dimensão espiritual que me atraiu no início e que me tem mantido ligado a essa idéia há mais de trinta anos.

Mas só se o cósmico puder tornar-se particular e o espírito passar a viver em nova carne é que a Nova Era deixará de ser uma idéia e se fará realidade. A Nova Era é também uma idéia encarnacional: uma visão de personificação, de dar à visão uma forma perceptível de modo mais imediato. As dimensões espiritual e material têm de ser uma só.

A idéia da Nova Era tem de vincular-se com a minha dimensão humana. Tem de me servir no lugar em que estou, no mundo pessoal dos meus relacionamentos, da minha vocação, dos meus temores e das minhas aspirações. Tem de servir às minhas prioridades na vida, que são alinhar-me claramente com o sagrado, entrar em sintonia com a alma que há no meu íntimo, dar apoio ao meu caráter e à minha integridade, bem como a saúde e a totalidade dos meus relacionamentos. Deve, enfim, personificar um espírito amoroso e co-criativo nas minhas ações no mundo.

Do mesmo modo, para que a idéia de Nova Era adquira algum

significado em nossas questões coletivas, faz-se necessário que ela também sirva ao nosso mundo. Ela tem de iluminar as nossas possibilidades, ampliar a nossa capacidade de mudar e esclarecer as opções que podemos ou temos de fazer. Deve, além disso, dar apoio à nossa vontade e à nossa visão ao fazer essas opções. A idéia de Nova Era não nos deve afastar do mundo, porém envolver-nos com ele de maneira amorosa, visionária e transformadora.

Do contrário, ela será, no máximo, uma fantasia ou esperança ilusória que nos impedirá de nos envolvermos habilidosamente com as tarefas pessoais e coletivas por ser executadas. Na pior das hipóteses, ao dar a impressão de ser uma nova ideologia ou movimento, ela vai perpetuar nossos maus hábitos de divisão, "nós *versus* eles", de egoísmo e de violência, hábitos que nos trouxeram o sofrimento que agora nos faz clamar por alguma coisa nova que venha nos salvar.

CAPÍTULO 4

O Caminho Interior

Tendo descrito minha peregrinação exterior e mostrado como ela moldou a minha compreensão da Nova Era, também é oportuno dizer algumas palavras acerca da minha peregrinação interior, particularmente porque dela veio a maior contribuição para essa compreensão.

Essa peregrinação interior tem dois aspectos que contribuem um com o outro. O primeiro é, como mencionei, a minha prática espiritual, que é, como tantas outras, uma prática de sintonia com o sagrado, de auto-reflexão e de busca da manifestação da integridade em minha própria vida. O segundo é a minha interação com os mundos interiores, que de início assumiu a forma de um programa de treinamento desenvolvido pelo meu amigo espiritual John.

A idéia de ser formado por um mentor não-físico, ou por um ser espiritual é antiga e é na verdade a base da maioria dos caminhos xamânicos em todo o mundo. Parece-nos incomum e cercada de mistério em nossa cultura simplesmente porque seguimos, para o bem ou para o mal, uma direção diferente de desenvolvimento cultural; muitas pessoas ainda passam pela experiência do contato com o mundo interior, mas não falamos muito disso uns com os outros, em parte porque nos falta a linguagem para fazê-lo.

Talvez treinamento seja uma palavra muito pesada aqui, em particular porque implica que se esteja sendo treinado para alguma coisa. John nunca me disse: "David, vou treiná-lo para ser um xamã ou um adepto ocultista da Nova Era", ou coisa parecida. Ele por certo jamais prometeu revelar mistérios cósmicos nem antigos segredos místicos, o que é uma pena. Os objetivos de John eram muito mais modestos (sem dúvida por causa do material humano com o qual tinha de trabalhar). Sua meta primordial consistia em me auxiliar a integrar a energia espiritual à vida cotidiana, pela boa e simples razão de ser isto o que se espera de todos os seres humanos. Se me estava treinando para alguma coisa, era sem dúvida para que eu fosse David o mais plenamente possível. Desde o começo, John indicou que, a seu ver, o objetivo da Nova Era é simplesmente permitir que as pessoas façam de maneira efetiva e eficaz aquilo que já se espera que façam: integrar qualidades espirituais à vida cotidiana e ser uma fonte de manifestação do amor.

O trabalho com a alma

Há uma variedade de maneiras pelas quais as pessoas chegam ao mundo interior. Entre outras coisas, pode-se fazê-lo por meio dos sonhos, das intuições e dos palpites, através de capacidades mediúnicas pessoais (ou dos outros), de técnicas divinatórias como o Tarô ou o I-Ching, mediante a oração e a meditação e por meio de rituais. Já experimentei ou usei todos esses métodos, porém para mim a técnica primordial consiste em fazê-lo com a mediação e a atividade da minha alma.

Não considero a alma simplesmente uma parte mais elevada ou espiritual do meu ser, nem o aspecto eterno da minha natureza; ela é também uma atividade. É um estado de relacionamento e de vinculação. Sinto-a como um estado limítrofe, um plano no qual o sagrado e o pessoal, o infinito e o finito, o coletivo e o individual, o espiritual e o material se encontram e se combinam. A alma está na extremidade das coisas, num ponto de convergência, de combinação, de fusão e de manifestação.

Como eu disse, desde criança eu sei da existência desse nível. Mas na infância e na adolescência eu sentia a alma como um lugar de profunda paz e bem-estar e como uma acolhedora fonte de amor. Quando ia à sua procura com minha mente e meus sentimentos, eu entrava num estado de calma e de silêncio no qual de quando em vez encontrava uma presença amorosa e solícita.

Só quando comecei a trabalhar com John é que passei a descobrir e a viver a natureza dinâmica da alma e as muitas texturas que se pode encontrar nesse domínio ativo.

Imagine que você está contemplando um lago imóvel ao luar, tendo ele uma superfície absolutamente calma e sem ondulações. Você passa pela experiência de ser atraído pelo caráter pacífico dessa cena. Era assim a minha experiência da alma na infância.

Imagine agora que você vai até o lago e olha para dentro dele. Você se vê a si mesmo, vê o céu e a paisagem circundante refletidos nele como num espelho. A cena ainda é pacífica, mas agora você vê coisas no lago, embora continue a ser um observador.

Imagine então que começa a nadar no lago. A depender da graciosidade com que entrar na água e nela se movimentar, ou os reflexos são desfeitos e distorcidos pela ondas formadas à sua passagem ou você nada para dentro deles com um mínimo de distúrbios. Uma vez no lago, contudo, você flutua com toda a calma possível, e as imagens retornam; você se tornou, por assim dizer, parte do espelho.

Se a alma é o lago, a primeira coisa que John me ajudou a fazer foi ver as imagens refletidas na sua superfície calma e, mais tarde, a entrar na água e fazer parte das imagens, participando de sua vida assim como elas se tornavam parte da minha alma. E quanto maior a graciosidade e a calma com que eu podia fundir os meus estados mentais e emocionais com a atividade de percepção da minha alma, tanto menos distorcidas e obscuras ficavam as imagens ou essa participação.

Fizemos isto juntos de várias maneiras, mas o método usual era seguir uma disciplina voltada para a compreensão e o domínio das correntes emocionais e mentais que percorriam a minha psique, bem como aprender, por meio de técnicas de meditação, como estabelecer e manter a calma interior. Então, ao sentir mediunicamente a presença de John ao redor de mim, ou quando ele, por assim dizer, tocava minha alma, enviando ondas por dentro do meu ser, eu usava meus pensamentos e sentimentos para transferir minha consciência para o nível da alma e entrava, metaforicamente, no lago.

John então ou se comunicava comigo de alma para alma ou levava ao campo perceptivo da minha alma várias qualidades, energias, seres, etc., cuja presença fazia imagens aflorar na minha alma, tal como reflexos num lago. Contudo, era tal a qualidade dessas imagens que eu não me limitava a observá-las, mas participava delas. A alma tem como qualidade perceber por meio da conexão e sentir o que vê de dentro para fora, por assim dizer, o que dissolve a distância comum entre observador e observado. Contudo, como o nadador no lago, cujos movimentos fazem as imagens tremer e se desfazer, se eu não pudesse manter em equilíbrio as minhas energias pessoais, meus "movimentos" emocionais e mentais podem distorcer essas imagens. Há, da minha parte, um processo bastante consciente e participativo e em nenhum momento entro em transe nem fico inconsciente.

A alma vive num mundo de qualidades e essências; são elas o que ela percebe e conhece. Minha tarefa era não somente perceber as imagens com clareza e me envolver com elas de maneira ativa, e não passiva, mas também traduzir suas qualidades e sua essência em imagens, conceitos e palavras que fizessem sentido no nível humano e que eu pudesse comunicar aos outros.

Para garantir que o fazia de modo adequado, eu sempre dispunha de outras pessoas em cujas percepções interiores confiava, e às quais podia recorrer a fim de submeter a um duplo teste os resultados obtidos. Mas com o tempo descobri que podia perceber, de modo geral por meio de sensações físicas e por uma espécie de reação psíquica que causava mal-estar físico, quando não conseguia entender e distorcia ou interpretava erroneamente o que percebia no plano interior. Mesmo já tendo trabalhado dessa maneira por mais de trinta anos, tendo agora muita confiança na acuidade das minhas percepções, ainda uso o sistema dos "amigos", e tenho pessoas, como minha mulher e dois ou três outros colegas, a quem consulto para me assegurar de que vejo interiormente de maneira adequada.

Do mesmo modo, a disciplina pessoal de entrar em sintonia com o sagrado e de refletir sobre a minha personalidade e a energia que faço circular pela mente, pelas emoções e pelo corpo continua tão importante e necessária quanto o foi há 31 anos, quando comecei o trabalho com John.

Ele me ajudou a treinar as percepções da minha alma ao me pôr em contato com várias forças e situações espirituais e ao me permitir sentir as energias, impressões e imagens que afloravam, bem como refletir sobre elas. Outro modo de ele me ajudar foi ficar fora do caminho e muitas vezes deixar-me sozinho.

Como eu disse, John apareceu na forma de uma personalidade

humana particular completa, com uma dada aparência, um modo de se vestir e assim por diante. Essa aparência, que registrei interiormente como uma imagem de clarividência, era muito satisfatória e tranqüilizadora para a minha psique, em parte por parecer conhecida e segura. Foi relativamente fácil ter contato com ele, porque a John cabia a maior parte do trabalho.

Com o passar dos anos, isso se alterou. De modo gradual no princípio e depois com rapidez cada vez maior, ele começou a se despir de todos os atavios da personalidade específica e passou para o mundo anímico no qual vive normalmente, um reino multidimensional em que a fronteira entre o individual e o coletivo vai se tornando cada vez mais indistinta e maleável. Da aparência um tanto desalinhada de professor universitário com terno de *tweed*, ele foi se tornando luminoso ao longo do tempo, mostrando-se cada vez mais como ser de luz, até que por fim perdeu toda semelhança com uma forma humanóide (embora sempre pudesse adotar essa forma caso fosse necessário) e veio a ser uma intensificação da luz no interior de um campo mais amplo de radiância e de amor. (Pelo menos era assim que ele me aparecia, se bem que, quando eu entrava plenamente em sua condição de ser e olhava pelos seus olhos, eu percebia que o seu mundo era ainda mais rico, de textura ainda mais elaborada e de maior diferenciação do que o meu; vi que ele percebia o seu mundo de uma multiplicidade de maneiras que transcendiam em muito os meus cinco sentidos físicos.) Ademais, ele parecia ser cada vez menos um sujeito ou um substantivo e cada vez mais uma atividade ou um verbo. Para precisar ainda mais, ele conservava um forte sentido de individualidade, mas não se distinguia do seu mundo, dos seus colegas nem da sacralidade que o sustinha. Em vez disso, essa individualidade era menos um objeto do que uma atividade específica do sagrado, de que ele, como todos nós, é parte. Na verdade, John me disse certa vez, nos últimos anos da nossa associação: "Tenho um sentido mais nítido e seguro de mim mesmo como individualidade do que você precisamente porque conheço a fonte de que sou parte. Como disse o Cristo, ao me perder na participação no todo mais amplo, encontrei-me a mim mesmo de uma nova maneira."

Para manter contato com ele, eu tinha de acompanhar seu movimento interiorizante; tinha de mergulhar mais profundamente no contato com a minha própria alma, agindo conscientemente para despertar e aprimorar suas percepções (ou talvez, para ser mais preciso, aprimorar minha capacidade de entrar em sintonia com as suas percepções e compreendê-las). Assim, John me fez desenvolver gradativamente meu próprio contato com a alma e minha capacidade de perceber a presença dela, até que, por fim, adquiri a capacidade de entrar nesse domínio por mim mesmo, sem sua assistência; nesse ponto, nosso relacionamento se modificou e a monitorização que ele fazia findou. Mas eu ainda me esforço por conhecer e viver esse estado de individualidade como uma atividade sagrada que ele me mostrou perto do final da nossa associação regular.

Como ele me dissera no início, seu intento fora tornar-se desnecessário, evitar a promoção de qualquer dependência que eu pudesse ter com relação a ele e evitar tornar-se um substituto da alma e do espírito, que são os verdadeiros mentores e mestres que estão dentro de cada um de nós. E foi justamente isso que ele fez.

O final da atividade de mentor de John ocorreu há alguns anos, mas continuei a examinar os mundos interiores e o meu próprio relacionamento co-criativo com eles, se bem que, para fazer justiça à ênfase de John, meu foco primordial tem sido minha vida exterior e as tarefas da criação dos filhos. Ainda percebo a presença de John e, como velhos amigos que se encontram ocasionalmente para um café, ainda nos vemos de quando em vez. Mas isso vem ocorrendo com uma freqüência cada vez menor, visto que cada um de nós se concentra nas diferentes tarefas que nos cabem e que nos ocupam a atenção. As nossas almas, porém, continuam a ressoar com um amor profundo e duradouro, que sempre existirá.

O relacionamento com os mundos interiores: a natureza do espiritual

Na primeira semana do nosso trabalho conjunto, John disse: "Quero que você respeite a sua sabedoria e as intuições advindas da sua condição de ser humano. Confie em si mesmo e você não dependerá de mim. Quero oferecer-lhe uma perspectiva. Se puder aprender a ver o mundo como vejo e a compreender como penso, você não vai precisar de mim. Você vai descobrir o seu próprio caminho e acrescentará a ele o que eu não posso acrescentar." John era como o técnico que possibilita ao jogador compreender e desenvolver seu próprio talento peculiar.

Esse caminho deixou-me sensível a mensagens mediúnicas de seres que pretendem ser de um alto nível de espiritualidade mas que, de maneira sutil ou manifesta, pervertem ou subvertem a experiência humana. Quando um ser começa a referir-se aos seres humanos como "crianças" ou se mostra de maneira paternalista (ou maternalista), fico cheio de suspeitas, visto que a mensagem aí implícita é a de que somos criaturas dependentes, fracas e necessitadas. John e seus colegas só usavam uma linguagem que exaltava a experiência humana, porque, para eles, somos co-iguais (*sic*). Devemos ser respeitados por ter aceito as difíceis e estimulantes condições da vida material e por enfrentar seus desafios. Exceto no sentido genérico de que em toda parte nos encontramos num ambiente de aprendizagem, John nunca se referiu à Terra como uma "escola". Ele não apresentava a si mesmo nem aos seus colegas como mestres, e a mim e à humanidade em geral como alunos. O relacionamento era mais sutil ou complexo do que o sugere a metáfora da escola. Pode-se dizer com igual propriedade que eu também era às vezes mestre de John; aprendíamos um com o outro.

Em suma, John era decididamente não-hierárquico, não por causa de algum princípio ideológico, mas por perceber o universo como um todo inconsútil. Ele afirmava que havia diferentes níveis de influência e de vibração, diferentes graus de intensidade de encarnação, mas a teia de vínculos e interações entre esses níveis e graus era mais complexa e mutuamente interativa do que poderia sugerir um modelo hierárquico. Dei a essa teia o nome de "holarquia".

Colegas

A partir dessa perspectiva interativa e não-hierárquica, John deixou bem claro que os seres e forças que eu encontrava dentro de mim mesmo deviam ser considerados colegas, não superiores a ser cultuados ou seguidos. "Você vai ter contato com presenças que personificam estados de energia bem mais avançados do que o seu" — disse ele um dia, no início do meu treinamento — "e se se envolver com eles sem a preparação adequada ou o reconhecimento das diferenças entre vocês, você poderá se prejudicar. Contudo, esses seres, por mais forte ou cósmica que possa ser a sua energia, não são seus mestres. Eles não estão mais próximos do Bem-Amado do que você ou quaisquer outros seres. Todos são iguais aos olhos de Deus. Logo, veja-os como colegas. Você pode respeitá-los, reverenciá-los e amá-los, como o faria com um colega humano cujas habilidades e realizações você honrasse, mas não os ponha entre você e o Bem-Amado."

Havia duas razões para John seguir essa abordagem, afora honrar a natureza interativa da criação. A primeira era o reconhecimento de que a humanidade como entidade espiritual coletiva não estava nos estágios mais baixos de uma ordem celestial, mas constituía por si só uma força espiritual criadora, formadora, a personificação de uma idéia divina. Parte da tarefa da Nova Era consistia, de acordo com John, em reconhecer esse fato e tornar a nossa capacidade interior um atributo consciente da nossa vida. Dar o mínimo passo em direção a isso era nos honrar a nós mesmos como seres humanos.

John foi explícito quanto a isso: "A humanidade é uma personificação específica de vida criadora. O que vocês têm a oferecer à vida não pode ser oferecido por nenhum outro ser. Além disso, como todos os seres, vocês personificam em seu âmago o espírito do Bem-Amado, o que precisa ser honrado. Se se mostrarem acovardados ou enfraquecidos diante de uma força mais poderosa do que vocês e se deixarem que essa força os faça se prostrarem diante dela, por assim dizer, vocês poderão perder o contato com seus próprios dons peculiares."

Segundo pude constatar, determinados seres espirituais superiores só entram em contato com a humanidade ou dela se aproximam através de intermediários, não porque sua energia seja ela mesma avassaladora — eles certamente podem modular a força de sua presença a fim de adaptar-se à capacidade de recepção de todo ser com que estejam em contato —, mas em decorrência da propensão humana à idolatria e da tendência de tratá-los como deuses ou mestres, em vez de colegas e parceiros de co-criação. Afinal, se eu quisesse ajudar alguém a desenvolver seu próprio talento e a se fortalecer por seus próprios recursos, mas tudo o que esse alguém fizesse fosse transferir para mim a sua autoridade e o seu poder, sem mostrar iniciativa e esperando minhas ordens para seguir, seria muito difícil termos um relacionamento mutuamente enriquecedor.

Por outro lado, quando encontramos uma pessoa mais habilidosa, desenvolvida, talentosa ou proficiente do que nós, há a tendência de tentar fazer essa pessoa descer ao nosso nível. Isso nos desvincula da realidade da situação e de toda possibilidade de ajuda que essa pessoa ou ser possa oferecer, e ainda nos afasta do esforço por exprimir ou desenvolver nossas próprias contribuições ímpares. Fazer com que alguém desça é sempre mais fácil do que empenhar-se na própria elevação.

John sempre enfatizou que honrar a si próprio e entrar em contato com aquilo que se tem a oferecer, assim como esforçar-se a fim de desenvolver a capacidade de fazê-lo, constitui um importante primeiro passo no relacionamento com os mundos interiores. Se não pudéssemos adquirir um sentido de realização e de bem-estar em nós mesmos, correríamos o risco de reagir de maneira solapadora ou antagônica ao encontrar seres superiores cuja radiância transcende naturalmente a nossa, mas cuja intenção é o envolvimento conosco, na condição de co-criadores e de iguais aos olhos de Deus.

A segunda razão ligava-se ao discernimento. Não se devia confiar em nenhum ser que se apresentasse como objeto de culto ou entidade superior ou que tentasse se sobrepor a nós em nossa condição de seres humanos. "Você vai encontrar presenças que estão bem além de sua atual capacidade de personificar o sagrado", disse John, "presenças dignas de ser seus mentores ou guias, mas não as conhecerá por nenhuma proclamação da parte delas; isso vai ocorrer como uma resposta natural do seu ser à luz dessas criaturas, bem como ao amor que lhes constitui a essência. Você se mostrará naturalmente receptivo a esses seres tal como a flor se abre à luz do sol, e você se sentirá fortalecido e com o espírito elevado. Porém, e isso é sobremodo importante, você vai se sentir devolvido a si mesmo de maneira mais rica e melhor, verá que a sua liberdade inerente de modo algum estará sofrendo restrições ou lhe sendo subtraída e que a sua ligação com o Bem-Amado estará sendo aprimorada e tornada mais nítida em vez de ser obscurecida ou tornar-se alvo de interferências. Em resumo, os seres verdadeiramente exaltados no âmbito da criação são por sua própria natureza servos de todos os outros e, apesar de seu poder, vêem-se como meros reflexos pálidos da verdadeira fonte de luz que habita em todos os seres. Eles antes honram e alimentam a luz que há em seu íntimo do que exigem que você se incline perante a luz que eles têm."

John me ensinou, essencialmente, a entrar nos mundos interiores como se fossem uma grande comunidade de seres co-criadores e não uma instituição militar nem uma empresa, com sua hierarquia de níveis e postos. Alguns membros da comunidade têm mais força e capacidade do que outros, mas todos são partícipes em igualdade de direitos do empreendimento conjunto de revelar a presença do sagrado.

O espiritual e o não-físico

John também se assegurou de que eu compreendesse desde o começo a diferença entre "espiritual" e "não-físico". Há vários planos ou domínios que são, com relação a nós, não-físicos (se bem que se afigurem deveras físicos e sólidos aos seres que neles nasceram). Isso equivale a dizer que existem no planeta muitos continentes, cada qual com seu ecossistema particular. Mas a espiritualidade não se limita a nenhum domínio particular; ela não está metaforicamente ligada a um continente ou ecossistema. Trata-se, antes, de uma radiância e de uma qualidade interiores que podemos encontrar em toda parte.

Sempre vi isso como um problema no movimento da Nova Era em geral; aí, devido à falta de experiência de contato com esses fenômenos, as pessoas não fazem essa distinção. Há confusão por causa do uso da mesma palavra, "espiritual", para nos referir tanto a um estado qualitativo de santidade ou à sintonia com o espírito e o sagrado, como ao estado não-material de ser.

Só porque um ser não tem corpo e parece se encontrar em estado não-físico, dizemos que ele é espiritual, atribuindo-lhe qualidades e valores que associamos com a espiritualidade e com o ser espiritual. Mas encontrei uma multiplicidade de personalidades desencarnadas e de "formas de pensamento" ou formas e estruturas imaginárias animadas pela vitalidade dos desejos, dos pensamentos e das emoções humanos que não têm em si mais (nem menos) espiritualidade do que qualquer ser físico individual. A morte ou não-corporeidade não garante coisa alguma além de determinar que um ser não tem natureza física.

Um ser espiritual é o que é de alguma maneira transparente ao sagrado. Sua presença é fundamentalmente libertadora, fortalecedora e, sob certos aspectos, desafiadora, visto que nos faz mergulhar em planos mais profundos do nosso próprio ser. Um ser espiritual pode ser ao mesmo tempo físico (talvez o vizinho do lado seja um santo), mas um ser não-físico nem sempre é espiritual.

John falava da questão nestes termos: "A ausência de fisicalidade é o estado do corpo; a espiritualidade é um comportamento que revela o Bem-Amado."

Uma das razões pelas quais John estimulou minha inclinação à prática da contemplação (na qual teria insistido caso eu não a tivesse) era o desenvolvimento da capacidade de discernir a verdadeira espiritualidade. Ele afirmou ser isso a maior proteção contra a confusão no contato com todos os seres, físicos ou não-físicos, porque a espiritualidade se irradia ao redor da pessoa. Mas é uma energia distinta do *glamour*, do carisma ou de todas as outras energias emocionais que nos podem deixar atraídos por outras pessoas. A espiritualidade é menos ativa, tem gosto no silêncio e é mais calma; não é dramática. Ela é uma doação e não gera apegos. É amorosa, mas quase sempre de maneira impessoal. John um dia me disse: "Um ser espiritual pode alargar as suas fronteiras ou incitá-lo a expandi-las a fim de ajudá-lo a evoluir ou a adquirir uma nova perspectiva, mas não vai violá-las. Violar fronteiras é atacar o sagrado, pois destrói a força co-criativa que há nelas e nas diferenças entre as coisas. Se um ser de alguma maneira parecer impor-se ao seu livre-arbítrio ou tentar reduzir a sua condição de indivíduo criativo, se se promover como autoridade superior ou depender de alguma cobertura ou identidade histórica ou esotérica para dar força às suas palavras, desconfie. Um ser espiritual nunca age assim."

Sem desculpas, por favor!

Do mesmo modo, John teve o cuidado de chamar a atenção para o fato de que, ao trabalhar com forças espirituais, eu assumia plena responsabilidade por todas as minhas ações. Isso pode parecer evidente, mas conheci pessoas que mantinham contato com os planos interiores (ou que recorriam a médiuns a fim de obter a orientação de seres não-físicos) e que justificavam suas ações dizendo "bem, o espírito me disse que fizesse isso" ou "foi a orientação que recebi". John me fez saber que eu não poderia agir assim. Ter a orientação dele dependia da minha decisão de aceitar ou não a responsabilidade. Se eu aceitasse, a mim caberia a responsabilidade, ainda que a sugestão tivesse vindo dele. Ele forneceria informações, mas eu tomaria as decisões.

A responsabilidade por ações humanas tem de ser resolvida no nível humano. Se seguisse a sugestão de John em alguma ação, eu tinha de aceitar as conseqüências. Não me eram permitidas desculpas. Afinal, ele estava fora do alcance da responsabilidade terrena. Eu era, por assim dizer, a guarda avançada, aquele que teria de dar explicações a outros seres humanos por tudo aquilo que pudesse pôr em movimento, quer eu tivesse ou não agido sob a égide do espírito.

Isso significava, na prática, duas coisas. A primeira era: quando John ou seus colegas faziam alguma sugestão, ela raramente tinha a forma de orientação direta. Isso só se alterava se eu estivesse prestes a agir de um modo que se mostraria danoso para mim ou para outrem; nesses casos, eu recebia uma advertência bem clara. Mas mesmo nessas circunstâncias a decisão de agir ou não cabia a mim. Todavia, na maioria das vezes, John dava uma sugestão e em seguida fornecia mais informações e conhecimentos para que eu tomasse uma decisão fundamentada.

A segunda conseqüência foi que aprendi a recorrer ao meu próprio julgamento e à minha própria sabedoria quando se tratava da relação com comunicações e sugestões vindas dos mundos interiores. Aprendi a usar meu próprio pensamento e minha própria intuição. Mais uma vez, tudo se resumia em confiar em mim mesmo e em meu próprio espírito interior.

John era inflexível no tocante ao uso, por uma pessoa, de fontes e impulsos espirituais como desculpa para ações humanas. Mesmo que a fonte da ação fosse um nível interior ou mesmo uma vida passada, a aprendizagem vinha da aceitação e da compreensão das dimensões humanas da ação em causa.

Por exemplo, tanto ao trabalhar com Myrtle no seu aconselhamento matrimonial como, mais tarde, na observação da dinâmica dos relacionamentos em comunidades como Findhorn, vi-me inúmeras vezes na situação em que uma pessoa vinha me dizer que precisava divorciar-se porque encontrara sua "alma gêmea" (que nunca era o atual cônjuge). Ou então a pessoa tivera alguma revelação interior e agora precisava abandonar a família para seguir um caminho de "desenvolvimento espiritual".

Como é natural, desde a alvorada dos tempos as pessoas vêm recebendo genuínos chamados espirituais que as fizeram transcender as relações humanas normais. A imagem do jovem príncipe Gautama deixando a mulher e o filhinho para seguir o caminho que fez dele o Buda é um exemplo clássico. Mas, nesses casos, a pessoa não deixava a família para viver com outra pessoa que parecesse no momento espiritualmente mais glamourosa e estimulante. Eram casos de genuínos sacrifícios, ações realizadas não egoisticamente, em benefício de si mesmos ou do próprio desenvolvimento, mas a serviço do sagrado e de uma inteireza planetária.

O que preocupava a John e a mim era o fato de as pessoas usarem o espírito como desculpa para suas ações a fim de evitar a honestidade consigo mesmas acerca dos seus verdadeiros motivos e a responsabilidade pelas conseqüências de suas ações no nível humano. Assim agindo, elas trivializavam o espírito, tornando-o cúmplice daquilo que era de modo geral mero comportamento humano irresponsável. Certa vez, a um cliente que me procurara para uma leitura alegando ter encontrado sua verdadeira alma gêmea, que era capaz de, no jargão esotérico da época, "abrir seu centro do coração", John disse: "Você quer deixar a sua esposa por outra mulher. Se isso for verdade, seja honesto sobre seus desejos e motivos humanos. Não se engrandeça sentindo-se engajado num elevado chamado espiritual quando simplesmente está se sentindo entediado com a atual mulher e atraído por outra. Trate disso no nível dos seus relacionamentos humanos e aceite as conseqüências. Não justifique nem engrandeça suas ações usando o espírito como desculpa. Ninguém tem condições de abrir o centro do coração; só você o pode, mediante a qualidade do seu amor e a sua vontade de ir além de suas próprias necessidades ou desejos e de doar-se aos outros."

No tocante ao crescimento espiritual, John tentou deixar claro para as pessoas que ele não ocorre em detrimento dos outros. A uma mulher desejosa de deixar o marido e os filhos a fim de seguir um caminho de desenvolvimento espiritual pessoal, ele disse: "O crescimento espiritual não é o crescimento do eu, mas a perda do eu num contexto mais amplo de amor e de serviço. Trata-se de um árduo trabalho. Não que se precise chegar ao martírio, deixar de alimentar-se ou de buscar meios para atender às suas legítimas necessidades; em vez disso, o caminho que leva ao espírito é o caminho que leva ao Outro, que leva ao lugar em que você se expande e transborda a fim de atender às necessidades daquilo que não é o seu eu. É um lugar de compromisso. Entra-se nele mediante o cumprimento, e não o abandono, dos compromissos que se assumiu voluntariamente."

John compreendia que há situações nas quais os votos e os compromissos têm de ser rompidos e os relacionamentos encerrados, para o bem de todos os envolvidos. A intuição e a força para fazê-lo podem, por certo, vir de fontes interiores. Contudo, quando o espírito, na forma de orientação, revelação, experiência interior ou de algum contato interior, é usado como desculpa para descumprir um compromisso, é demasiado fácil ao indivíduo deixar de lado os sentimentos humanos e conseqüências envolvidos. Dirigindo-se a um sujeito que voltara de uma peregrinação na Índia, onde conhecera alguém que agora considerava seu guru e mestre, John disse: "É preciso sentir e reconhecer a dor e as conseqüências." Esse homem, tendo tido uma experiência espiritual, agora sentia-se no dever de deixar a mulher e os filhos para "viver sua felicidade". O fato de ter encontrado pelo caminho um novo amor parecia-lhe parte do novo "pacote" espiritual. "Você não pode refugiar-se em algum plano superior e fingir que tudo está bem apenas porque supõe que o espírito está do seu lado", prosseguiu John. "Você pode estar seguindo a sua bem-aventurança, mas está destruindo a dos outros. Se não pode encarar e tratar da dor desses outros, nem de sua responsabilidade em causá-la, mesmo que deva deixá-los, você estará tornando seu coração impenetrável e se transformando num ser menos que humano. Estará estreitando a passagem por meio da qual a alma vem a formar unidade com você. Isso é encolher e não desenvolver-se."

Sobre a idéia das almas gêmeas, segundo a qual em algum lugar do mundo está o nosso par perfeito, a nossa outra metade, John afirmou: "A alma é uma unidade. Sua outra metade é, por assim dizer, não outra alma, porém Deus. Sua verdadeira alma gêmea é o Bem-Amado, cuja presença se reflete na Terra e na vida daqueles que o cercam. Há muitas pessoas com quem você sente uma profunda afinidade, mas a idéia de que se vai encontrar o par perfeito, aquele que trará uma eternidade de felicidade e de prazer, é uma fantasia romântica, sendo perigosa porque implica que não se precisa fazer nada nem se entregar para co-criar o relacionamento. Além disso, se a sua alma gêmea é a pessoa que lhe vai proporcionar o máximo de desenvolvimento, então, caso você acredite nessas coisas, você deve procurar a pessoa menos parecida com você, alguém que mais o desafie e que, nesta vida, é provavelmente o seu pior inimigo!"

Por fim, embora John admitisse a existência do karma, a idéia de que as ações e as experiências de outras vidas e em outras dimensões podem ter influência sobre o que vivemos nesta vida, ele também foi muito claro ao dizer que isso também não era uma desculpa. Ele disse: "O karma é um contexto, não uma causa. Ele pode determinar algumas cartas da sua mão, mas não determina de que maneira você as vai jogar. Justificar uma ação dizendo que ela é kármica equivale a renunciar à responsabilidade e, portanto, à sua criatividade, bem como, em última análise, à sua condição de ser humano." Certo dia, procurou-nos uma senhora cujo casamento passava por dificuldades por ter ela tido um caso com um homem. "Era uma coisa kármica entre nós, algo que tínhamos de resolver", afirmou ela. John replicou: "Não, o karma era apenas que vocês dois voltassem a se encontrar; a experiência sexual entre vocês foi uma escolha de vocês, porque você quis isso agora e não quis pensar nas possíveis conseqüências para o seu casamento. Você tem de aceitar a responsabilidade pelas suas ações nesta vida. Sem responsabilidade, não existe libertação."

Em suma, no referente ao trabalho com forças espirituais, John tinha um único macete: sem desculpas, por favor! Cada um de nós é humanamente responsável pelo seu comportamento, por mais que queiramos dizer que "o espírito me levou a fazê-lo!"

A questão da profecia: o reconhecimento dos filmes

Outro aspecto de que John tratou com certa amplitude foi o da profecia. O movimento da Nova Era tem suas raízes fincadas na profecia e exibe uma abundância de profetas. A profecia pode ser fonte de orientação, mas também pode causar confusão e medo. Pode opor-se às próprias mudanças bastante positivas que busca promover. John queria ter certeza de que eu entendera como evitar que isso acontecesse. Eis o que ele tinha a dizer:

> *Há duas fontes principais de profecia. Uma delas é o sagrado e os aliados espirituais da humanidade; a outra advém dos temores e lembranças da humanidade projetados no nosso inconsciente coletivo como numa tela cinematográfica. As diferenças entre elas são esclarecedoras, visto que a primeira é sempre impessoal e fundamentada no amor, ao passo que esta última traz consigo uma forte energia emocional e tem por base a ansiedade, a impotência, o drama ou o desejo de poder.*
>
> *A fonte sagrada é sutil e não projeta tanto imagens ou advertências quanto qualidades. Vem em paz e certeza. Sua ênfase real é o presente, não o futuro, pois vem como um chamado para que se desperte e se aja no presente. Vem para dizer a você alguma*

coisa sobre você mesmo. Ela não o despertaria se você não soubesse que tem condições de agir. Ela o eleva no momento mesmo em que o desafia a mudar, e ela lhe confere força; traz consigo o conhecimento de que a mudança é possível. Logo, constitui uma revelação de algo importante a seu respeito, mostrando-lhe uma maneira de você vincular-se mais com a totalidade, ao mesmo tempo que mostra algo sobre as probabilidades e possibilidades que estão diante de você. Você se vê pleno de uma capacidade de agir que nasce do conhecimento de que você pode agir e de que suas ações são importantes.

Mas a outra fonte de profecia vem na forma de imagens e projeta um sentido de premência, de medo e de incerteza. Eu poderia dar-lhe o nome de "fonte dos filmes", visto que, de fato, as imagens têm tanta realidade quanto os filmes humanos. Elas têm, por assim dizer, roteiros baseados nas lembranças e temores humanos. Chegam vibrantes de drama e de um sentido de significado e dimensão cósmicos, um sentido de inevitabilidade naquilo que é visto, como se a mudança não fosse possível. Essas imagens se compõem de emoções humanas e podem ou não conferir-lhe força ou dizer-lhe algo acerca de você mesmo. Retratam antes eventos do que qualidades, eventos que podem tomar vida na sua imaginação, num dado momento, como uma barreira entre você e o Bem-Amado. Podem chamá-lo a agir, mas a mensagem oculta pode ser a de que quaisquer ações que você empreenda serão vãs. Há um sutil sentido de perda de capacidade pessoal nessas imagens, que na verdade podem ser usadas para criar medo e impotência e, assim, levar as pessoas a ficar mais propensas a transferir seu poder a outros.

Há ao redor do seu mundo uma faixa de medo e de dor psíquica, o equivalente, nesse plano, da poluição do ar que rodeia as suas cidades. Os filmes proféticos existem aí, ou podem ser montados na interação entre os medos e antipatias pessoais de um médium e aqueles que ressoam nesse nível. São muitas as pessoas que se sentem impotentes e alienadas pela nossa cultura e pelas nossas instituições, assim como frustradas pelos desafios da encarnação física. Elas ficam cheias de raiva por causa disso. Logo, há uma grande quantidade de raiva vibrando nessa faixa de pensamento e de sentimento. Muitas profecias que retratam a destruição e dispersão da nossa cultura simplesmente refletem e exprimem essa raiva. Elas não são previsões do futuro, limitando-se a ser revelações de que a raiva existe e de que as pessoas gostariam que aquilo que as irrita e frustra fosse destruído.

Mas você não precisa sentir raiva ou insatisfação para sintonizar essa faixa. Ela existe e, como ressoa fortemente com o pensamento e o sentimento humanos, é fácil um ser humano sintonizá-la. São precisos esforço e treinamento para aprender a ir além dela, tornando-se amorosamente impessoal e entrando em sintonia com o sagrado interior. Muitas pessoas despertam agora para as sensibilidades paranormais, e mais o farão no futuro. Ao menos no início, elas podem entrar em sintonia com o mais forte campo de ressonância do seu ambiente, o que costuma ser essa faixa de filmes e de medo.

Imagine que você acorda num cômodo estranho. A iluminação dele é indireta, tênue. Mas há no cômodo, além disso, um enorme e piscante anúncio em neon na parede. Que fonte de luz você vê primeiro? A qual delas inicialmente dá atenção? Essa faixa psíquica é semelhante a um anúncio em neon. São necessários certa experiência e treinamento para a pessoa passar por isso e dirigir-se à luz mais ampla, porém mais sutil, que está adiante.

John me levou a esse plano inúmeras vezes para que eu conhecesse suas qualidades. Ele não se compõe só de medo e fúria. Há nele lugares muito calmos, agradáveis e sentimentais, cheios de imagens acolhedoras e deliciosas como anjinhos e fadas agitando as asas aqui e ali. Há também projeções das nossas aspirações de conforto e de segurança, de amor e de sentido. Há igualmente seres pseudo-espirituais, com os quais também podemos entrar em contato; eles transmitem doces mensagens cheias de clichês espirituais e bem intencionadas homilias. Nem um pouco perigosos, eles no entanto são para os verdadeiros seres espirituais o que o refresco engarrafado é para o suco da fruta feito na hora.

Aprender a não ficar em sintonia com esse nível é em larga medida uma questão de aprender a identificar e a dissipar nossos próprios medos, ansiedades, anseios, vulnerabilidades, etc. É aprender a ser impessoal. É igualmente aprender a ressoar com as profundas qualidades sagradas que estão no íntimo da nossa alma, como o júbilo incondicional. Contudo, ainda assim podemos ser apanhados por esse mundo de fantasia. Anos atrás, na metade da década de 1980, recebi a visita de amigos da Europa numa época em que havia considerável temor e tensão cercando as relações entre a União Soviética, a Europa e os Estados Unidos. Eles me pediram que entrasse em sintonia e visse se havia alguma possibilidade de eclodir uma guerra. Eu o fiz e, de repente, comecei a captar imagens de batalhas aéreas e dos carros de combate soviéticos cruzando campos alemães, havendo ao fundo explosões da artilharia. Parecia estar em curso uma invasão soviética em larga escala da Europa Ocidental, e os carros de combate e as tropas da OTAN seguiam para leste a fim de contê-la.

Claro que fiquei entristecido com essa visão, em particular porque não era essa a minha expectativa. Contudo, quando olhara as cenas de batalhas, eu tinha percebido nelas certo "achatamento" — uma falta de plena dimensionalidade — que me incomodou, e senti no corpo um incômodo que nada tinha que ver com as imagens que eu via.

Falei disso com os amigos, mas alertei-os de que eu não tinha certeza da validade do que vira e queria fazer uma verificação quando ficasse sozinho. Quando o fiz, dei-me conta de que toda a cena de batalha que testemunhara não passava de uma imagem gerada pelo medo coletivo daqueles que julgavam ser inevitável uma invasão desse tipo. Eu estivera assistindo a um "filme" do plano interior advindo do reino da fantasia. A realidade era que nada daquilo iria acontecer. Porém, eu tinha de aceitar que, mesmo com a minha experiência e o meu treinamento de tantos anos, ainda pudera ser influenciado pelo clima dramático e a agitação das preocupações dos meus amigos e fora levado diretamente ao "cinema", sem que no início eu me desse conta disso.

Logo, a profecia precisa ser encarada com reserva, examinada como se examina um sonho a fim de ver que sentido e energia há nele para o presente. A experiência me diz que os mais sábios e evoluídos dos nossos aliados e contatos do mundo interior têm pouco interesse em fazer as vezes de cartomante. Eles entendem a mutabilidade do futuro sob a força da imaginação, da vontade e da criatividade humanas. Também compreendem que o papel da profecia não é o de prever o futuro, mas o de elevar nossa consciência das condições do presente para que possamos fazer opções criativas e agir para produzir mudanças. A última coisa que desejam é causar medo ou nos incapacitar.

John disse que o motivo pelo qual ele e seus colegas não tentavam profetizar com muita freqüência era o fato de a profecia distorcer a atual consciência do mundo que a pessoa tem. Ela afasta a pessoa do presente e a transporta para o futuro, o que pode reduzir sua vontade e sua ação criativa no presente.

Ele afirmou: "O evento profetizado se torna o foco da atenção, criando um tipo peculiar de inconsciência com relação a todas as outras coisas; você deixa de perceber os demais eventos que se sucedem à sua volta. Mas são as coisas de que você não tem consciência que podem surpreendê-lo e fazê-lo sofrer, porque você não está preparado. Seria melhor que as pessoas vivessem num estado de alerta equilibrado com respeito a todos os aspectos de sua vida. Além disso, vocês não precisam de nós, seres do mundo interior, para lhes dizer o que está errado com o mundo de vocês ou adverti-los das possíveis conseqüências de suas ações; vocês mesmos devem ver essas coisas, e podem fazê-lo se derem a isso a devida atenção. Podemos ser os seus olhos em algumas coisas, mas vocês precisam aprender a ver seu mundo com maior precisão e clareza e conhecer as conseqüências de suas ações. A profecia pode ampliar a sua visão em alguns casos, mas o mais comum é que a limite.

"Lembre-se de que está nas mãos da humanidade o cumprimento da profecia. As profecias têm o objetivo de ajudá-los, não de dominá-los ou escravizar-lhes a imaginação. Nenhuma profecia é, em algum momento, mais verdadeira, mais vigorosa ou digna de realização quanto o espírito que habita o coração humano."

Aliados de Aquário

Qual o papel do mundo interior no advento de uma Nova Era? Quem são os aliados interiores de Aquário?

O mundo interior é um vasto domínio, bem mais amplo em sua diversidade do que o mundo físico. Ele não partilha de modo algum do nosso sentido de tempo e de espaço, e muitas das regras que regem sua estrutura pouco se assemelham às leis do mundo físico nossas conhecidas, sendo essencialmente antes regras do pensamento e do espírito do que regras da matéria. Há seres ou forças com quem tive contato e que observei ao longo dos anos que pouco se dão conta (ou se dão conta de maneira diferente) da Terra, da humanidade ou da passagem do tempo. Para eles, a noção de uma Nova Era ou inexiste ou tem um sentido bem diferente do que lhe atribuímos. Há igualmente seres que percebem e pensam em termos de longas e lentas ondas de desenvolvimento que se processam ao longo de milênios, e cuja escala de tempo é por conseguinte tão mais ampla do que a nossa que a passagem de alguns séculos na nossa época, e menos ainda um evento específico como a Nova Era, é um evento tão perceptível e importante para eles quanto um evento na vida de uma mosca poderia ser para nós. Não que eles sejam necessariamente indiferentes — e se a Nova Era resultar de fato numa manifestação maior de luz, de um amor e de integração com o sagrado na Terra, eles vão perceber e aprovarão esse resultado —, mas um tal evento não terá para eles, em sua escala de coisas, um impacto tão grande quanto tem para nós na nossa.

Na realidade, os mundos interiores apresentam uma ampla variedade de formas de perceber, de apreender as coisas e de reagir às transformações representadas pela idéia de Nova Era. É algo análogo à reação dos americanos à divisão da Checoslováquia em dois países. Algumas pessoas pouco se incomodaram; outras não sabiam bem ou desconheciam o que se passara; outros tinham pelo caso um interesse genérico e outras ainda, em especial pessoas de descendência checa ou eslovaca, mostravam-se muito interessadas e podem ter se sentido diretamente afetadas.

Do mesmo modo, os seres do mundo interior diretamente vinculados com a evolução da Terra e da humanidade sentem-se diretamente afetados e ficam preocupados com os eventos e processos da Nova Era, ao passo que os menos ligados podem ter só um interesse geral ou mesmo nenhum interesse nem conhecimento desses eventos e processos.

No decorrer do nosso trabalho conjunto, o interesse primordial de John era a integração do sagrado ao pessoal. Embora não sendo indiferente à Nova Era, ele nem sempre a tinha como foco importante de interesse. Ou melhor, o que de fato não o interessava eram as profecias, as especulações acerca de eventos específicos ou sobre as possíveis alterações que poderiam advir. Pouco lhe importava se a humanidade morava em arranha-céus ou em tipis, exceto na medida em que as nossas habitações influenciavam os nossos relacionamentos uns com os outros, com a Terra e com o sagrado. O que lhe importava muito era o espírito de que iríamos infundir essas estruturas e o amor que iríamos personificar, qualquer que fosse a forma da nova civilização.

John sempre se identificava como discípulo e servo do sagrado que está no íntimo de todas as coisas; e na medida em que a Nova Era representa um maior desvelamento e experiência da sacralidade, bem como uma ligação mais consciente com suas possibilidades quando estas se tornam vívidas em nossa alma, em nossos relacionamentos, em nossos pensamentos e sentimentos e nas nossas ações e nas coisas que criamos, ele tinha muito entusiasmo por ela. Mas a mudança ou a novidade por si mesmas o deixavam sobremodo desinteressado.

Contudo, para aprofundar a minha própria compreensão da Nova Era, ele de fato me ajudou a entrar em contato com várias forças ou seres do mundo interior que estavam profundamente envolvidos com o seu surgimento. Vejamos alguns exemplos.

Uma dessas forças ou seres é o próprio espírito da Terra. Trata-se da energia primal da Terra e da natureza, um espírito de crescimento e de mudança: a energia "verde e suculenta" da vida, como a descreveu uma vez a mística alemã Hildegarda de Bingen.

No ciclo do nascimento e da morte, da manifestação e da evolução, encontramos uma possante energia que tem horror à estagnação e que se empenha em fazer ruir as cristalizações que impedem que o fluxo da vida siga na direção de sistemas cada vez mais complexos e co-criadores. Essas forças não são parte da Nova Era no sentido de estar voltadas para um evento histórico particular ou uma transformação específica. Elas são mais profundas e persistentes, bem como mais abrangentes. Essas forças estarão ativas e dinâmicas bem depois de o moderno movimento da Nova Era ou de as mudanças que ocorrerem na virada do milênio serem história. Mas toda nova era, toda mudança de vida e de consciência, são apenas um reflexo das influências dessas energias primordiais.

Na medida em que a Nova Era promete uma civilização de orientação mais ecológica, uma civilização sintonizada com o bem-estar da Terra e de todas as vidas que constituem o fenômeno a que damos o nome de natureza — que celebre e promova as energias verdes e vitais do crescimento —, os seres associados com a Terra, e inclusive a própria alma do mundo, agem como nossos aliados na efetivação dessa transformação. E não fazem isso apenas em seu próprio benefício — se bem que se possa entender que haja da parte deles um certo interesse não-declarado! — mas principalmente em favor dos grandes potenciais que esperam ver liberados no seio da humanidade tão logo nos vinculemos de forma nova e mais profunda com a parte do nosso ser que é igualmente parte do mundo.

Do mesmo modo como existem na Terra forças que procuram assistir o crescimento da humanidade, há forças voltadas para isso além dela. Não me refiro a OVNIs, extraterrestres nem a "irmãos do espaço". Falo da influência de seres e forças que representam o ambiente espiritual mais amplo no âmbito do qual a própria Terra se desenvolve. Por exemplo, aceitando-se a idéia de que a Nova Era representa a passagem a um novo "clima" ou ambiente de energia espiritual, simbolizado pela Era de Aquário, esses seres são os que já vivem, personificando-as, as qualidades de Aquário. Em forma simbólica, o modo pelo qual esses seres e forças se apresentam a mim, nas imagens que me surgem na alma, é o de seres estelares ou, como disse no início dos anos 1970 um contato interior, "seres amorosos que vivem além das estrelas". Essas imagens são em parte decorrência do fato de alguns desses seres e forças agirem efetivamente no ambiente cósmico mais amplo da Terra, mas também da minha própria imaginação, que vê as estrelas como símbolo de novas descobertas e de assombro, qualidade que esses seres definitivamente trazem para o cadinho da Nova Era.

Há ainda um grupo de seres tanto angélicos como humanos, alguns destes últimos encarnados no presente momento, cuja tarefa é receber, reter, integrar e transmitir os vários tipos de força ou qualidades espirituais que irão compor o ambiente interior e os recursos criadores da nova civilização. Outros seres, igualmente angélicos e humanos, encarnados e desencarnados, têm a seu cargo a tradução dessas qualidades interiores em idéias e formas específicas, tais como novas tecnologias ou invenções, bem como a forma das instituições ou a metodologia e o conteúdo de novas filosofias ou novos ensinamentos espirituais. Esses dois grupos se sobrepõem e interagem muito, como o fazem os arquitetos e os construtores ou os cientistas puros e os cientistas aplicados: um grupo trabalha com a ideação e a energia pura e o outro com a aplicação e a manifestação.

Há igualmente os seres que coordenam, energizam e protegem a operação como um todo. Um deles, por exemplo, com quem tenho tido contato há alguns anos, é um ser conhecido na tradição espiritual do Ocidente como o Arcanjo Miguel. Sua presença personifica a força e a vontade que podem tornar possível a transição de uma para outra era, a capacidade de suportar a incerteza e a ambigüidade que existem na fronteira da mudança entre duas eras, bem como o poder de proteger todo o sistema da dissolução e do caos em sua passagem pela fronteira. E, o que talvez seja igualmente importante, por causa de sua estreita associação e ressonância com a humanidade, este Arcanjo pode fazer surgir e aprimorar qualidades de vontade, de vigor, de coragem, de constância e de resistência, todas elas relevantes para se enfrentar os desafios do futuro e assumir um papel co-criador.

Há, por fim, seres e forças que se opõem à mudança e ao desenvolvimento de uma consciência espiritual aperfeiçoada e de sua personificação no seio da humanidade. Talvez o façam porque simplesmente são contra toda forma de mudança e de evolução, por estarem investidos da inércia do *status quo* ou porque é de sua natureza mover oposição. Alguns deles se beneficiam do caos que acompanha as grandes mudanças e lutam por manter estados de desordem e de conflito. Em conseqüência, há outros seres, sendo Miguel, naturalmente, um deles, que nos protegem e guardam contra essas entidades ou que se empenham em, quando é possível, transformá-las de adversários em aliados.

A questão aqui não é fazer uma relação de todas as várias forças espirituais que trabalham em favor da humanidade, algo que eu não poderia ainda que quisesse. O que interessa é que quando temos diante de nós profundas mudanças na sociedade humana, em suas atitudes e condições, contamos com aliados espirituais que buscam ajudar-nos e nos dar proteção de todas as maneiras que julgarem apropriadas.

Contudo, esses aliados não são todo-poderosos. Eles não podem levar a humanidade a uma Nova Era com um movimento de halo ou um agitar de asas angélicas. Tradições ocultas afirmam que, em conjunturas anteriores da evolução humana, quando havia momentos críticos de transformação, as forças espirituais superiores intervinham e controlavam as mudanças em benefício da humanidade. Desta vez, contudo, John foi bem claro em dizer que não era esse o caso, que a humanidade era responsável pelas mudanças a serem feitas porque a própria essência da transformação era o despertar para uma consciência maior, no seio da humanidade, das capacidades co-criadoras da alma. Portanto, Aquário nos chama a compreender conscientemente e engajar-nos na transformação, com nossas capacidades e responsabilidade, na qualidade de co-criadores, tarefa que ninguém pode realizar por nós.

O espírito da humanidade e a Nova Era

Deve ter ficado claro que John é um defensor da humanidade. Ele sempre via o sagrado em cada um de nós. Para ele, um dos dons peculiares da humanidade é o espírito de liberdade, o que na sua opinião nunca significa permissão para fazer o que se queira sem levar em conta coisa nem pessoa alguma, mas a capacidade de ser quem e o que se é de maneira plena, espiritual e fisicamente, bem como uma profunda capacidade de mudança e de experimentação. A liberdade é necessária à escolha, de que precisam a sabedoria e o crescimento, bem como a expressão clara do amor incondicional. Qualquer pessoa ou coisa que procure reduzir a liberdade interior de uma pessoa ou da humanidade como um todo decididamente não age em favor de uma Nova Era nem do bem-estar espiritual dessa pessoa ou da nossa espécie.

Do ponto de vista de John, a humanidade como um todo constitui em si mesma uma presença espiritual, à parte dos bilhões de indivíduos que a compõem; podemos considerar essa presença um campo que nos abarca a todos num empreendimento co-criador e que é gerado em parte pelos vínculos que estabelecemos uns com os outros. (Devo mencionar que a imagem de cada um de nós como uma célula do corpo da humanidade — ou, do mesmo modo, do corpo da Terra — era considerada por John demasiado simplista. O relacionamento concreto é mais complexo e co-criador do que essa imagem — na verdade, assemelha-se mais à descrição da luz pela mecânica quântica, na qual, nesse caso, o indivíduo é a forma particularizada e a humanidade como um todo é a forma da onda de uma idéia sagrada que é a essência da existência humana.)

A humanidade como entidade tem uma evolução ou desdobramento coletivos que vai além da simples soma de todos os desdobramentos individuais. A alma da humanidade está se encarnando de modo mais pleno e busca um recipiente de proporções planetárias por meio do qual fazê-lo. Isso resulta, de um lado, em todos os desafios e oportunidades de planetarização hoje existentes no mundo, com o eventual surgimento de instituições verdadeiramente planetárias capazes de dar voz à alma unificada da humanidade e, do outro, ao desenvolvimento de uma capacidade, no cerne da nossa psique individual, de expressão das qualidades holísticas da alma. Essa mudança está também trazendo à superfície as fraquezas coletivas da humanidade — seus padrões de separação e de conflito não resolvidos, não integrados, habituais e cristalizados —, com o resultante caos que vemos neste momento no mundo que nos cerca.

Nesse sentido, a Nova Era representa o desejo da alma da humanidade de personificar e exprimir a unidade que está no seu núcleo, bem como despertar um sentido revigorador dessa unidade, dessa totalidade, em cada uma das almas que escolheu — em última análise, através do amor — para ligar seu destino pessoal com este destino coletivo. É o desejo de despertar, dando-lhe maior expressão, o potencial que há na humanidade para ser uma força plasmadora e co-criadora que age em harmonia com a sacralidade que habita o coração de todas as coisas.

Isso me faz voltar ao que eu disse: a humanidade agora é responsável pela efetivação das mudanças que vão criar uma Nova Era, e não depende da providência do mundo interior. As feições que a Nova Era vai assumir e a forma como virá a existir estão nas nossas mãos. Não se trata de algo que simplesmente vem para a humanidade de fora dela, ou por meio da ação de entidades mais poderosas. A Nova Era surge como uma combinação co-criadora de energias espirituais humanas advindas das aspirações, do amor e do espírito que existe dentro de nós. Vem tanto do nosso coração e da nossa mente, das opções que fazemos e das responsabilidades que assumimos como de algum sistema estelar distante ou de uma misteriosa Hierarquia espiritual.

Por conseguinte, é importante que nos identifiquemos com a Nova Era como uma presença no nosso íntimo, como parte da nossa natureza humana, em vez de simplesmente como um evento ou forças que vêm de fora do nosso ser. Precisamos ter um sentido de vínculo com essa presença; precisamos fazê-la nossa e nos responsabilizar por ela, o que significa reconhecer que somos capazes de criar nós mesmos uma Nova Era, bem como de infundi-la de um novo espírito de totalidade global, de amor e de criatividade transformadora.

Existe uma tendência, especialmente entre alguns ocultistas e pessoas da Nova Era que conheço, a ver todo progresso humano como tendo origem nos planos interiores. Claro que, na medida em que esse progresso vem da imaginação, do pensamento e da intuição humanos, isso é verdade, mas o ponto de vista a que me refiro vai mais longe, dizendo que todas as boas idéias são plantadas na mente humana por vários seres espirituais. Para as pessoas que acreditam nisso, toda decisão, toda idéia, toda descoberta e toda ação positivas dos seres humanos — especialmente quando se trata de um líder mundial, um cientista, um líder empresarial ou, de modo geral, toda pessoa que tenha influência ou poder — são, na realidade, transmitidas por uma fonte superior dos mundos espirituais. Quem pensa assim parece não conseguir acreditar ou aceitar que seres humanos encarnados possam pensar ou descobrir por si qualquer coisa boa ou útil. É forçoso que tudo tenha origem em forças espirituais.

Esta perspectiva não se dá conta do fato de que já somos seres espirituais agindo na matéria física. Temos as mesmas qualidades criadoras, o mesmo potencial para a descoberta, a mesma sintonia com o sagrado de qualquer outro ser de outra dimensão.

É claro que algumas boas idéias são inspiradas, mas outras advêm das capacidades de percepção, sentimento, pensamento, imaginação, amor e vontade de que todos somos dotados. Pensar de outra maneira é menosprezar e reduzir a nós mesmos enquanto seres humanos, transformando-nos em meros fantoches e canais a ser usados por outras forças.

No referente à Nova Era, há seres humanos extraordinários que descobriram em sua vida, por meio de sua própria boa vontade e de seu próprio amor, como abrir os portais da possibilidade e transmitir a outras pessoas a força dessa abertura e dessa esperança, seres que, assim agindo, tornaram-se fontes criadoras de energia da Nova Era.

A Nova Era será, em última análise, a manifestação de uma nova cultura e de uma nova consciência no mundo físico, e não simplesmente nas dimensões interiores. Por conseguinte, a vontade e a imaginação para fazer com que isso se concretize devem ser invocadas e incorporadas pelos habitantes deste mundo, que somos nós.

A encarnação do sagrado

Tanto os mundos interiores como o humano contribuem com a energia e o espírito que estão moldando a Nova Era; eles estão unidos numa sociedade, e não há sócio minoritário! Contudo, há outra fonte que tem igual importância; trata-se da presença do sagrado.

Essa presença transcende e abarca tanto os mundos interiores como o mundo exterior, constituindo a sua fonte última. Seja ela o que for, a Nova Era será igualmente a exteriorização de uma condição planetária mediante a qual essa presença poderá ser revelada e vivida de modo mais pleno, para a felicidade de todos os envolvidos.

Essa sacralidade está sempre presente no coração e na alma de todas as coisas, mas também pode manifestar-se de maneiras especiais que agem no sentido de tornar perceptível a sua presença no corpo da criação.

Uma tal manifestação é parte das condições de possibilidade de uma Nova Era.

John tinha sempre muito cuidado ao falar desse assunto. Referia-se muitas vezes a uma grande luz que se movimenta pelos mundos interiores e que também vem do mundo exterior. E ele foi além das palavras: ele me mostrou essa luz, que era efetivamente a mesma com que eu entrara em contato nas experiências místicas de unicidade que eu tivera na infância.

Essa luz e essa presença não pertencem a nenhuma tradição religiosa, estando na base e no cerne de todas elas, bem como no interior e nos alicerces de outros empreendimentos humanos. Assim, John tentou encontrar uma linguagem precisa e não-denominacional com que descrever a manifestação emergente dessa presença. Ele disse certa vez:

> *A atividade desta presença nas inúmeras mansões do mundo pode ser considerada uma nova manifestação do Cristo, tendo em vista que traz consigo o aprimoramento do amor e da sabedoria, ao lado da dádiva da libertação e da integridade ensinadas por Jesus. É essa mesma sacralidade em ação. Mas também seria reconhecível por um budista como a manifestação do Bodhisattva. É simplesmente, ainda que de modo mais profundo, a expressão do sagrado a serviço da humanidade e do mundo neste momento.*
>
> *Todavia, à diferença da encarnação de Jesus e da iluminação de Buda, essa manifestação não terá por foco um único indivíduo. Ela desce às profundezas da alma do mundo, do corpo interior da Terra e, a partir dali, age para despertar e tornar manifesta sua ressonância na alma dos seres humanos. Em suma, nesta Nova Era, a encarnação do sagrado vai ser um fenômeno coletivo.*

Noutra ocasião, ele disse: "Com efeito, o próprio mundo e todas as vidas que nele existem são coletivamente o corpo da encarnação do sagrado."

Mais tarde, afirmou também:

Essa presença sagrada penetra no corpo da Terra, onde intensifica e altera a energia da própria encarnação da Terra. Essa atividade libera uma potente energia no mundo, uma energia de luz e de libertação. Essa energia constitui um vínculo entre cada vida individual e a sacralidade que é a sua fonte. Ela energiza a substância da alma de que o novo pode ser plasmado. Entretanto, ela age igualmente como um forte purgativo, trazendo à superfície impulsos sombrios e ocultos e materiais não-integrados presentes na psique humana, elementos que, ao serem trazidos à luz, podem ser tratados e transformados. Mas esse processo não vai ser agradável, e o temor humano e a relutância em recorrer aos recursos interiores do espírito podem torná-lo bem mais intenso do que é necessário. Por outro lado, essa presença traz a sua própria cura, e boa parte do que vem à tona será transmutada e eliminada antes de poder afetar adversamente a humanidade. Nesse sentido, vocês estão sendo protegidos e libertados, num ato de graça e de amor, de inúmeros impulsos sombrios criados pela humanidade ou pela sua ignorância no passado.

Segundo John, uma das nossas tarefas é aprender a compreender o sagrado e a nos relacionar com ele de novas maneiras que nos facilitem a sintonia com essa nova energia e a sua incorporação à nossa vida diária.

Vocês precisam saber como tornar o sagrado ao mesmo tempo corriqueiro e transcendente; precisam aprender mais sobre como fazer dele parte de sua própria encarnação. Vocês precisam entender como trazer o sagrado para a Terra de modo que ele viva em seu coração e em suas ações, e não apenas em suas imagens e cultos; vocês precisam fazê-lo parte do seu lar, e não somente parte de seus templos e santuários.

Com a descida dessa presença e desse impulso sagrados sobre a energia e a substância do mundo, esta tarefa vai se tornar mais fácil e mais comum do que nunca.

A Nova Era que traz o sagrado para a Terra

Sei que existe algo de dramático e de glamouroso em falar dos reinos interiores e em discutir acerca das várias forças espirituais que auxiliam no trabalho de parto de uma Nova Era. Eu mesmo gosto de ler textos sobre isso, bem como de partilhar as minhas experiências. Contudo, isso pode nos desviar do que é importante. Do ponto de vista de John — e do meu —, o verdadeiro trabalho é realizado, em meio à nossa vida cotidiana, pela maneira como vivemos as qualidades espirituais que associamos com Aquário e pelo modo como damos forma prática ao espírito do mundo sagrado.

O lugar em que a Nova Era nasce, o ponto criador de que advém, é o contexto de cada contato que fazemos com uma pessoa, um lugar ou uma situação na nossa vida cotidiana. Este lugar não está em alguma dimensão superior, nos conselhos angélicos nem nos locais de reunião de mestres espirituais desencarnados. Pode de fato ocorrer de novas energias de natureza valiosa estarem sendo geradas ou invocadas nesses ambientes, mas o lugar em que vêm para a Terra, onde se realizam em forma e substância, são os detalhes e as minúcias da nossa vida individual.

Por causa disso, fatores como os valores que temos e a integridade que mantemos, as opções que fazemos e as ações que realizamos, as palavras que proferimos e a qualidade da energia que geramos em nossos relacionamentos revestem-se de importância, visto ser por intermédio deles que moldamos diariamente o nosso mundo pessoal e contribuímos para a formação do mundo que compartilhamos. É por meio desses fatores tão corriqueiros que a Nova Era tem sucesso ou fracassa na tarefa de tomar forma. Através desses momentos, a presença do Bem-Amado se faz carne.

Para cada passo que dava interiormente sob a tutela de John e, mais tarde, sob a direção da minha própria alma, eu tinha de dar um passo exterior, fosse em termos de auto-reflexão e de integração, de aprimoramento da qualidade dos meus relacionamentos, fosse em termos de ações de serviço e de trabalho. Eu podia ir rapidamente à presença do Cristo Cósmico, mas se isso não me ajudasse a ser mais atento e amoroso na maneira como fazia manteiga de amendoim e sanduíche de geléia para os meus filhos, na maneira de falar com minha mulher ou de me envolver com os meus alunos, tudo não teria passado de um fenômeno que distrai a mente, e não uma experiência viva que se encarna em todos os níveis da minha vida.

Eis por que, neste livro, prefiro concentrar-me na Nova Era como tarefa espiritual da nossa vida cotidiana. É bom saber que contamos com aliados interiores. É bom verificar que há uma dimensão espiritual capaz de irromper em nossa vida por meio da inspiração, da intuição e das dádivas de amor e de sabedoria, mas ainda assim é necessário viver na prática essas inspirações e dádivas. Temos de fazer a nossa parte. O caminho interior, seja qual for a sua forma e substância, tem de levar ao viver e ao fazer exteriores. A Nova Era não é algo que possamos receber; é uma coisa que nós temos de fazer.

CAPÍTULO 5

Encontros

Um amigo meu, um bem-sucedido homem de negócios que mora na Louisiana, estava certo dia fazendo uma refeição numa lanchonete chamada "Bubba's Bar-B-Q". Era um desses ambientes pasteurizados que se destinam a fazer as pessoas entrar e sair o mais rápido possível para manter a rotatividade. Na maioria das ocasiões, os clientes e o pessoal desses lugares só percebem a presença uns dos outros o suficiente para realizar as transações protocolares do pedido e do pagamento da conta, podendo no resto do tempo ser considerados duas espécies diferentes convivendo num mesmo hábitat.

Quando se sentou em sua mesa, a atenção do meu amigo ficou vagueando de uma coisa para outra. E de repente ele percebeu a garçonete, uma mulher com cerca de 50 anos. Ela se mostrava alegre e disposta enquanto cuidava do trabalho, parecendo transcender o caráter corriqueiro e impessoal da lanchonete. Quando a mulher chegou à sua mesa, ele sentiu nela algo de especial. Ela se mostrou amável e bem-humorada diante das observações dele, e por certo deu atenção ao pedido, mas isso era apenas fazer bem o que se faz. Ele sentiu haver na mulher algo além disso.

Ela estava, isso era óbvio, plenamente presente a ele e ao momento, e essa atenção total fez que o meu amigo parasse de vaguear de uma coisa para outra. Ele me disse: "Eu estava exausto. Tinha tido um dia difícil, e a última coisa que eu queria era falar com alguém. Eu só queria conseguir o meu jantar e sair logo dali. Mas havia nela uma energia doce, e ela me tirou de dentro de mim mesmo apesar do que eu estava sentindo. Ela não era mais uma garçonete sem rosto à espera do meu pedido. Sua simples presença me fez reconhecer sua individualidade e, quando o fiz, fiquei inteiramente cônscio do momento. Fiquei envolvido."

Ele fez uma pausa no relato e seus olhos se encheram de lágrimas com a lembrança: "De repente, vi-me tomado por um sentimento de ligação com ela, com as pessoas ao redor, com a lanchonete inteira. Esta se tornou para mim o lugar mais sagrado da Terra, e senti-me sob a infusão do Espírito Santo. Vi-me avassaladoramente cheio de amor e de um sentimento de totalidade. Não havia, é claro, sinos e silvos cósmicos, apenas um sentimento de graça, mas era como se eu tivesse entrado num mundo novo."

Durante várias horas, esse sentimento de viver num mundo comum pleno de uma extraordinária presença de amor e de graça permaneceu com meu amigo. Ele disse que foi como se o próprio Deus o acompanhasse.

Meu amigo não foi transportado para fora de si mesmo, para algum outro plano. Ele foi transportado para dentro de si mesmo, para o momento. Ele se sentiu mais, e não menos, envolvido com o mundo material e com sua vida diária, mas a qualidade do envolvimento não era a mesma. Ele se deu conta da radiância e do amor que estão na base e no íntimo de todas as coisas. Sentiu a interligação e a integridade inatas do mundo. Esteve em contato com a alma do mundo e percebeu o espírito do mundo sagrado.

O mundo sagrado

Se me pedissem para indicar a idéia mais importante acerca da Nova Era, que vislumbrei nos meus anos de envolvimento com os mundos interiores, eu teria sérias dificuldades. Contudo, tem lugar destacado na minha relação de itens a escolher a mensagem do mundo sagrado — a alma do cosmos — e do nosso relacionamento com ele.

Com todas as imagens e concepções que se podem ter da Nova Era, que variam da intervenção divina e da mudança apocalíptica, de um lado, ao uso pela humanidade das habilidades e inovações tecnológicas para criar uma nova sociedade baseada numa visão holística e ecológica, a imagem que surgiu repetidas vezes nos anos da minha interação com John foi: a Nova Era representa um processo de maturação acelerada da capacidade intrínseca à humanidade de gerar e exprimir o espírito do mundo sagrado, o mundo da alma.

Há nesta nossa época, advindas da presença do sagrado, dos mundos interiores e do domínio da alma — a alma individual de cada um de nós, a alma do mundo, a alma do cosmos —, uma enxurrada de qualidades e energias que vão auxiliar esse processo. Não obstante, por maior que seja a assistência que venhamos a receber, está a nosso cargo a expressão dessa capacidade. Ninguém pode fazê-lo por nós. Essa é a tarefa espiritual da nossa época.

Existem vários níveis nos quais essa tarefa pode ser assumida, sendo muitas as formas possíveis de expressão dessa capacidade inata. Ela pode agir no nível da sociedade ou dos relacionamentos e dos padrões planetários, como, por exemplo, nos modos de agir que ajudam a dar forma à economia global emergente para que ela incorpore em si tanto a justiça social como o equilíbrio ecológico. Pode operar no plano da ciência e da tecnologia. Pode agir nos vários planos da política, dos negócios ou dos esforços mundiais de preservação e de alimentação do nosso bem-estar ambiental. Pode atuar ainda do campo da imaginação e das idéias, quando as pessoas se esforçam por descobrir ou produzir novas idéias e concepções acerca dos potenciais humanos e planetários.

Onde e quando quer que a justiça substitua a injustiça, a cura substitua o sofrimento, a abundância e a partilha substituam a pobreza e a avareza, a sabedoria substitua a ignorância, o perdão substitua o ódio, a comunidade substitua a separação e o isolamento, a visão e coragem substituam o medo e o amor substitua a indiferença, o mundo sagrado vem à existência. Então a alma se manifesta.

Mesmo compreendendo isso e sem reduzir a importância deste trabalho mais amplo no mundo, John e seus colegas acentuavam muito os encontros comuns que temos na vida diária. Para eles, envolver-se com o mundo não era apenas algo referente ao ambiente planetário, a sociedade ou a natureza, mas também ao mundo específico que surge dos nossos encontros com uma pessoa, um lugar ou uma situação particulares. É nesse micromundo que as energias do mundo sagrado afloram ou não afloram; é nele que nos refugiamos dentro do nosso próprio ser e erigimos barreiras para deter o outro ou nos revelamos, nos expandimos, abraçamos e tocamos o outro com o coração e a mente de uma forma que nos torna receptivos tanto ao amor como à presença da alma.

Com efeito, é só na imaginação que nos encontramos com o mundo no sentido planetário, com a humanidade no sentido coletivo ou com a natureza no sentido genérico. Esse encontro pode ser importante, porque o modo como imaginamos essas grandes identidades, essas macroidentidades, e as coisas que projetamos nessas imagens em termos de amor ou medo, paz ou raiva ou de outras emoções e pensamentos, tem um efeito na realidade que essas imagens representam.

Por outro lado, nunca encontramos a Natureza no mundo cotidiano, nem a humanidade, a sociedade ou o mundo como um todo. Encontramos uma árvore específica, uma lago específico, uma paisagem específica, uma pessoa específica, uma instituição ou condição social específicas. Podemos imaginar a onda; mas, no nível físico, encontramos a partícula.

É aí, na "Bubba's B-Qs" metafórica do mundo, em que certos empregados se relacionam com certos clientes e certos pratos se relacionam com certos produtos alimentícios, e todos juntos se relacionam com uma decoração, com um mobiliário e com determinadas localizações, e estamos plenamente mergulhados na particularidade, que as nossas fronteiras se abrem ou se fecham. Aí temos atenção total ou distração. Aí o nosso coração se expande de amor ou se contrai de medo. É aí que a nossa mente está vívida na atenção ou restrita pela indiferença.

O mundo da alma — o mundo sagrado do amor e da sabedoria, da inteligência penetrante e da vontade apaixonada, da imaginação e do deleite — é um mundo de liberdade. É liberador. Mas também vincula e relaciona. Entretece-nos uns com os outros, com o mundo, com o espírito e com os reinos interiores, com o Bem-Amado. Ele traz doçura (não há outra palavra para descrever essa qualidade de vibração e de energia) e ilimitação. E traz também responsabilidade. Porque na sua presença, como nos sentimos unidos, sabemos que o nosso bem-estar depende do bem-estar de cada um e vice-versa. Sabemos que não somos separados e isolados uns dos outros, que somos na verdade guardiães dos nossos irmãos e irmãs.

O momento em que o mundo sagrado irrompe neste nosso mundo humano não pode ser um momento de visões extáticas da glória e de Deus; ele pode e costuma ser bem mais simples, direto e natural, tanto que podemos nem nos dar conta de sua ocorrência por não ser essa experiência aquilo que esperamos quando pensamos no contato com o sagrado. Desdenhamos de modo flagrante a qualidade da simplicidade.

Podemos pensar o mundo sagrado como um tempo ou lugar em que caminhamos e falamos com anjos, por exemplo. Mas caminhar e falar com um anjo na verdade não é fundamentalmente diferente de caminhar e falar com um ser humano comum. Tanto o anjo como a pessoa são expressões do mistério maior; os dois são emanações do Bem-Amado. Podemos ter no contato com um anjo e com uma pessoa diferentes tipos de experiência, e obter diferentes informações; mas não vamos conseguir outro tipo de sagrado. Há uma única sacralidade e todos estamos de posse dela.

O paradoxo está no fato de que, enquanto buscamos o extraordinário, o próprio sagrado é incrivelmente ordinário. Como poderia ser de outra maneira se o sagrado constitui a essência de todas as coisas? Buscamos a experiência do pico da montanha ou das profundezas do vale quando o sagrado é toda a paisagem. É que damos atenção aos pontos extremos da vida, aos seus picos e vales; eis o que percebemos. O terreno médio é para nós tão familiar que não lhe damos atenção; porém, é precisamente quando percebemos por inteiro o ordinário que este e o extraordinário se fundem na presença dinâmica do Bem-Amado.

O mundo sagrado não é um enclave separado, divorciado da vida; não é dessa maneira que ele se distingue. O que o faz diferente é precisamente seu caráter inclusivo e sua acessibilidade, o fato de misturar-se com a vida, ainda que de forma transformadora. Nada há de surpreendente no fato de o meu amigo tê-lo encontrado numa lanchonete, e não na catedral ou na floresta; tive exatamente a mesma experiência. As catedrais e templos estão no nosso coração e na imaginação; e, a partir daí, podemos projetar sua qualidade em todo e qualquer ambiente circundante.

Podemos encontrar o sagrado na oração, no ritual, no culto, na meditação e num espaço sagrado, mas também é possível encontrá-lo e invocá-lo nos intercâmbios e encontros humanos; por exemplo, num ato de cortesia ou de civilidade que honre e respeite outro ser humano. Esse honrar e esse respeitar são, afinal, um ato de amor que dá atenção ao valor e à integridade de outra pessoa.

Foi isso que o meu amigo sentiu vir da garçonete. Ele se sentiu valorizado e afirmado como pessoa. Sentiu uma ligação que ia além dos papéis que eles desempenhavam no momento, as condições da lanchonete e todos os fatores físicos que eram parte da experiência dos dois. E, naquele momento, a alma dele e da garçonete se vincularam e o mundo sagrado irrompeu.

Encontros

Desde o início do meu relacionamento com John, tive a impressão de que os encóntros são a coisa mais importante na Nova Era. O real surgimento da Nova Era parecia depender do que acontecia nos nossos encontros. O encontro era, como se diz, a união da fome com a vontade de comer.

Esses encontros podiam ser entre pessoas, mas também entre a humanidade e a natureza, o rico e o pobre, não-deficientes e deficientes, adultos e crianças, homens e mulheres, seres físicos e não-físicos, os livres e os oprimidos, o cientista e o místico, o artista e o homem de negócios, o adepto da Nova Era com o da Antiga Era, o religioso e o secular, e assim por diante, com infinitas variações e combinações.

Onde as diferenças se encontram, podem surgir a hostilidade, o medo e o conflito, ou, por outro lado, o exame sem preconceitos, a descoberta, o crescimento, a criatividade e o amor. O que emerge nessas fronteiras depende em larga medida de nós e do poder do nosso coração e da nossa mente, do nosso amor e da nossa imaginação. Especialmente desta última, porque em nosso poder de nos reimaginar e de reimaginar o outro, de vermo-nos uns aos outros de maneira nova e livre da projeção e do hábito, residem as possibilidades da descoberta mútua e da criação de vínculos interpessoais. Na imaginação está a irrestrição por meio da qual o sagrado pode emergir.

Um encontro é um espaço no qual se podem fazer escolhas e invocar a vontade. É no momento em que me acho de fato na companhia de uma pessoa ou numa situação em que posso dar sentido prático às minhas escolhas, à minha vontade e à minha imaginação. Um encontro é o espaço em que posso agir, e é por meio da ação, seja qual for a sua natureza, que se manifestam a alma e o espírito.

Por isso, John e outros enfatizavam a importância dos nossos encontros diários. No nosso desejo de fazer alguma coisa revestida de sentido com respeito aos Grandes Problemas que nos assolam, eles não queriam que desprezássemos as pequenas oportunidades, que surgiam muitas vezes no decorrer de um dia, de cruzar a fronteira e criar um pouco mais de integridade, de vinculação, de amor, um pouco mais de alma do que havia antes. Sua perspectiva era a de que, para dar real sentido à nossa vida neste mundo, temos de nos encontrar, receptiva e amorosamente, com as diferenças que existem nele, e descobrir os vínculos e a integridade.

Num certo ponto, John me disse:

> *A espiritualidade do próximo século incluirá uma espiritualidade das fronteiras. Ela vai ter como foco o que acontece na fronteira quando dois elementos diferentes se encontram, porque é aí que a alma pode manifestar-se, que o amor pode agir, que se pode abrir um espaço criativo, que a co-criatividade pode ocorrer e que o sagrado pode ser revelado. Será uma espiritualidade do encontro. A Nova Era vai nascer desse tipo de espiritualidade. Nascerá na medida em que vocês envolverem ativamente as forças de sua alma no encontro uns com os outros e com o mundo, porque nesse momento vocês abrem a porta para que a novidade e a vida, o amor e a sabedoria, assim como a vitalidade e a criatividade, venham à existência.*

Aquilo que levamos para cada encontro é importante. O amor, com certeza. A capacidade de dar atenção ao outro. A capacidade de estar plenamente presente ao outro. Um sentido de liberdade ou ao menos o respeito ao direito de todas as pessoas envolvidas a ser diferentes umas das outras.

Na pior das hipóteses, devo levar uma disposição para me abrir à presença do outro. Isso não pode ser uma coisa forçada nem superficial. Erigir barreiras entre eu e o outro é algo que não permite que o encontro se aprofunde. Na realidade, pode fazer com que ele nem mesmo seja encontro, limitando-se a ser um deparar com o outro ou um momento de proximidade física. Para o tipo de encontro sugerido por John, preciso oferecer ao outro alguma qualidade profunda vinda de mim. Tenho de olhar e sentir para além da superfície do encontro a fim de perceber quaisquer energias ou qualidades que possam estar presentes e o modo como me engajar com elas, bem como se me engajo ou não. Tenho de me dar conta das ligações de base entre mim e o outro, os vínculos que partilhamos com a integridade mais ampla do universo.

Nada há de mediúnico nisso, se bem que talvez a sensibilidade extra-sensorial possa desempenhar algum papel caso a pessoa tenha esse talento. Na realidade, isso não difere muito de ter as qualidades do bom ouvinte: a pessoa dedica plena atenção ao encontro e ouve com a inteireza do seu ser. Trata-se de um exercício de atenção total. Um exercício de diálogo.

Claro que podemos não querer dar essa atenção ao outro e de estar plenamente presentes ao outro em todos os encontros, e podemos julgar que não temos essa capacidade, se bem que ficaríamos surpresos com o que acontece quando tentamos. Estive em encontros tediosos que se tornaram momentos de prazer e de energia pelo simples fato de eu dizer à minha mente que parasse de tentar escapar do momento e de dar à situação ou à outra pessoa envolvida minha plena atenção e amor. No meu caso específico, reflito sobre a sacralidade inerente à outra pessoa e sobre o espírito que flui por meio dela e dou-lhes atenção. Abro o meu coração a essa sacralidade e a esse espírito.

Meister Eckhart, o grande místico alemão, afirmou que "a alma está onde Deus opera a compaixão". É no encontro compassivo, o encontro no qual sinto a profunda ligação que eu e o outro temos no âmbito da presença universal do Bem-Amado, que a alma adquire vida. Num tal encontro, a natureza da alma, que é a vinculação, tem uma condição por meio da qual se auto-exprimir e expressar a integridade e o amor infinitos de que provém.

Estou certo de que tudo isso parece muito místico, e em alguns aspectos de fato é, porém verifiquei que se trata de uma coisa intensamente prática, pois esse tipo de engajamento afetou a minha própria energia e a qualidade da energia no meu ambiente. E é muito fácil fazê-lo. Em várias classes ao longo dos anos, eu dava aos alunos tarefas de casa que envolviam a concentração de amor em si mesmos e abraçar ou tocar silenciosamente, com os dedos invisíveis da mente ou do coração, pessoas e situações do seu ambiente circundante, pedindo, ao fazê-lo, que a graça surgisse desse encontro invisível de uma maneira que funcionasse para o bem maior de todos os envolvidos. Tratava-se de espiritualidade disfarçada! Eu pedia aos alunos que anotassem tudo o que acontecesse. Invariavelmente, eles voltavam para a aula na semana seguinte com histórias sobre a mudança de humor e de atmosfera em seus locais de trabalho, ou de como as pessoas ficaram mais descontraídas e sentiram que tinham mais energia; todos relatavam particularmente como se sentiram, em conseqüência do exercício, bem mais à vontade no mundo, mais tranqüilos, mais amorosos, mais estáveis e mais criativos. E algumas pessoas, como o meu amigo, viram-se completamente imbuídas de um sentimento de luz e de integridade; era como se, para elas, o mundo circundante se tivesse tornado um lugar sagrado.

Espaço aberto

Uma das qualidades que a alma traz para cada encontro são as possibilidades evocativas, imaginativas e criativas do espaço aberto.

Adoro essa imagem do espaço aberto. Costumo imaginá-lo como um palco vazio, antes de alguma peça ser encenada. Esse palco vazio tem infinitas possibilidades. Qualquer narrativa pode ser criada nele. O palco está vívido de antecipação e, ato contínuo, minha mente reage e eu começo a preencher o espaço com uma história. Começo a criar.

Espaço aberto significa espaço não condicionado. É um vácuo, um vazio, um silêncio, um ventre.

Quando encontro alguém ou algo apenas com a minha personalidade, preencho o espaço psicológico entre nós com as minhas próprias coisas: minhas projeções, esperanças, temores, alegrias, preocupações — todas as coisas que me permeiam a mente. Quando me encontro com você, posso pensar no que desejo dizer, no que eu disse, no que vou dizer, no que você está dizendo, no que quero que você diga, no que não quero que você diga, e assim por diante, preenchendo o espaço entre nós de modo tal que seria surpreendente que acontecesse um encontro real ou que houvesse entre nós algum intercâmbio de elementos dotados de sentido. De fato, com muita freqüência não nos encontramos nem dialogamos efetivamente; apenas usamo-nos um ao outro como espelhos nos quais cada qual encontra apenas a si mesmo. Nunca chegamos de fato à fronteira que há entre nós, a extremidade criadora. Não sentimos a compaixão, o espírito de sentir ou partilhar juntos a presença.

É quando encontro você a partir de um silêncio interior, do silêncio da alma, que passa a haver a possibilidade de mergulharmos nesse silêncio e de o fruirmos juntos; e, nesse silêncio, captamos o deleite e a infinitude do espaço aberto.

Imagine que nos encontramos num bar pequeno, apinhado e barulhento em que a televisão troveja estridente e todos gritam ao mesmo tempo. Nossa voz tem de competir com o ambiente para ser ouvida. Agora imagine que entramos num salão de baile vazio, numa grande catedral ou numa campina dos Alpes. Aí há espaço, espaço para ser ouvido, espaço para ser visto, espaço para ser reconhecido, espaço para relaxar, espaço para ser criativo.

O espaço aberto é a aceitação do desconhecido, do imprevisível, do invisível e do misterioso. É uma condição de humildade na qual reconheço que não sei tudo e que posso me esvaziar das coisas que sei, cuja familiaridade e acomodação podem me impedir de ver e ouvir o que ainda não sei.

A alma é um espaço aberto, aberto a Deus, aberto ao mundo, aberto a você e a mim, aberto à possibilidade e à novidade. A idéia da Nova Era é também a idéia de um espaço aberto no qual podemos conceber possibilidades realmente novas para a humanidade e para a Terra, mas é igualmente um espaço aberto em que podemos escutar e ouvir as vozes da humanidade e da Terra dizendo-nos o que é necessário e o que é desejado, o que é objeto de esperança e o que causa temor. É também aí que ouvimos a voz daquilo que não conhecemos, a voz do mistério que se acha do outro lado da transformação. Temos de ouvir essas vozes a fim de podermos construir com êxito a nossa Nova Era.

A nossa alma nos dá a coragem e a compaixão para que nos tornemos um espaço aberto; a Nova Era, por sua vez, surge dessa abertura.

Co-criatividade

A co-criatividade é outra qualidade que é parte do encontro pleno das almas. Ela é mais do que mera cooperação na produção de novas coisas. Por exemplo, minha mulher e eu criamos quatro filhos. Criamos uma família. Trouxemos algo de novo a este mundo. Mas a nossa co-criatividade vai muito além disso. Sempre que vejo Julie, posso optar por vê-la pelas lentes da familiaridade e do hábito; afinal, conheço-a desde o nosso encontro em Findhorn, em 1971. Tenho inúmeras imagens passadas a partir das quais escolher para que me digam o que vejo quando a vejo. Mas posso escolher vê-la com a mente despida de imagens ou com novos olhos, como se a visse pela primeira vez.

Isso não apaga minhas lembranças; todas elas continuam a existir. Eu simplesmente não as uso para definir Julie. Reconheço que, apesar de tudo o que sei sobre ela a partir da experiência, isso é muito pouco comparado com a plenitude do seu ser e de sua alma. Sempre há em Julie muito mais coisas que não conheço e nunca vou conhecer. Logo, ela pode me surpreender. Julie é essencialmente, a cada dia, uma nova pessoa com quem tenho uma história.

Por que isso é importante? E de que maneira é co-criativo?

Se examino isso do meu ponto de vista, tenho consciência de que existe em mim bem mais do que mostro ao mundo e, desse ponto de vista, até mais do que mostro a mim mesmo. Parte da minha natureza é a minha ação de automoldagem; descubro novas partes de mim, mostro-me receptivo a novas possibilidades ou ao menos tenho o desejo de mostrar-me receptivo a essa receptividade!

Em outras palavras, para uma parte de mim, é como se eu estivesse acabando de ser moldado, como se tivesse recém-nascido do Bem-Amado. Acho-me na presença da criatividade, minha e do universo. (Observe que há definitivamente dias em que eu não me sinto assim — quando me sinto antes abortado do que recém-nascido —, mas mesmo nessa situação empenho-me em prestar atenção ao viver no momento e viver na presença daquilo que está além do tempo; isso, sinto eu, é parte do que significa ter uma prática espiritual.)

Eu gostaria de ficar nessa novidade. Nela, sinto que as partes potenciais, as partes desconhecidas, as partes tímidas e ocultas do meu eu têm a oportunidade de se manifestar. Não quero que esse crescimento seja negado nem abortado.

Porém, ao longo do dia, enfrento um processo de cristalização, de ser impelido na direção do passado como uma mosca para o âmbar, a fim de ser fossilizado na compreensão e na familiaridade. As pessoas costumam relacionar-se comigo de modo delicado e agradável, mas se relacionam comigo de acordo com o seu conhecimento de mim até o momento. Elas julgam que me compreendem, e de certo modo isso é verdade; mas elas não compreendem o que ainda não viram.

Não obstante, quando alguém se relaciona comigo com novos olhos, com a mente liberta do passado, com toda a sua capacidade de dar atenção, sinto-me voltando ao espaço aberto. Volto a ser encarnado no presente. A pessoa não me está fossilizando. Sinto-me vinculado e pleno de possibilidades. Sinto-me de novo na presença da criatividade. Posso não ficar fervilhando de idéias novas a inventar ou a pôr em prática, mas não é isso o que importa. Na realidade, sinto-me religado à minha fonte, à presença de uma criatividade amorosa e prazerosa. Um elemento atemporal se introduz no meu momento presente e dele se faz parte, parte do relacionamento ou do encontro que estou tendo, por mais casual que possa ser, com a outra pessoa.

Exibo uma reação a isso, o mesmo ocorrendo com a pessoa. A reação pode ser apenas um aumento da percepção ou uma momentânea alegria, podendo ser ainda um súbito sentir da alma — a forma não importa. O que importa é o fato de que, nesse momento, o sagrado se manifestou.

Eis o que é co-criatividade.

É sustentar ou devolver a alguém a consciência de sua natureza infinita e da criatividade que isso implica. É cooperar para manter ou inspirar um sentimento generoso e amplo de possibilidade e de frescor no outro e em si mesmo. É manter abertos para o outro os portais que levam à sua interioridade e à riqueza que ali se contém.

Nas profundezas do oceano há fissuras rochosas nas quais a crosta terrestre está aberta e o magma das camadas interiores sobe ao leito do oceano, criando um novo leito. Nesses lugares, é como se a Terra se criasse a si mesma a partir de sua própria interioridade. Ao redor dessas fissuras, em meio ao frio negrume do fundo do oceano, a vida floresce; porque, com essa irrupção de terra líquida, vêm o calor e a nutrição para incontáveis microorganismos e para as formas de vida que deles se alimentam.

Também existe um lugar como esse em nós, uma fissura interior na qual as sagradas tochas do humano e do universal encontram o particular e, na pressão dessa convergência, o amor derretido de Deus irrompe da nossa interioridade a fim de penetrar no mundo e dar-lhe forma.

Trata-se de um local de manifestação, um lugar de expansão cujo calor criativo afrouxa os vínculos temporais do passado — vínculos da memória e do hábito, da expectativa e da inércia —, criando assim espaço para que surjam novas possibilidades e nova vida. Trata-se do lugar da alma.

A co-criatividade é o espírito de reconhecimento e de atenção total que nos oferecemos mutuamente a fim de nos lembrarmos dessa fissura e do Atributo Divino que fervilha no nosso íntimo.

A co-criatividade é uma das qualidades que surge de um encontro agraciado com a total presença da alma. E, resulte ou não naquilo que o mundo costuma normalmente denominar criatividade, ela ainda é criativa, porque é a nós mesmos que estamos moldando a partir dessa presença ígnea.

A novidade

Outra qualidade que advém do encontro em que a alma se faz presente por inteiro é algo a que dou o nome de "novidade". Trata-se com efeito da capacidade de fazer a qualidade do novo nascer em nossa vida e no mundo, o que tem estreita interligação com a criação de uma Nova Era.

Mas o que é "novidade"?

Em *The Kingdom Within: A Guide to the Spiritual Work of the Findhorn Community*, organizado por Alex Walker, falei disso da seguinte maneira:

> *[Existe] uma qualidade a que denomino "espírito de novidade". A novidade é uma energia espiritual que age no interior de uma estrutura ou condição a fim de fazer que ela se abra, para criar amplos espaços e para energizá-la ou dar-lhe nova vida de modo que a energia e a vida fluam mais livre e graciosamente. Este fluxo pode então revigorar e reinstituir as estruturas e condições existentes ou levar a novas possibilidades e ao surgimento de alguma coisa nova ou inesperada. A novidade é o fator que mantém aberto um sistema aberto. Não equivale à inovação, que é um fenômeno da forma. Algo espiritualmente novo pode ter uma aparência e uma ação em todo semelhante a algo antigo, mas está renovado e revitalizado e se mostra aberto à manifestação emergente.*

Tudo existe no tempo e na atemporalidade. O tempo é um fenômeno, por assim dizer, horizontal, ao passo que a atemporalidade é vertical, configurando-se como um plano embutido no eterno, no qual tudo é eternamente novo e está em eterno surgimento. A qualidade da novidade é um atributo espiritual que nos põe em contato com essa dimensão vertical, atemporal, que há no âmago das coisas e das condições; é a capacidade de impedir que a nossa visão e a nossa imaginação se vejam circunscritas pela duração e pela história. Além disso, se estamos em contato com a qualidade da novidade, podemos invocá-la a partir dos nossos encontros.

Há uma íntima ligação da novidade com a prática da mente receptiva ou mente nova, sendo prima em primeiro grau do maravilhamento e do deleite. Trata-se de uma qualidade energizante, enlevante, renovadora. Não é o mesmo que a rejeição da "velhidade". Manter e cuidar, conservar e dar atenção são todos eles atos criativos, que honram e liberam a novidade e a vitalidade essenciais que existe no cerne de tudo.

A qualidade da novidade não se define, aliás, pelo tempo, sendo antes uma infusão ou intervenção da intemporalidade na história de uma pessoa ou de um objeto. Algo conhecido e que existe há muito tempo pode ainda ter novidade, se bem que precisamos romper o véu da nossa maneira habitual de vê-lo a fim de descobrir esse frescor.

A novidade é a energia da beira do caos, o lugar em que se encontram o conhecido e o inesperado, local de vida e de vir-a-ser. A novidade é o ponto de origem que está no íntimo de todas as coisas, tanto a energia de sua origem particular na história como a energia que surge do seu arraigamento na fonte de tudo.

O sagrado é sempre novo, sempre em renovação. Na presença do sagrado ontem e amanhã não existem. A novidade é a energia dessa presença.

A novidade nada tem que ver com progresso ou evolução. Podem desenvolver-se novas condições ou podemos progredir na criação de novas coisas, mas não evoluímos nem progredimos na direção da novidade. Não podemos evoluir na direção do sagrado, porque a evolução é criatura do tempo e o sagrado é atemporal. Em algum ponto, temos de sair do tempo, da progressão linear, e a novidade é o atributo que no-lo permite.

Quando levamos a novidade a um encontro ou quando a percebemos num encontro, levamos uma energia e uma percepção que transcendem papéis e hábitos, perfis e formas. A experiência do meu amigo na Bubba's Bar-B-Q ocorreu quando ele viu de uma nova maneira a mulher que era sua garçonete. Ele não a viu como garçonete nem como uma mulher genérica. Viu-a como ser ímpar; viu-a em sua novidade, incondicionada pelo tempo. E sob a inspiração dessa novidade, ele saiu dos seus próprios parâmetros temporais, de sua história, do seu cansaço, de suas abstrações, lembranças do dia e antecipações da noite e do dia seguinte. Ele penetrou no único tempo que de fato existe, o momento presente, e ali encontrou o mundo sagrado.

Novidade é o termo que uso para designar a energia e a qualidade do presente, momento sem par. Ela não é apenas isso, mas há aqui uma pista para a sua natureza.

Creio que a Nova Era se traduz em aprender a viver na novidade e com a novidade, bem como a torná-la parte dos nossos encontros, visto que ela, tal como o sentido de espaço aberto e a criatividade, libera e assegura um espaço no qual a possibilidade pode florescer e a nova vida surgir.

Construir o mundo e "entrar na Nova Era"

Sou levado pelas minhas experiências ao ponto de vista de que não estamos caminhando para uma "Nova Era" tomada como substantivo, mas amadurecendo para uma sintonia, uma sabedoria e uma capacidade mais profundas, para a capacidade de "Nova-Erizar" [*sic*] como verbo. Estamos aprendendo a "Nova-Erização" [*sic*], a compreensão da Nova Era antes como um processo de criação do que um evento isolado.

É da natureza das pessoas humanas o ser construtoras de mundos. Fazemo-lo o tempo inteiro com a imaginação, os pensamentos, as percepções, os sentimentos, as idéias, as lembranças e os desejos. O mundo que habitamos está sendo constantemente moldado por nós por meio das narrativas que elaboramos a respeito de quem somos e da natureza do nosso mundo.

Esta faculdade é parte essencial da própria definição do ser humano. Quando, no entanto, mergulhamos profundamente em nós mesmos e alcançamos o lugar interior no qual Deus está sendo dissolvido e trazido à superfície para introduzir sua energia "teotérmica" em nossa vida, o nosso construir mundos adquire toda uma nova vida e dimensão. O processo se torna co-criativo da maneira mais profunda e possante, ligado a uma integridade mais ampla e vibrando com uma receptividade que embora honre a história pode também transformá-la.

Tudo o que criamos extrai a sua interioridade — sua alma — de nós; mas, se estivermos em contato com a nossa própria interioridade de maneira limitada, quando não inexistente, não teremos muita alma para dar às nossas criações. Elas podem ter formas esplêndidas, mas não muito espaço interior em que possa residir uma energia de vitalidade e de comunhão. Têm pouca ou nenhuma capacidade de fazer que a nossa própria energia criadora e vívida, passando por elas, forme um vínculo com uma integridade mais ampla — com a alma do mundo; por esse motivo, nossas criações detêm essa energia e essa presença, represam-nas e a fazem voltar para nós. Dizemos que nos sentimos bloqueados pela vida, pelas coisas, pelas condições que nos cercam — e estamos!

Contudo, quando alcançamos o espaço aberto da alma, espaço interior eternamente novo e co-criativo, este amplia a particularidade da nossa interioridade ao vinculá-la com a interioridade do universo, na qual reside a infinita presença do Bem-Amado. Somos parte de um todo maior, de um fluxo mais amplo. Então, quando criamos, os produtos dos nossos pensamentos, dos nossos sentimentos, da nossa imaginação e das nossas ações também passam a ter mais espaço interior. Ficam mais vívidos, com mais ressonância, mais condutividade e mais vinculados, tendo em vista que refletem a expansão da nossa própria interioridade. A energia circula com mais liberdade; a comunhão se manifesta; a vida e a criatividade vêem-se intensificadas.

Eis o que resume, a meu ver, a Nova Era: aprender a viver e a criar a partir desse lugar emergente, desse espaço aberto. É o próprio processo de "Nova-Erizar", o processo inerente de criação de novas eras à medida que caminhamos pela vida.

Quando "Nova-Erizamos" num encontro, estamos nos engajando com a imaginação e o potencial desse momento e situação para que sejam o nascedouro no qual surge algum aspecto ou essência do mundo sagrado. Insistimos que reconhecemos e honramos a criatividade do momento, bem como seu impulso e sua direção históricos. Tal como no Aikidô, podemos alinhar esse espírito de surgimento e de criatividade com esse impulso e essa direção, preservando-a e aprimorando-a, podendo também redirigi-la de novas maneiras para chegar a novos desfechos e novas possibilidades. Uma nova direção ou um resultado inovador não são requisitos para que algo seja da Nova Era, mas personificar o espírito da novidade e da sacralidade é.

CAPÍTULO 6

As Perguntas do Graal

Um dos mitos centrais da cultura ocidental é o conjunto de histórias do Rei Artur e dos Cavaleiros da Távola Redonda. Está no âmago dessa mitologia a idéia da Busca, particularmente do Santo Graal, o cálice usado pelo Cristo na Última Ceia. Ao aparecer numa visão diante do Rei Artur e de seus Cavaleiros no jantar, o Graal, esse recipiente místico e mágico, levou cada Cavaleiro a partir em sua busca.

Um deles, Perceval, depois de muitas peripécias, chega ao Castelo do Graal, no qual se conserva o recipiente sagrado. Ali, a fim de completar definitivamente sua busca, ele deve fazer uma pergunta ritual: "A quem o Graal serve?" Numa visita anterior ao Castelo, ele não fizera a pergunta e tivera de partir e vagar em sua busca por mais alguns anos antes de poder voltar e ter uma segunda oportunidade. Desta feita, contudo, ele faz a pergunta, que dá início a uma cadeia de eventos que lhe revelam o Graal. É interessante o fato de que ele nunca obtém uma resposta direta (embora esteja implícita a resposta de que o Graal é uma força espiritual que serve a todos nós). O que lhe traz o Graal é antes o fazer a pergunta do que uma resposta específica.

Sempre apreciei esta história. Ela destaca a importância de fazer as perguntas certas no caminho espiritual. Aliás, ela mostra a importância de questionar — sem comentários. Uma pergunta é sempre uma abertura para uma perspectiva nova e mais ampla, e talvez para novas possibilidades. Ela transcende a fronteira entre o que sabemos e o que ainda é desconhecido. Mostra-se como um engajamento com aquilo que não sabemos e, portanto, nos engrandece. É um ato de autotranscendência.

A história me sugere igualmente a mudança de perspectiva que acontece quando estamos às voltas com questões espirituais: começamos pensando no Graal como um cálice que tem de ser encontrado, por exemplo, mas ele só é realmente encontrado quando uma questão ritual, a modo de koan zen, nos faz pensar de uma nova maneira, ver o Graal não como objeto mas como um espírito, e não como um prêmio, mas como um servo. É esta mudança de pensamento que nos permite vê-lo; mas ele estava ali o tempo inteiro.

É esse o propósito da "pergunta do Graal": ela visa primordialmente não obter dados ou informações, porém fazer que uma situação seja receptiva a uma nova perspectiva. Uma pergunta do Graal pode revelar o sagrado numa situação ou trazer às vistas possibilidades criativas que de outra maneira não teríamos percebido.

Fazer perguntas do Graal

Na minha peregrinação por Aquário, descobri ser importante fazer perguntas como as do Graal. A Nova Era costuma ser concebida como um evento (um objeto do tempo) que vai recuperar a Terra arrasada e nos transformar em seres novos, cheios de poder e criatividade. Tal como o Santo Graal, ela é um objeto que buscamos; "vamos ao encontro" da Nova Era ou esperamos por ela no rastro das profecias. A Nova Era é uma coisa que desejamos e assim, por implicação, algo que não temos no presente. Entretanto, ao fazer a pergunta certa, podemos mudar o nosso pensamento de uma forma que nos permita perceber a Nova Era aqui e agora.

Por exemplo, em seminários práticos, costumo perguntar às pessoas *quando* elas pensam que é a Nova Era, em vez de *o que* ela é. Em que circunstâncias de sua vida podem elas imaginar que uma Nova Era esteja presente? Em que circunstâncias o mundo sagrado está presente?

Isso leva imediatamente as pessoas a pensar em momentos nos

quais o atemporal irrompeu em sua vida: momentos de graça, de fluir e de amor, momentos de inspiração e de vinculação, momentos de integridade e de criatividade, de transformação e de passagem. E todos temos esses momentos, muitas vezes embutidos nos aspectos corriqueiros e mais conhecidos do dia, momentos de proximidade, de silêncio, de cortesia e de gentileza: pequenos graais nos servem e servem ao sagrado que está em nosso íntimo.

O valor dessas respostas, assim como as intuições que elas proporcionam, está no fato de elas levarem para o âmbito do nosso ambiente corriqueiro e da nossa vida diária o espírito da Nova Era, que está onde está e tem de estar a fim de se manifestar. Elas tornam esse espírito acessível ao nos mostrar que ele já parte de quem somos e do que (e quando e onde) somos (estamos), da mesma forma como a pergunta de Perceval revela que o Graal não é só um cálice, mas uma presença espiritual a serviço de todas as pessoas em toda parte.

Claro que eu posso responder à pergunta "Quando é a Nova Era" dizendo algo como "Quando todos usarem fontes renováveis de energia", "Quando houver justiça social para todos", "Quando tivermos paz e abundância" ou "Quando a Terra estiver ecologicamente curada e a humanidade e a natureza viverem em harmonia". Eu poderia relacionar muitas e muitas alternativas positivas às atividades e organizações humanas que hoje exibem um comportamento incompatível, e mesmo assassino, e dizer que a Nova Era vai existir quando essas alternativas tiverem sido postas em prática. Há valor nessas respostas, porque elas nos fornecem parâmetros sociais, tecnológicos e espirituais a ser buscados. Podem indicar estratégias a seguir e táticas a empregar. Do mesmo modo, tornam a Nova Era acessível como algo que pode tomar corpo de várias maneiras e em termos de vários recursos que podemos começar a plasmar agora mesmo.

A quem serve a Nova Era?

Outra pergunta do Graal consiste em, parafraseando Perceval, perguntar: "A quem serve a Nova Era?"

Esta pergunta se reveste de interesse porque nos faz pensar a Nova Era como um instrumento ou estratégia de liberação de energia criativa e visão positiva. Um instrumento para nos alinharmos com o espírito do mundo sagrado — o mundo holístico e amoroso — e para nos recordar desse espírito, das profundas possibilidades que estão na base da experiência humana e da nossa capacidade e habilidade de fazer que essas possibilidades venham à luz.

Assim sendo, a quem serve a Nova Era? Ela me serve? Serve a você? À humanidade? Ao planeta? A Deus? Aos anjos? À Fraternidade Branca dos Planos Interiores? À IBM? A quem vende cristais? (A estes últimos, sem dúvida!)

A resposta à pergunta não é tão importante quanto o arcabouço mental que ela introduz, porque podemos não pensar normalmente na Nova Era como algo que sirva a alguma coisa. A compreensão comum é de que se trata de um evento; é a Era de Aquário, uma dessas eras astrológicas que aparecem mais ou menos a cada dois mil anos. Poder-se-ia igualmente perguntar: "A quem fevereiro serve?"

Mas a Nova Era não é como um mês. É uma idéia. Sob certos aspectos, é uma invenção social, um produto da imaginação cultural ocidental. (Muitas pessoas do movimento da Nova Era vinculam o seu advento com a alvorada do novo milênio no ano 2000 d.C. Porém no exato momento em que escrevo estas palavras, milhões de pessoas em todo o mundo celebram o Ano Novo Chinês, porque hoje começa o ano 4694, o Ano do Rato. Para mim, um novo milênio começa dentro de quatro anos; para o povo do país mais populoso da Terra, começa daqui a 306 anos. O que isto nos diz sobre a vinda de uma Nova Era?) A idéia de Nova Era existe praticamente desde o surgimento da própria civilizaçãão ocidental, apesar de nenhuma Nova Era utópica ter-se tornado realidade até agora. Por quê? Por que esta idéia permaneceu? Poder-se-ia pensar que, depois de duas vezes de profetização de uma nova era sem que houvesse sua realização, as pessoas diriam: "Que idéia boba! O que nos fez pensar que uma Nova Era estava prestes a acontecer? Não vamos acreditar mais nisso!"

Mas não é assim que a coisa funciona. A cada ano que vivi na Califórnia, antes de ir para Findhorn, havia uma nova profecia dizendo que o Estado seria tragado pelo mar por causa de um terremoto; e todos os anos a Califórnia se mantinha inalterada. Mas isso não impedia as pessoas de acreditar na nova profecia que aparecia no ano seguinte. Tive amigos que, num verão, foram para o meio do deserto, na parte sul da Califórnia, para evitar a destruição iminente de Los Angeles, que fora profetizada. Eles se divertiram muito acampando com mais de cem famílias de "refugiados" e de pessoas que haviam reagido à profecia da mesma maneira (algumas das quais venderam ou doaram tudo o que tinham, prevendo que, na Nova Era que estava por surgir, não iriam precisar daquelas coisas); mas ao final de uma semana, estando Los Angeles ainda intacta, todos voltaram a fim de reunir os fragmentos remanescentes de sua vida. Mas no ano seguinte, quando visitei a cidade, meus amigos me disseram que algumas dessas mesmas pessoas se preparavam para ir embora outra vez em resposta a mais uma profecia.

O fato é que, na qualidade de idéia, a Nova Era atende à necessidade humana de ter esperança, de ter uma visão do futuro, de antecipar a mudança ou a possibilidade de mudança quando a realidade presente não é agradável. E, em seus aspectos mais profundos, trata-se de um vislumbre de transformação e de criatividade. É uma intuição do mundo sagrado — o mundo da alma —, não como utopia física concreta (se bem que por vezes seja assim pensada), mas como chamado espiritual que nos inspira a tornar o mundo pleno do sagrado ao fazermos de nós mesmos dons de amor e ao infundir os nossos relacionamentos de qualidades da nossa alma, como a compaixão, a justiça, o cuidado e um espírito visionário. Ela é mais, muito mais, do que uma profecia. É uma revelação não apenas para se esperar a mudança como também para reconhecer a nossa capacidade criadora de fazer essa mudança acontecer em ressonância com o sagrado.

Uma idéia dessa estatura não desaparece facilmente. Ela está demasiado arraigada nas bases daquilo que somos como seres humanos.

Vinho velho em odres novos

A Nova Era não oferece apenas luz e doçura; por vezes, ela se consubstancia no medo, na abominação e nas trevas. Ela tem seu lado negativo, suas distorções, suas representações errôneas que nos fazem pensar que obtemos uma coisa quando estamos conseguindo bem o seu oposto. Ela tem pessoas e grupos que vão tirar os direitos dos outros enquanto levantam bem alto o estandarte de Deus e da Luz, agindo apenas a serviço do seu ego e de suas necessidades de poder. Ela contém idéias contrárias ao amor, idéias e atos que destroem vínculos, que nos separam uns dos outros e dispersam a energia do mundo sagrado.

Afinal, a Nova Era nos desafia em muitos níveis com a mudança radical e a tranformação do conhecido. O nosso idealismo pode dizer "Sim, sim!", mas as nossas entranhas podem estar dizendo "Não, não!" E assim, reagindo ao medo da perda que tem o nosso ego, tornamo-nos peritos em conceber maneiras de dar a impressão de ter mudado sem, na prática, mudar nada. Em nome da Nova Era, podemos erigir barreiras defensivas contra a mudança e contra o encontro com o sagrado. Criamos novos odres, mas os enchemos com o vinho velho, nosso conhecido.

Lembro-me de ter sido levado a uma reunião de uma organização da Nova Era por uma amiga que se opunha ardorosamente a todo tipo de religião organizada e de devocionalismo; ela recusava de modo particular o "culto a Jesus", a que ela julgava ter sido sujeita por todas as igrejas nas quais sua família entrara. Ela desejava toda uma nova experiência transformadora da espiritualidade, que modificasse de fato a sua vida.

Imagine a minha surpresa quando a reunião mostrou ser essencialmente um serviço de culto no salão de convenções de um hotel. Havia flores por toda parte, e as pessoas sentavam-se em fileiras de cadeiras diante de um parlatório. Atrás deste fora montado na parede um painel gigante com a figura de St. Germain, um dos Mestres do plano interior da Sociedade Teosófica, havendo retratos menores dele e de outros Mestres da Hierarquia (o governo espiritual do mundo, segundo a doutrina teosófica) colocados em mesas ao redor da sala. Em diferentes pontos do serviço dirigido pela líder do grupo — uma mulher que, para todos os efeitos, agia como ministra ou sacerdotisa, lendo matérias de doutrinas e dirigindo orações e cânticos —, todos se levantavam e cantavam, erguendo os braços e as mãos na direção do imenso retrato de St. Germain num gesto que lembrava perturbadoramente a saudação nazista.

A coisa toda era enervante em sua intensidade e seu ligeiro ar de fanatismo, porém igualmente divertida, pois todos negavam semelhanças de qualquer espécie com uma igreja ou religião. Mas a verdade é que a minha amiga e seus companheiros de grupo (que, a propósito, não tinham nenhuma filiação com a Sociedade Teosófica, tendo apenas adotado algumas das imagens desta) não estavam sendo pioneiros de uma nova espiritualidade; tinham apenas posto St. Germain no lugar de Jesus e mantinham todos os elementos de qualquer igreja cristã, mas de maneira oca e superficial, sem a profundidade de sabedoria espiritual, o amor e a argúcia mística que se podem encontrar na tradição cristã (ou, quanto a isso, em qualquer outra grande tradição de fé).

Aquelas pessoas tinham descoberto uma maneira de viver a mudança sem nenhuma alteração concreta. Dispunham dde uma novidade na superfície, mas não de uma verdadeira transformação interior.

O movimento da Nova Era oferece inúmeros exemplos desse tipo de pseudopioneirismo, seja na forma de entrar em cultos e seguir gurus, de formar igrejas da Nova Era (que alegam não ser igrejas) ou de cultuar como se fossem sagradas escrituras as psicografias de médiuns que, quando finalmente conseguimos percorrer páginas e mais páginas de afirmações pueris e lugares-comuns, terão muita sorte se contiverem um por cento da profundidade espiritual dos escritos de Meister Eckhart, Thich Nhat Hanh, Rumi, George Fox, Santa Tereza ou Hildergarda de Bingen.

Para nos haver com esse lado sombrio, temos de fazer muitas perguntas do Graal, e fazê-las a nós mesmos, visto que, na maioria dos casos, esse lado sombrio será algo desconhecido em nós, algo de que não tratamos de modo consciente e que fará de nós parceiros voluntários na distorção e no auto-engano no tocante ao que fazemos. Transferimos nossa força e nossa autonomia a mestres, gurus e grupos e ficamos oprimidos, assentindo com a nossa própria manipulação, em nome do Espírito, e aderindo a algo que jamais toleraríamos num ambiente social ou político. Apegamo-nos à nossa carência e às nossas feridas psicológicas, pois elas nos proporcionam desculpas para um comportamento ruim e que nos priva de direitos inalienáveis, assim como nos fornecem razões para explicar por que não se pode esperar que mudemos com demasiada rapidez, se é que um dia mudaremos.

Mesmo quando o resultado é opressivo, pode-se preferir a opressão ao ato de dar um passo no desconhecido; é melhor a identidade oprimida que conheço do que uma nova identidade com que não tenho familiaridade. Antes uma identidade que inferioriza do que nenhuma identidade! Além disso, como disse um alienígena ferengui num episódio da série americana *Jornada nas Estrelas*: "Não nos incomoda ser oprimidos. Isso nos dá incentivo e inspiração para nos tornarmos opressores!" Fazer-se objeto de pena pode ser uma passagem secreta para o poder mediante a manipulação da compaixão alheia; mas isso é como um pacto com o diabo: na transação, perdemos a força da nossa alma.

Por que entrar em Aquário?

Logo, a primeira grande pergunta do Graal que você deve fazer a si mesmo é: "Por que estou entrando na Nova Era?" Deve-se isso à curiosidade ou estou em busca de uma maneira de ajudar o meu mundo? Destina-se a encontrar alguma novidade na vida ou decorre da minha vontade de aprender e evoluir de maneira nova? A essa pergunta, nenhuma resposta é errada; a curiosidade é um motivo perfeitamente aceitável.

O objetivo dessa pergunta é esclarecer quais as suas motivações e expectativas no momento. Você pode ir a um seminário ou a uma palestra não porque busque uma mudança radical em sua vida, mas simplesmente porque teve curiosidade. Você pode não desejar ter uma carreira de serviços ao planeta, mas apenas saber algo sobre como construir melhores relacionamentos. (Como diz uma rede local de postos de serviço automobilístico: "Não queremos mudar o mundo; queremos apenas trocar o óleo do seu carro!")

Nada há de errado em motivações e ambições modestas no que se refere à Nova Era. Diante de tudo o que se diz sobre transformação planetária, apocalipse, serviço à humanidade, entrar em contato com níveis espirituais, crescimento pessoal e (ao menos no meu caso) construir um mundo sagrado, é fácil nos impressionarmos com o quadro geral e sentir que nos são feitas demasiadas exigências, o que constitui uma das razões por que dou tanta ênfase ao trabalho com o corriqueiro. É fácil a pessoa sentir-se comprometida com uma cruzada, julgar-se messiânica e milenarista, quando na realidade a verdadeira tarefa está relacionada com o trazer a cada momento uma maior consciência e mais amor; com a maneira de usar habilidosamente o intelecto e a imaginação a fim de conceber um futuro com que nos seja possível comprometer-nos de coração. A verdadeira tarefa está em construir vidas saudáveis e criativas por meio do exemplo pessoal, por meio da família de cada um, em nossos locais de trabalho e nas atividades da nossa cultura.

Lembre-se de que se faz esta peregrinação por opção e não por compulsão. Não podemos entrar na Nova Era ou abrir o portal que leva às qualidades do sagrado porque alguém diz que devemos fazê-lo ou porque profecias de Juízo Final e de destruição nos enchem de ansiedade. Fazemo-lo por meio de opções claras e comportamentos que refletem essas qualidades na ação.

O que espero?

Outra questão do Graal: "O que espero obter da Nova Era?"

Por exemplo, eu não espero extrair alimento espiritual do movimento da Nova Era. São abundantes as técnicas de crescimento pessoal, mas elas não são práticas espirituais (aquelas ajudam a personalidade a crescer e a se desenvolver, ao passo que estas nos transportam inteiramente para além da personalidade). As duas coisas são importantes e complementares, mas não são equivalentes, distinção que muitas vezes desaparece em nossa cultura espiritualmente analfabeta, que com freqüência parece crer que toda experiência ou atividade subjetivas que envolvam emoções e sentimentos é ao mesmo tempo espiritual.

Do mesmo modo, vejo pouca sabedoria e profundidade espiritual em 90 por cento dos materiais e livros psicografados que passam, em círculos da Nova Era, por discursos e ensinamentos espirituais. Há um imenso número de mensagens e afirmações consoladoras vindas de níveis não-físicos; elas nos dizem que somos amados, queridos e perfeitos, que os seres espirituais são nossos amigos, ao mesmo tempo em que oferecem interessantíssimas iguarias cosmológicas, bem como falatórios esotéricos, daqui e do além, sobre o cosmos (nenhum deles, naturalmente, verificável). Mas encontro aí pouca coisa capaz de representar um desafio para as minhas profundezas espirituais ou de mobilizar o meu intelecto e a minha imaginação de maneira firme e disciplinada.

Para obter alimento espiritual, recorro às grandes tradições da humanidade, ocidentais, orientais e americano-nativas. Você não pode se enganar quando conta com mais de cinco mil anos de exame humano do sagrado, quando é levado por algumas das mentes, corações e almas mais aprimoradas que o planeta já produziu. Também me socorro da ciência pura e da pesquisa em andamento acerca da natureza do universo, que considero, tendo em vista minha formação e minhas tendências, extremamente inspiradora, capaz de elevar nosso nível de consciência.

O que espero da Nova Era e que de fato encontro nela é uma abordagem inspirada do futuro. Descubro nela novas idéias e novos paradigmas, uma permissão para examinar novas maneiras de refletir acerca da realidade, sobre o eu e sobre Deus, além de aliados e associados com os quais partilhar a criação de um futuro melhor. Há nessa peregrinação um imenso reservatório de boa vontade e de amor e, de modo geral, há nas pessoas da Nova Era um sentimento de otimismo com relação ao futuro e uma propensão a mudar e a se desenvolver que julgo profundamente acalentadoras e revigorantes.

Outras perguntas

Essas duas perguntas, "Por que me interesso pela Nova Era e o que espero dela?", são perguntas importantes como ponto de partida. Mas uma vez que iniciamos a jornada, outras interrogações adquirem relevância.

Por exemplo, toda vez que encontro um ensinamento, um mestre, um guru, um grupo, uma mensagem, uma profecia ou qualquer outra coisa vinculada com a Nova Era, posso perguntar, pensando nessa coisa: Como ela me serve? Ela pode ou vai poder me tornar uma pessoa mais engajada, mais equilibrada, mais amorosa e sábia? Do mesmo modo, a que parte de mim serve ela? Ela tem que ver com a minha integridade, o meu caráter, a minha alma, minha capacidade criadora, minha humanidade integrada ou o meu anseio de ter atendidas as necessidades, os temores, o desejo de poder, de ser aceito e de estar em segurança?

Então pergunto: de que maneira ela serve ao meu mundo de relações, que é toda a rede de relacionamentos, vínculos, compromissos e responsabilidades que define a minha encarnação no momento? De que modo ela honra a integridade do meu padrão global? Por exemplo, se sou casado, de que maneira serve ela a esse compromisso ou à minha responsabilidade perante a minha família?

Vi muitíssimos casamentos acabados e famílias desfeitas porque um dos cônjuges se deixou seduzir pelo crescimento pessoal a expensas do relacionamento, ou por uma imagem como a de encontrar a "alma gêmea" ou verdadeiro parceiro espiritual, algo que se torna com demasiada facilidade uma justificação da velha luxúria humana e das relações extraconjugais ("Mas, querida, somos almas gêmeas e ela foi carmicamente atraída para mim para abrir meu chacra do coração!"). Não podemos construir um mundo sagrado, baseado em vínculos marcados pelo amor e pela responsabilidade se nos envolvermos com comportamentos que pervertem esse amor e essa responsabilidade e que abdicam da obrigação de dar contas das próprias ações ao outro e da integridade.

Minhas próximas perguntas do Graal são: Como isso serve ao meu mundo mais amplo? Como molda minhas posições em termos políticos e econômicos? De que maneira contribui para a justiça social? Como serve ao surgimento do mundo sagrado? Como serve ao Bem-Amado? No mínimo, essa pessoa, ensinamento ou condição da Nova Era não deve obstruir minha ligação com a natureza acolhedora e com a sabedoria do sagrado. Não deve dispersar nem cortar meus vínculos com a vida e com os outros. Não deve me levar a ficar contra os outros.

Trata-se de questões essenciais, porém há outras, de cunho mais específico, voltadas para problemas particulares que se podem encontrar ao longo da fronteira de Aquário. Acrescente-se que a maioria delas se refere de um ou de outro modo com a pergunta relativa às nossas próprias motivações.

A questão da alienação

A primeira das perguntas mais específicas do Graal é: Até que ponto me sinto alienado do mundo que me cerca? Nos anos 1960, eu costumava fazer palestras e promover seminários em Salt Lake City, Utah. A cidade é o centro da igreja mórmon, com seu belo Templo e Tabernáculo construído pelos pioneiros que fugiram para o oeste, na metade do séulo XVIII, a fim de escapar à perseguição religiosa. No lado leste da cidade está a imensa escarpa do monte Wasatch, parte das Montanhas Rochosas e, no oeste, o Grande Salt Lake, resquício de um antigo mar, estendendo-se pelo deserto afora, por dentro de Nevada, até o sopé das montanhas Sierra Nevada, na Califórnia. É um belo lugar cheio de pessoas amáveis, e sempre gostei de trabalhar lá.

Certa feita, eu soube ao chegar que um médium local fizera profecias bem específicas de acordo com as quais um terremoto estava prestes a destruir a cidade. Esse médium tinha programas na rádio local e fazia palestras na região; escrevera e publicara um livro bastante grandiloqüente sobre o assunto, onde dizia que a destruição do Templo e do Tabernáculo promoveria a volta do Cristo e o início do Milênio. Com toda a confiança, o homem indicara a data específica na qual o terremoto deveria ocorrer.

Não duvidei nem por um instante de que ele estava enganado. Todas os indícios mostravam que ele sintonizara "o reino da fantasia" a que me referi. Seu livro deixava evidente que ele alimentava uma enorme raiva da Igreja Mórmon, de que já fora membro.

Um dia depois da minha chegada, recebi o telefonema de uma mulher dizendo que precisava ter uma conversa comigo. Concordei, e ela foi à casa na qual eu estava. Quando nos sentamos na sala de estar para conversar, era claríssima a sua enorme agitação; a mulher trazia nas mãos um lenço branco, que torcia sem parar. Por isso, depois de poucos minutos de amenidades, perguntei-lhe qual era o seu problema. Ela falou que tudo se devia à profecia, e que era enorme o seu medo. Ela me perguntou se eu julgava que aquilo fosse acontecer.

Uma das coisas mais fáceis do mundo é tirar conclusões apressadas, coisa pela qual me deixei levar mais vezes do que me dou ao trabalho de admitir. Nesse caso, ouvindo o que ela dizia, supus que ela estava temerosa porque, como vivia em Salt Lake City, julgava em risco sua vida e seus bens. Por isso, comecei a dirigir-lhe palavras que pudessem levá-la a sentir-se mais tranqüila e segura. — Não, não — disse ela, interrompendo-me. — O senhor não entendeu. Eu não tenho medo de que a profecia se cumpra. Tenho medo de que ela não se realize.

— O quê? — perguntei, sem ter certeza de ter ouvido bem suas palavras.

— Quero que o senhor me assegure que Salt Lake será destruída. Quero que a profecia se cumpra.

— Mas por quê? — repliquei, atônito com o rumo que a coisa tomara.

— Bem — disse ela, torcendo ainda mais o lenço. — Fiz um péssimo casamento. Não gosto do meu marido. Meu trabalho é deprimente e não há oportunidades de promoção. Minha vida é um tédio. Imagino que, se a profecia for verdadeira e Salt Lake for destruída, tudo vai se transformar. Tudo será abalado e talvez eu consiga alguma coisa nova e melhor. Estaremos numa Nova Era e tudo será diferente e maravilhoso. Tenho medo é de que nada aconteça e a minha vida prossiga com as velhas rotinas paralisantes nas quais me vejo presa agora!

Qualquer um de nós pode sentir-se de quando em vez alienado da vida circundante, mas se quisermos participar ativamente da criação de um novo mundo, faz-se necessário o nosso engajamento. Aquela senhora perdera a capacidade de promover mudanças e de escolher entre alternativas, ou mesmo de ir além de suas próprias necessidades e frustrações a fim de injetar nova energia na situação na qual se encontrava. Ela se sentia alienada e desejosa de fugir. Sua interpretação da Nova Era era a de que esta lhe traria precisamente essa fuga.

Infelizmente, eu não podia lhe dar as respostas que ela queria ouvir, e minhas tentativas de ajudá-la a redimensionar sua situação de vida de forma a poder começar a engajar-se com ela com maior criatividade malograram inteiramente. Em última análise, ela não queria mudar; seu desejo era fugir.

A questão da fuga

Na estrada para Aquário, como descobri ao longo dos anos, há inúmeros refugiados que tentam escapar. Querem fazê-lo porque o mundo é muito impiedoso, muito difícil, muito exigente, muito tedioso, muito negativo, muito físico, muito materialista, muito civilizado, muito grosseiro, muito perigoso ou muito qualquer coisa.

A fuga é uma das motivações de algumas atividades humanas, sendo a indústria das diversões uma dessas atividades (e devo admitir que houve momentos e circunstâncias no circuito de palestras em que senti que o movimento da Nova Era é um rebento dessa indústria, e que eu era visto como um artista performático!). Muitas vezes, é bem mais fácil viver no plano das expectativas e das fantasias sobre como o mundo deveria ser, poderia ser e seria do que enfrentá-lo e ganhar o impulso necessário para mudá-lo. Contudo, para chegar a uma Nova Era, o que se faz necessário é a co-criação e a imaginação, o engajamento e a escolha, a ação e a responsabilidade — não a fuga.

A fuga diz: "Não gosto dessa situação e por isso vou para bem longe dela!" Quando faço isso, posso envolver-me com lugares ou práticas que sejam em si criativos ou iluminadores. Posso mergulhar numa comunidade da Nova Era ou passar um tempo fora do comum meditando; do mesmo modo, posso freqüentar um seminário após o outro em busca do crescimento pessoal ou da mudança interior. Cada uma dessas coisas pode constituir um valioso instrumento de fomento da criatividade e da transformação, mas posso me envolver com elas de uma maneira que não leve a coisa alguma exceto a ocupar a minha atenção e me dar a ilusão de realização.

Lembro-me de uma reunião em Findhorn, no início dos anos 1990, em cuja oportunidade chegou um homem. Ele se sentou dando um imenso suspiro. Ao que parece, ele vivera por algum tempo fora da comunidade e agora acabara de voltar, pois todos lhe deram enfáticas boas-vindas. Ele agradeceu a todos e disse algo que me chocou: "É tão bom voltar a um lugar de onde não posso ser demitido!" Ele queria dizer que ele se encontrava agora num lugar no qual não seria considerado responsável por um eventual desempenho fraco; ele estava seguro. Escapara aos rigores e exigências de um emprego na sociedade mais ampla ao ir para uma comunidade da Nova Era cheia de amor, de tolerância, de compreensão, de perdão, de aceitação.

As atitudes e desejos escapistas são uma das coisas que mais contribuem para a má fama da Nova Era.

Na nossa peregrinação, é importante que cada qual faça a si mesmo as seguintes perguntas: De que eu gostaria de fugir? De que maneira esse desejo poderia moldar minha percepção e minhas expectativas acerca da Nova Era?

Deve-se ainda examinar de que forma se pode evitar ser dominado pelas fugas e o que se tem de fazer para dirigir a atenção interior e exterior de volta ao mundo mais amplo, por mais desagradável que isso lhe pareça, a fim de engajar-se com ele amorosa, criativa e realisticamente.

A questão do medo e da animosidade

A alienação pode igualmente assumir formas extremas. Por acaso, visitei uma médium um dia depois daquele em que ela previra que a civilização humana se autodestruiria no paroxismo de uma guerra nuclear e das conseqüentes mudanças da Terra. Nesse dia viriam OVNIs resgatar aquelas pessoas cujas vibrações fossem compatíveis com o mundo da Nova Era, que surgiria das cinzas desse Armagedon. Claro que nada aconteceu (isso parece familiar?).

Fui lá ver como ela estava no dia seguinte, e de início a visita foi agradável e bem amena, cheia de conversas bobas sobre pessoas que conhecíamos no circuito das palestras, sobre os desafios da mediunidade, etc.

Então, de repente, como se um dique se tivesse rompido, ela se pôs de pé. — Que ódio! Que ódio! Que ódio! — gritava ela enquanto andava pela sala sem parar.

Estupefato, vi-a levantar os dois braços e agitá-los na direção do céu, o semblante transtornado pela raiva. Seus olhos se fecharam como se ela procurasse conter a raiva e a frustração que a atingiam; mas de súbito ela os abriu e olhou para o alto. — Por que você fez isso comigo? — gritou ela. Poder-se-ia pensar que ela suplicava a Deus uma resposta para o seu sofrimento, mas na verdade ela falava mentalmente com um OVNI das profundezas do espaço.

Eu já lera a expressão "seus olhos faiscavam" muitas vezes em obras de ficção; mas quando seu olhar desviou-se de algum ponto do cosmos e me encarou, descobri o que a expressão significa exatamente. Seu olhar passara de um feixe vermelho a um feixe verde de inveja: — Odeio este mundo — disse ela, com a voz agora calma e intensa — e por isso ainda mais perturbadora. — Odeio este mundo e sua gente, e ele deveria ter sido destruído ontem! Foi-me prometido que seria destruído!

Ela levantou o pulso e o largou como se, num só golpe, pudesse acabar com o mundo — não propriamente com o planeta, mas com todo o empreendimento humano na face da Terra. Então, da mesma maneira abrupta, como se um botão tivesse sido acionado, toda a raiva e energia lhe saíram do corpo. Ela pareceu desinflar-se interiormente e seus ombros caíram, e tremeram quando ela começou a chorar. — Eu só quero sair daqui! — disse ela. — Eu só quero sair daqui!

Eu fora visitá-la por julgar que ela devia estar deprimida. Ela investira muito em sua profecia e, pensei eu, devia estar se sentindo uma boba. Que grande engano o meu! Ela não se sentia uma boba nem estava deprimida; seus sentimentos eram de raiva e traição. O mundo ainda existia. A civilização humana continuava a sua jornada, e a seu ver, Deus, o universo e seus contatos alienígenas a tinham enganado. E, por trás desse medo, estava a animosidade com respeito à condição humana, bem como um sentimento de alienação em relação ao mundo ao seu redor.

Medo e animosidade em Aquário — essa não é, infelizmente, uma condição incomum. Testemunhei-a muitas vezes ao longo dos anos desde o evento que narrei, se bem que raramente de modo tão explícito e declarado (exceção feita, talvez, a alguns defensores do movimento da ecologia profunda, que parecem considerar os seres humanos como uma praga que infesta a Terra). Essa atitude pode manifestar-se de múltiplas formas, mas todas têm em comum a rejeição de tudo que é humano e comum. Há por certo muitos aspectos da nossa atual condição humana e da maneira como nos comportamos uns com os outros e com a Terra que são deficientes, tóxicos, destrutivos, míopes e simplesmente malévolos. Não obstante, nunca vamos ter condições de corrigir essas coisas se rejeitarmos, irritados e desgostosos, a nossa condição de seres humanos, ou se aceitarmos mitos segundo os quais a humanidade é simplesmente uma doença: embotada, destrutiva, egoísta, uma desgraça para a vizinhança celestial.

Assim sendo, a pergunta que devemos fazer a nós mesmos é: busco a Nova Era porque odeio a minha época? Em caso afirmativo, sua abordagem da transformação pode ser matizada mais por esse ódio, bem como pelo seu medo e animosidade, do que por uma visão inspirada acerca do que pode existir, pela compaixão para com o que existe ou por uma sintonia com o mundo sagrado que cria o futuro, não por rejeição, mas por amor.

A fim de alterar essa situação, temos de nos fazer mais uma pergunta. Como podemos ter consciência dos sofrimentos e erros do mundo e levar adiante o nosso envolvimento e a nossa criatividade? Onde está a nossa vontade e a nossa coragem para enfrentar o mundo tal como é e para ainda assim invocar a energia do júbilo interior, que mobiliza a alma e todos os seus recursos de transformação? O que há em nossa vida, em nossos relacionamentos, em nosso trabalho e em nossa imaginação capaz de nos inspirar e nos proporcionar a vontade e a coragem? Pode ser algo pequeno, até mesmo insignificante, face aos problemas do mundo, mas ainda pode ser uma semente a partir da qual pode brotar a energia transformadora, que vai aumentando de dimensão e de influência com a passagem do tempo.

Uma maneira de enfrentar o medo e a animosidade é reconhecer até que ponto podemos ser atraídos pelo drama do conflito ou usá-lo para nos definir ou dotar de sentido e de propósito a nossa vida. É possível que a atitude de confronto nos dê energia e um sentimento de força moralizadora. Há atrativos na imagem do salvador ou do herói solitário que combate as forças das trevas. Estamos fascinados por esses atrativos? Precisamos dessa identidade? Podemos retirar a carga emocional do drama? Ao buscar respostas a perguntas como essas, vemo-nos alcançando uma atitude mais criativa e de menor confronto em nosso próprio íntimo e, portanto, diante do mundo que esperamos mudar.

Um grande amigo meu, Milenko Matanovic, trabalha como artista e como consultor de cidades de todo porte desejosas de fomentar uma maior consciência ecológica e artística no âmbito do desenvolvimento de sua municipalidade. Ele tem sido bastante eficiente nessa tarefa, e obtém sucesso ao fazer um esforço por entrar no mundo dos agentes de desenvolvimento imobiliário, ver as coisas com os olhos deles e tratá-los com respeito e amizade. Sua maneira de agir é alvo de freqüentes críticas de alguns ambientalistas da região, porque eles prefeririam que ele fosse mais agressivo e atacasse os agentes, a quem consideram o inimigo. Não causa surpresa que, embora tendam a ignorar esses ambientalistas, aos quais só dirigem energias de ataque e de conflito, os agentes dão ouvidos a Milenko e às suas idéias. Sua abordagem cooperativa e não-animosa abre as portas e ele tem conseguido promover importantes mudanças no sentido do reconhecimento, do respeito e da incorporação dos aspectos ecológicos e estéticos do desenvolvimento imobiliário por esses agentes.

Dependência: em busca da correção

Há mitos vinculados com esse elemento que são igualmente intoleráveis para toda e qualquer resposta criativa e apaixonada às necessidades da nossa época. O movimento da Nova Era tem como ponto forte levar as pessoas a tomar as rédeas de sua própria vida, mas alguns elementos de sua mitologia são essencialmente opostos a isso. Merece destaque toda a noção de que a humanidade não consegue cuidar de si mesma. São freqüentes as profecias apocalípticas ou mensagens mediúnicas que dizem que estamos no meio da confusão que nós mesmos criamos, mas que alguém maior, mais lúcido, mais sábio, mais forte e mais santo tem de fazer a limpeza por nós, visto que não dispomos do conhecimento, da habilidade ou da vontade para fazê-lo. Com efeito, de acordo com essa perspectiva, somos crianças fracas e indefesas, incapazes de crescer e cuidar dos seus próprios problemas. Mas, dizem-nos, não há necessidade de se preocupar! Algum Grande Pai ou Grande Mãe do céu ou da Fraternidade Branca, ou então de uma outra galáxia, vai consertar tudo para nós.

Não deixo que os meus filhos assimilem absurdos como esses. E duvido que o espírito profundo da nossa época permita que nós os assimilemos.

Na melhor das hipóteses, trata-se de uma atitude de preguiça e de falta de imaginação. Ou não queremos nos dar ao trabalho de fazer a limpeza ou não conseguimos imaginar como fazê-lo — ou, ainda que sejamos capazes, falta-nos a vontade para tanto. Na pior, é uma atitude arrogante e petulante, pois supõe que valemos o bastante para que Deus, o Universo ou os Mestres ou Irmãos do Espaço venham até nós, consertem as coisas e nos salvem sem que precisemos levantar um dedo em nosso próprio benefício. De qualquer maneira, perpetua a idéia de que somos crianças indefesas e impotentes.

A confusão é nossa; cabe a nós cuidar dela. Podemos contar com a ajuda de outros (e a minha experiência mostra que contamos com muita ajuda em muitos níveis), mas a tarefa ainda é nossa. Temos de aceitar a responsabilidade. De que outra maneira poderemos aprender, crescer e tomar de fato o leme? Tomar o leme não é algo que se consegue porque alguém diz que somos muito amados, muito sagrados, muito importantes, ou então fala do infinito poder cósmico de moldar a realidade que está dentro de nós; vem de fazer as coisas de maneira bem-sucedida, habilidosa e amorosa. Vem da experiência da realização. Vem do fracasso, da confusão, da correção, de aprender a lição, de seguir em frente com uma nova sabedoria a fim de fazê-lo corretamente da segunda vez.

Nada confere mais autonomia do que assumir responsabilidade e fazer coisas, sejam elas quais forem: fazer pão, pintar um quadro, criar filhos ou transformar o mundo passo a passo.

O movimento da Nova Era muitas vezes é acusado de ser infantil; já mencionei a imagem da caixa de areia usada por um escritor. Alguns mitos da Nova Era perpetuam essa imagem. Eles nos transmitem a mensagem de que somos fracos e não podemos fazer as coisas sozinhos, e que por isso devemos entregar a nossa força e dedicar a nossa lealdade a alguém mais sábio, mais capaz ou mais espiritualizado que vai agir em nosso benefício. Quanta tristeza já foi causada por essa atitude? Quanta aprendizagem e criatividade já foram retardadas? Quanta servidão foi suportada?

Logo, uma das nossas perguntas do Graal, a ser dirigida a todo ensinamento, todo mestre, todo grupo e todo projeto da Nova Era é: Ele de fato me torna capaz de agir ao dar apoio à minha capacidade criadora e fornecendo-me os instrumentos e habilidades com que exprimir essa capacidade? Ou me torna mais dependente? E uma pergunta do Graal a fazer a si mesmo é: Desejo que cuidem de mim? (Estou em busca de uma mãe ou de um pai, de um herói ou guru que me proteja e ajeite as coisas para mim?) Se a resposta for afirmativa, até que ponto isso não poderá tornar você vulnerável àqueles que mal podem esperar para despossuírem você de suas forças, tornando-o apenas uma extensão dos próprios desejos deles?

Você pode então perguntar a si mesmo que ações pode executar ou que projetos pode pôr em prática para, ao proporcionar-lhe um sentido de realização, torná-lo senhor de suas próprias forças. Tendo tomado consciência de que há em seu próprio ser forças para cumprir suas tarefas e uma vez que tenha desenvolvido a autoconfiança, você será menos vulnerável à queda numa posição imprópria e enfraquecedora de dependência com relação a alguém.

A questão do uso da violência para promover a mudança

Eis mais uma questão do Graal: até que ponto eu aceito a violência como instrumento de mudança?

A maioria das pessoas da Nova Era é pacífica; abomina a violência e busca meios harmoniosos para alcançar seus fins. Contudo, assim como se encontram mitos da dependência e da impotência humanas, também se podem encontrar atitudes de violência no âmbito do movimento da Nova Era.

Essas atitudes raramente se exprimem no tipo de violência física ou de terrorismo que marcam os movimentos políticos de mudança ou de revolução. Manifestam-se na enorme quantidade de profecias apocalípticas que percorrem a cena da Nova Era. Você pode concordar, como é o meu caso, que a nossa civilização exibe características impróprias e destrutivas e que precisa de reforma e de renovação. Contudo, imaginar que um futuro melhor vai surgir da vasta destruição e da aniquilação de milhões (e, na realidade, vai exigi-la) é na realidade perpetuar uma forma de pensamento velha de milênios segundo a qual a violência é o segredo da mudança eficaz. Ou seja, se você não gosta disso, se o julga ofensivo ou o considera uma inconveniência, destrua-o, mate-o, remova-o, extirpe-o ou bana-o. Trata-se de uma mentalidade bastante difundida no mundo de hoje.

Há aqui um padrão que precisa ser reconhecido, um padrão inerente a todas as profecias e movimentos apocalípticos e milenaristas: para ter um mundo melhor, você precisa se livrar dos indesejáveis ou daqueles que pensam ou agem de maneira distinta da nossa. É um padrão de salvação por meio da violência. É o padrão de base da purificação étnica da Bósnia, do Holocausto na Alemanha Nazista, dos campos de morte do Camboja ou dos *gulags* de Stálin.

É um padrão que consiste na busca de um novo mundo, de uma nova vida, de um novo estado de ser mediante a escolha, seguida da destruição, de um adversário, seja ele a personalidade humana, o mundo físico, a sociedade, o mundo dos negócios, a ciência ou simplesmente quem não partilha da sua crença. Esse padrão é a essência das atitudes e ações que têm criado os problemas e a destruição que hoje nos deixam tão desesperados com respeito à nossa civilização e que nos impelem a ter sonhos de um mundo melhor. Perpetuar essa atitude sob uma camada de crenças e estilos de vida da Nova Era equivale a usar o fogo para combater o fogo que está destruindo a nossa casa.

Logo, ao fazer a jornada rumo a Aquário, temos de ver claramente onde se encontra esse padrão de salvação por meio da violência, da exclusão ou da destruição e tomá-lo tal como ele é: uma imagem antiga e rancorosa que tem tanto que ver com o nosso futuro quanto os sacrifícios humanos ou os machados de pedra. Se de fato concebemos uma Era de Aquário como um período de desenvolvimento da paz e da harmonia, a fim de que as nossas energias humanas possam ser liberadas do conflito e da separação sem fim, não podemos conceber a violência em nenhum dos seus níveis como a maneira de fazer que essa Nova Era se instaure.

Buscar cooperação

Contudo, não é necessário que esse padrão se manifeste em imagens de violência declarada. Ele pode exprimir-se com enorme facilidade como consciência da separação e do afastamento, o que constitui um ato sutil de violência no seio do corpo holístico da humanidade. Pode mostrar-se na forma de criação de um adversário ou inimigo. Pode revelar-se como atitudes violentas e imagens projetadas.

O que o irrita neste mundo? As empresas multinacionais? Os militares? O governo? A ciência? A tecnologia? O capitalismo? Os poluentes? Os fundamentalistas religiosos intolerantes? A “Velha Era”? Pode ser que você tenha toda razão para irritar-se. A raiva em si não é um problema, visto que pode ser a força emocional necessária para vencer a inércia e começar a dedicar-se à solução de um problema.

O desafio se manifesta quando a raiva se cristaliza na forma de demonizar aqueles que são diferentes de você. Vem quando ela impõe à sua consciência uma mentalidade fundada na separação "eu *versus* eles". Nesse ponto, o mundo sagrado desaparece e a Nova Era reverte ao antigo.

Fui convidado anos atrás a fazer uma palestra sobre a Nova Era numa universidade local. Quando cheguei, o professor que me convidara veio ao meu encontro com certa preocupação e disse que vazara a informação de que um "fanático da Nova Era" iria falar. Algumas organizações fundamentalistas cristãs do câmpus se mobilizaram para impedir a palestra, estando dispostas a tudo. Na verdade, o técnico da equipe principal de futebol, ele mesmo evangélico, levara todos os jogadores, cada qual com sua Bíblia, e eles agora ocupavam a primeira fila, prontos a me engolir. Havia muita tensão no auditório, e me disseram que alguns temiam uma explosão de violência física. Tive de súbito visões da equipe subindo no tablado, me pegando e me jogando lá fora.

No final, não houve violência nem confrontos; tudo transcorreu em grande paz e, como disse mais tarde um jogador, "Não havia nada ali que pudéssemos contestar!" Fiz a minha palestra; e como a minha visão da Nova Era é orientada, como vocês a esta altura já perceberam, para a espiritualidade cotidiana e para a idéia do mundo sagrado, havia no que eu disse pouca coisa capaz de ofender alguém.

Mas creio que o verdadeiro segredo do fato de nada ter acontecido é que não nutro sentimentos animosos pelo cristianismo fundamentalista. Não concordo com muitas de suas posições teológicas, mas não os tenho no coração como adversários. Respeito-os, honro sua busca do espírito e acredito que eles têm uma contribuição a dar. Portanto, não era possível alguém me levar na palestra a uma situação de confronto.

A comunidade da Fundação Findhorn localiza-se bem ao lado de Kinloss, uma base da Real Força Aérea — na verdade, uma base da OTAN onde ficavam os caça-bombardeiros que rastreavam os submarinos soviéticos durante a Guerra Fria. Havia rumores de que a base também abrigava ogivas nucleares e de que, na hipótese de uma guerra mundial, um míssil nuclear russo trazia o nome de Kinloss (e, pela proximidade, também de Findhorn!). Segundo as concepções contraculturais e da Nova Era do final dos anos 1960 e início da década de 1970, a comunidade da Fundação Findhorn e a Base Aérea de Kinloss deveriam ter sido adversários naturais: os militaristas e os pacifistas, a sociedade dominante e a contracultura, os adeptos da Velha Era e os adeptos da Nova Era.

Na verdade, nada disso aconteceu. Alguns aeronautas viviam no estacionamento de *trailers* no qual localizava-se a comunidade. A base enviava delegações à comunidade para fazer palestras em que nos explicavam sua missão e nos convidava a fazer passeios pelas instalações. E também nos pedia que enviássemos grupos para falar com o pessoal, e nós os convidávamos a passear na comunidade. Além disso, tínhamos um grupo de canto, os Novos Trovadores, que de vez em quando se apresentava para os oficiais e os conscritos. Na verdade, quando o grupo musical gravava seus discos, ligávamos para o comandante da base e, se pudesse, ele suspendia todos os vôos durante duas ou três horas, de modo que o ruído das decolagens e pousos não interferisse com as gravações. Se naquele momento não pudesse, ele nos dizia quando poderia, e nós alterávamos a agenda de gravações de acordo com isso. Havia um prodigioso espírito de confiança, de cooperação e de respeito entre essas duas comunidades tão diferentes, que poderiam, mas não o fizeram, ver uma à outra como um adversário.

Em algum momento, se quisermos um mundo transformado e pacífico em que a energia humana esteja voltada para a imaginação e a criatividade, e não para o conflito e a destruição, todos os tipos de pessoas precisarão aprender a viver juntos, a compreender as linguagens uns dos outros e a fazer um esforço por falar uma língua comum do coração. Isso só vai acontecer se e quando começarmos a rejeitar, no plano individual, a estratégia de demonização e de adversarização daqueles que são diferentes de nós para fins de auto-engrandecimento ou de definição da nossa própria identidade, ou como forma de introduzir energia e drama em nossa vida. Essa atitude gera apenas violência e conflitos desnecessários, não deixando espaço para que se descubram áreas de visão comum, de desejo comum e de estratégias comuns de consecução da paz.

A Nova Era nos convida a ser defensores da Terra, defensores de uma espiritualidade não-excludente, defensores da interligação e da co-criatividade. Podemos e devemos ser defensores fortes, decididos e vigorosos das nossas posições e maneiras de ver as coisas. Podemos e devemos opor-nos a práticas e idéias que julgamos improdutivas, destrutivas e maléficas. Porém, precisamos igualmente encontrar o terreno comum, o espírito mais profundo, a partir dos quais advêm a cooperação e a compaixão e que possibilitam a existência da comunicação.

Vontade de mudar

Talvez a principal pergunta do Graal na peregrinação por Aquário seja: Até onde vai a minha vontade de mudar? Isto resume toda a peregrinação: aprender a seguir rumo ao espaço aberto criador em que pode surgir alguma coisa nova e transformadora. A imagem da Nova Era é fundamentalmente imagem de transformação. Não há sentido em se empenhar para torná-la realidade se não se compreender que é a transformação que estamos invocando.

Uma área na qual essa vontade é importante é a do abandono do passado e da convocação da nossa energia de volta ao presente. Podemos honrar as nossas lembranças, valorizar os sucessos que alcançamos, aprender com as próprias mágoas; mas viver a partir disso, repetir cada uma dessas coisas e apegar-se a elas como elementos vitais da nossa identidade humana equivale a resistir à mudança e deixar nossa energia vinculada com o passado.

A teóloga Caroline Myss afirma que muitas pessoas se definem e se relacionam com os outros usando "a linguagem das mágoas". Não nos curamos e seguimos em frente porque estamos presos à história da condição de vítima e do uso das mágoas para estimular os outros a ter pena e a cuidar de nós. Tornamo-nos antes escravos da nossa história do que senhores do nosso futuro.

Eu também descobri no trabalho com as pessoas que pedir-lhes para deixar de lado a sua vitimização e o sentido de identidade daí advindo representa para elas um desafio. Mas não podemos mudar no presente se não estivermos dispostos a entrar num relacionamento diferente, de caráter impessoal, com o nosso próprio passado.

É muito comum que as pessoas queiram mudar o mundo — e há boas razões para isso. Há muita coisa no mundo que poderia mudar para o bem-estar de todos nós. Mas é arrogância assumir uma posição messiânica e dizer que podemos mudar o mundo sem aceitar a mudança em nossa própria vida. Enganamo-nos se concebemos a Nova

Era apenas como um movimento, algo dirigido para os outros e fora de nós. Porque ela é na verdade uma prática, algo que fazemos todos os dias em cada contato que estabelecemos. Cada contato é uma oportunidade de expressar um espírito não-alienado, não-hostil, não-beligerante, não-temeroso, não-escapista, não-egoísta, não-magoado, não-dependente. É uma oportunidade de exprimir o espírito do mundo sagrado, o espírito do amor que está no âmago do nosso ser, o espírito da nossa própria co-criatividade jubilosa e confiante.

CAPÍTULO 7

Peregrinação e Paradigmas

Costuma-se descrever a Nova Era como algo que proporciona uma maneira diferente — uma maneira mais ampla — de ver a realidade. A transformação em Aquário não é marcada por um evento, mas por uma mudança de consciência e de perspectiva; trata-se de uma redefinição de nós mesmos, do nosso mundo e do sagrado de um modo que leva os três a formar uma unidade mais ampla e um relacionamento co-criativo.

Essa mudança de consciência é denominada muitas vezes "mudança de paradigma". Um paradigma (pronunciado [em inglês] "*pair-a-dime*" [juntar duas moedas iguais]) é uma idéia explicativa ou organizadora, como a que enuncia "a Terra é redonda". Na realidade, a passagem da cultura ocidental do pensamento de que a Terra é chata à idéia de ser ela um globo foi uma mudança de paradigma, tal como foi a passagem para a concepção heliocêntrica do sistema solar. A idéia de paradigmas e mudanças de paradigmas teve origem na ciência, na qual descreve as mudanças radicais de uma posição teórica ou visão de mundo para outra; ela foi desde então adotada e usada amplamente pelas pessoas em todas as áreas do agir humano. Assim, por exemplo, além do uso em círculos da Nova Era, podemos ler hoje sobre mudanças de paradigmas nos negócios (a passagem de organizações hierárquicas para organizações não-hierárquicas, por exemplo), na política, na religião e na sociedade em geral.

Muito tem sido escrito sobre os novos paradigmas que podem estruturar uma cultura em vias de surgimento; a maioria desses textos vem da ciência da Terra, a ecologia, bem como do que recebe o nome de "nova ciência", que é em larga medida mecânica quântica, teoria da informação e cibernética, cosmologia, teoria do caos e ciência da complexidade. Nas sugestões de leituras do final do livro apresento alguns dos melhores livros que encontrei para leituras aprofundadas.

A essência dos novos paradigmas está no fato de vivermos num universo holístico, universo no qual cada parte se acha inter-relacionada com todas as outras enquanto participa de uma integridade que está na base de tudo. É um mundo de interligação e de interdependência cujos "blocos básicos de construção" não se assemelham a átomos, sendo antes campos invisíveis de probabilidade, de informação e de relacionamento. Tudo vem de uma matriz co-criadora; nada é fundamentalmente isolado, separado ou apartado do todo. As ondas se tornam partículas e as partículas, ondas, sendo umas e outras expressão de uma realidade e de um relacionamento para os quais não temos um nome. Tudo está se tornando cada vez mais complexo e mais inter-relacionado.

A vida e a consciência não parecem ser um acidente casual, mas o resultado natural e inevitável das tendências auto-organizadoras que habitam o universo. Além disso, a consciência mantém um relacionamento co-criador com o cosmos, tornando-se ela mesma uma força plasmadora que molda a direção da evolução cósmica. Não existe um observador inteiramente objetivo, outrora o paradigma sagrado da ciência; todo ato de observação também altera e molda o que é observado. Somos todos participantes da criação do mundo que conhecemos e vivemos. Há nessa concepção um profundo sentido de energia dinâmica e de fluidez.

Esse modo de ver as coisas começa a redefinir quem somos — a natureza da identidade humana — e o nosso papel na criação. Ele sugere que somos mais responsáveis uns pelos outros e pelo nosso mundo do que acreditávamos no passado; num universo co-criador, há menos coisas que podemos fazer passar por "acidentes" ou "culpa das outras pessoas" — ser vítima é uma posição menos sustentável do que antes, particularmente quando se usa essa identidade como meio de manipular a compaixão e de obter poder. Sugere ainda que a nossa consciência é menos "dependente do corpo" e mais integrada ao fluxo e ao espírito criadores do universo do que imaginou a nossa cultura materialista.

Seria errôneo dizer que os novos paradigmas formam uma filosofia coerente da Nova Era. Eles não o fazem. Por exemplo, de um lado, há um paradigma de abundância, de ausência de limites e de expansão cósmica, muito bem expresso pelo título de um livro que vi há pouco tempo, "Você Pode Ter Tudo que Quiser"; do outro, um paradigma oposto que se baseia na consciência dos limites ecológicos e da natureza finita do nosso mundo, muito bem expresso em títulos como "O que é Pequeno é Bonito" e "Limites do Crescimento".

Essas duas posições refletem os dois lados da vida. Os limites são importantes. Não se pode ter uma vida criativa sem eles. Mas o crescimento e a fluidez também têm relevância; eles são igualmente parte da vida. Qualquer delas levada ao extremo traz resultados negativos, mas as duas têm o seu lugar e são complementares.

Uma metáfora ainda melhor é a da luz como partícula e onda. Temos características tanto de ondas como de partículas. Meu corpo é definitivamente uma partícula; tem localização, dimensão e limites. Meu espírito, contudo, assemelha-se mais a uma onda: é não-local, multidimensional e relativamente ilimitado.

Qual desses paradigmas representa a Nova Era? A bem dizer, os dois, e a necessidade presente é de descobrir como eles se complementam mutuamente. Porém, a tendência da nossa cultura, que talvez se baseie no pensamento linear, "ou branco ou preto", consiste em chegar a extremos, escolher um em detrimento do outro, preferir uma moeda em vez de um par delas.

Ao discutir a idéia dos novos paradigmas, devo alertar para a "paradigmatização prematura". É possível que os novos paradigmas da integralidade e da interligação sejam corretos para o futuro e que uma cultura emergente vá ter como base princípios ecológicos de interatividade, por exemplo. Não há dúvida de que isso é melhor que o que já existe. Mas quem sabe não conseguimos melhorá-lo ainda mais?

Fechamento prematuro

É fato que o atual movimento da Nova Era representa na realidade apenas uma fase de transição. Se a Era de Aquário é como um oceano profundo de idéias e atividades, cortamos ainda a crista das ondas. As profundezas ainda nos esperam. Não que eu minimize a tarefa de cortar a crista das ondas. Aquário tem de começar por alguma coisa — e que coisas seriam melhores do que, por exemplo, os paradigmas da integralidade? Com efeito, quando dirijo seminários sobre a Nova Era, insisto com meus alunos que se familiarizem com todos os paradigmas que são arrojados na baixa-mar e preamar desse oceano.

A verdade é, todavia, que não sabemos qual será a encarnação plena de Aquário ou que novos elementos ela trará à nossa consciência (talvez eu devesse ser modesto e admitir que *eu* não sei como será). O mais importante é que, no momento em que supomos sabê-lo, nos afastamos do instante da criação ou do espaço aberto; deixamos assim de ver a Nova Era com olhos de iniciantes. Paramos de fazer perguntas e de levar em conta o fato de que há um mistério por trás da Nova Era, assim como há por trás do sagrado. Invocamos inadvertidamente o fechamento.

Afinal, há apenas uns cem anos um importante cientista declarou que a humanidade já sabia tudo o que havia para saber; a ciência só seria uma atividade "braçal" de catalogação e categorização. Então surgiu a Teoria da Relatividade de Einstein e a mecânica quântica, que fez cair por terra todo o paradigma newtoniano. Assim, quem somos nós para dizer que algo semelhante não esteja prestes a acontecer?

Além disso, a maioria dos "novos paradigmas", senão todos, são na verdade versões modernas de antigas crenças espiritualistas. A Hipótese Gaia, por exemplo, que afirma ser a Terra um ser vivo dotado de propriedades auto-reguladoras e auto-organizadoras, só nos parece nova e reveladora porque a nossa cultura é uma das poucas na história que não tinha a imagem da Terra como ser vivo. Nada há de errado com isso. Não há regra que diga ter a Nova Era de basear-se em idéias novas nunca antes consideradas pela mente da humanidade; com efeito, seria antinatural que assim fosse, visto que isso violaria o vínculo orgânico entre passado e futuro. Se fôssemos capazes de finalmente pôr em prática algumas das profundas imagens e idéias espirituais que formam o legado religioso e filosófico da humanidade, esse simples fato seria transformador. Afinal, são passados dois mil anos e o Ocidente cristão ainda não assimilou o amor e a sabedoria que o Cristo ensinou.

Por conseguinte, saber algo sobre os novos paradigmas não é o mesmo que saber sobre a Nova Era nem empreender a nossa peregrinação às profundezas do espírito de Aquário.

A principal questão aqui é, para mim, a do fechamento prematuro. Observei no âmbito do movimento da Nova Era uma ambivalência no tocante a enfrentar efetivamente ou não o desafio da transformação e do mistério do novo. Parece muitas vezes mais fácil e seguro aceitar um pouco menos, recuar quando se chega à fronteira, quando se está diante do instante criador, e dizer "Bem, agora compreendemos isso" ou "Agora sabemos o que é a Nova Era" — e parar de olhar. É bem mais agradável agir assim do que privar-se de certezas e de conhecimentos e ver-se num Vazio criador, permitindo que surja alguma coisa nova. Contudo, afastar-se desse Vazio leva os processos de transformação ao fechamento.

Trata-se do mesmo processo existente na prática mística. Meister Eckhart, místico alemão do século XIII, escreveu sobre o poder que têm as nossas imagens de Deus de nos impedir de entrar em sintonia com a Divindade, a essência desconhecida e indefinível do sagrado, essência que só se pode conhecer quando a alma dela participa; pensamos conhecer Deus quando na verdade tudo o que conhecemos é uma imagem que projetamos nesse Mistério. Do mesmo modo, podemos pensar que, como conhecemos os paradigmas do holismo, conhecemos a Nova Era, quando na verdade esse conhecimento pode nos impedir de chegar ao conhecimento mais profundo que vem quando encaramos o espírito que está além.

O conhecimento deve nos proporcionar intuições e habilidades, mas também nos deve ensinar que há muito mais coisas que ainda não conhecemos. Mas, em oposição a isso, ocorre de usarmos o conhecimento para fingir que somos completos e que sabemos tudo que precisamos para promover o fechamento e ficar a salvo das mudanças excessivas ou dos ambientes desconhecidos da alma a que um dia teremos de ir.

A seleção de paradigmas

Devemos, além disso, estar atentos ao processo mediante o qual selecionamos paradigmas para representar a Nova Era. Há inúmeros paradigmas pelo mundo afora; por que escolher os relacionados com a totalidade, os sistemas, a interligação, etc. para representar a Nova Era? Os paradigmas da "nova ciência" de modo algum são aceitos universalmente por todos os cientistas; o fato de o pessoal da Nova Era ter se lançado sobre esses paradigmas específicos e de os ter adotado como parte de uma cosmologia aquariana emergente costuma ser embaraçoso para os cientistas que foram os primeiros a propô-los (sei disso porque tive conversas pessoais com alguns deles). Os adeptos da Nova Era tendem a tratar esses paradigmas como fatos, ao passo que os cientistas os vêem como hipóteses de trabalho sujeitas a uma permanente verificação experimental.

Devemos ter consciência de que não há um processo de revelação divina em andamento; o processo que ocorre é de escolha e seleção. Essas escolhas podem basear-se em intuições obtidas por meios espirituais; no meu caso, adotei os paradigmas da nova ciência precisamente porque eles refletem a maneira holística pela qual percebo o mundo por meio da prática mística ou daquilo que John e seus colegas me mostraram. Porém, a experiência interior veio antes, e a partir dela resolvi aceitar e usar esses paradigmas.

Em outras palavras, esses novos paradigmas não são escrituras sagradas. São descrições provisórias da realidade sustentadas por alguns cientistas, mas não por todos. Eles podem vir a ser aceitos como verdadeiros ou superados por novas descrições ainda não manifestas. O esforço para compará-los com os antigos ensinamentos hindus, budistas ou xamanistas, ou com experiências místicas da integridade das coisas, é interessante, mas em última análise nada prova. A tentativa de "provar" percepções místicas por meio da ciência ou de validar esta última pelo misticismo pode facilmente levar à má ciência e ao mau misticismo. Trata-se de duas abordagens epistemológicas diferentes que podem e devem ser complementares mas que, ao menos no momento, não são idênticas.

O mais vantajoso é, a meu ver, ter consciência da razão pela qual esses paradigmas nos atraem, o porquê de eles parecerem falar ao espírito que há em nós. Eles assinalam algo mais profundo, porém não são propriamente essa profundidade. Se não alcançarmos uma experiência dessa realidade interior, seremos dependentes das descrições paradigmáticas. Ficaremos, por assim dizer, presos à letra da lei, e não ao seu espírito. Quando isso acontece, o resultado não é iluminação e sabedoria, mas o fechamento e a desvinculação com respeito aos mistérios da vida e às dádivas que eles nos podem aportar.

Criar a realidade

Podemos fechar-nos e afastar-nos do mistério e do espaço criador aberto do espírito de maneiras inesperadas.

Uma das crenças — suponho que podemos considerá-la um paradigma — aceita hoje em círculos da Nova Era é a idéia de que nós criamos a nossa própria realidade. Com algumas modificações, eu de modo geral apóio essa idéia, tendo-a examinado de modo mais pleno no meu livro *Everyday Miracles*. Como antídoto para a consciência da vitimização e a atitude de culpar tudo e todos pelo que nos acontece na vida — atitude que parece estar particularmente disseminada na sociedade moderna, em que poucos parecem querer aceitar a responsabilidade por suas próprias ações —, essa idéia tem o efeito salutar de nos lembrar tanto da nossa responsabilidade como do nosso poder de escolher e de mudar.

Trata-se, contudo, de uma idéia a ser questionada. Aceitar simplesmente como matéria de fé que todos criam sua própria realidade é por demais simplista. Temos de examinar as questões mais profundas. Por exemplo, se dizemos que a realidade é moldada pelos nossos pensamentos, que pensamentos ou que tipos de pensamento têm esse poder? Os pensamentos cotidianos? Os pensamentos inconscientes? Os pensamentos do fluxo de consciência? Os pensamentos profundos?

E que nível de realidade influenciamos? Referimo-nos a estruturas fundamentais como a Constante de Planck e as propriedades do átomo de hidrogênio, ou de influenciar quem vai ligar para mim hoje, ou o aumento das vendas dos meus livros? E que dizer de todas as outras pessoas que estão "criando a sua própria realidade"? Elas nos influenciam? Nós as influenciamos? E quem está criando quem? E as vidas não-humanas e não-físicas? Como ou o que criam elas? Além disso, podemos de fato falar da "nossa própria realidade", como se a realidade se apresentasse a nós em "pacotes" identificáveis, cada qual pertencente a uma pessoa diferente? Num universo holístico, posso de fato dizer que a realidade que me acontece só acontece a mim? Ou ela acontece ao mesmo tempo a todos nós de maneira que não podemos começar a entender se nos virmos apenas como uma partícula isolada de esseidade e de identidade?

Tomada superficialmente, essa idéia pode ser usada para promover uma modalidade de darwinismo espiritual segundo a qual cada um tem a realidade que merece, visto que a criou pessoalmente. Segundo essa concepção, a pessoa é culpada por ser pobre ou oprimida, vitimizada ou doente. Cada um cria essa realidade a fim de "aprender uma lição" ou alcançar alguma meta. Assim, ainda nesses termos, por que se deveria interferir? Não quero atrapalhar as lições alheias.

Essa noção é cruel e voltada para os próprios interesses de cada um. E é também errônea. Ela não considera a natureza co-criadora do universo, o fato de todos participarem dos processos que moldam a realidade. Parece implicar que não há limites para a nossa capacidade criadora, quando na verdade vários são os limites que incidem sobre ela. E o menor deles não é o fato de muitos desviarem a sua energia criadora para um apego à própria história, às mágoas, aos temores com relação ao futuro, etc. Há quem queira vingança pelas vezes em que lhe foi feito mal, ou queira compaixão por suas mágoas e traumas passados. Pode-se perder tempo e energia tentando manipular as pessoas a reconhecer e a atender às nossas necessidades. Seja como for, em geral, temos muito pouca energia psicológica e espiritual disponível para ser criativos no presente.

Essa idéia também não leva em conta a maneira pela qual embutimos as limitações que criamos nas próprias estruturas e instituições da nossa sociedade. A pobreza e a falta de moradias, por exemplo, não são necessariamente uma criação do karma ou do mal pensamento da pessoa, nem o contexto para que ela assimile alguma lição interior; podem resultar igualmente de injustiças, impropriedades e ineficiências implicadas pelos próprios sistemas econômico, social e político. Uma atitude de darwinismo "kármico" ou "espiritual", em que cada pessoa é responsável pelo que vive, pode ser simples desculpa para fechar os olhos às injustiças sistêmicas e às estruturas ineficientes da sociedade circundante. Pode justificar a alienação com respeito ao mundo e uma recusa a pelo menos criticar a nossa cultura, se não envolver-se na concepção e na defesa de alguma forma de mudança corretiva e transformadora.

Um aspecto adicional da idéia de que criamos a nossa própria realidade é para mim o fato de ela vir a ser simplesmente mais uma explicação com a qual afastar de nós o mistério da vida, estimulando-nos a dizer que sabemos o que é preciso saber, quando na realidade nada sabemos. Quer eu diga que Deus cria a realidade, que a realidade cria a si própria, que eu crio a realidade ou que esta simplesmente existe, a idéia, quando se torna crença, pode estancar todo esforço adicional de exame e de compromisso com as forças mais profundas da vida. Ela cria o fechamento. Suponha que eu compreenda a realidade e deixe de procurar estudá-la a fim de descobrir o que ainda não sei: deixo de aprender.

Tal como a imagem do mago solitário mas todo-poderoso postado em solitário esplendor e poder no topo da montanha e controlando todas as forças plasmadoras da criação que nos cercam, a idéia de que criamos a realidade pode nos deixar psicologicamente isolados, trocando a realidade do vínculo por uma imagem de poder que na realidade nos deixa impotentes, visto que a verdadeira lei de toda criação é o fato de envolver sacrifício e não afastamento. Nós criamos a partir de nós mesmos ao renunciar a algo de nós, e não ao organizar e controlar poderes que agem sob ordens nossas mas que nunca nos tocam nem afetam.

Essa imagem de poder isolado que se exibe no pináculo da criação fica ainda mais enfatuada no âmbito da idéia, também popular e corrente na Nova Era, de que somos todos deuses. Afinal, dizer "eu sou deus" é somente uma extensão lógica de dizer "eu crio a minha própria realidade".

Toda essa questão está ancorada em várias posições teológicas e filosofias espirituais não-dualistas, recorrendo ainda a idéias esotéricas e místicas bem antigas. Ela gira em torno da nossa definição de o que é exatamente o sagrado e de como participamos dele, bem como da própria natureza da identidade. Em vez de a considerar como verdade, tomo-a como um koan, uma afirmação destinada a fomentar a reflexão profunda e radical sobre a natureza humana e sobre o nosso papel no universo.

Não obstante, no contexto desta nossa discussão, o que me interessa é ver como essa idéia pode igualmente criar fechamento, apartando-nos das nossas potências criadoras e holísticas. O fato é que vejo essa idéia proposta ou exposta, quase sempre, num contexto de poder. Nas entrelinhas da afirmação "eu sou deus", lê-se que eu tenho poder e estou, por esse motivo, são e salvo. Os aspectos sacrificiais do sagrado são totalmente desprezados ou ignorados. A característica distintiva do sagrado não é a de criar, mas a de ser amor e, nesse amor, entregar-se à sua criação. Ele é infinitamente acessível e disponível, dando-se livremente a fim de potencializar e inspirar a sua criação, quer pensemos nesta última como separada dele ou formando unidade com ele (e, à feição paradoxal de todas as coisas profundamente espirituais, vejo ser ela como ao mesmo tempo unida e separada, mais ou menos da mesma maneira como a luz pode a um só tempo ser partícula e onda).

Assim, se disséssemos: "Sou o amante do meu universo; dou-me sem segundas intenções e incondicionalmente a ele para que tenha vida; sacrifico tudo o que sou para que o meu universo prospere", estaríamos traduzindo com mais precisão o que significa reivindicar os direitos e a identidade do ser criador e da sacralidade.

Mas não é isso que dizem ou deixam implícito as pessoas, e por mais que o reconhecimento da nossa sacralidade criadora possa nos revigorar, sem o aspecto sacrificial estaremos nos enganando ou nos entregando a fantasias egóicas de poder ilimitado. É claro que essa idéia não é encontrada em discussões místicas ou teológicas, mas principalmente em seminários sobre a prosperidade ou o reconhecimento do poder pessoal, assim como em manuais de auto-ajuda, e esse fato pode explicar muita coisa.

Parte do problema está ligado à linguagem. Aceita-se na Nova Era a idéia de que somos participantes de um processo sagrado e de que há em nós mais do que a cultura materialista ou a nossa formação religiosa tradicional nos pode revelar. Creio que essa idéia está correta. Mas de que falamos? Que palavras empregamos? O que diz o seguidor sincero dessa idéia a fim de reconhecer sua própria sacralidade e seu potencial de co-criação?

Estamos moldando uma linguagem à medida que caminhamos, e por vezes ela cai no jargão e na tolice, perdendo uma precisão baseada na experiência real. Como se diz no estudo da semântica, confundimos o mapa — o paradigma — com o território que ele busca descrever. A única maneira de conhecer o território é aventurar-se por ele e ter uma experiência pessoal.

Quando fazemos isso e dizemos que somos deus, a quem recorremos ao precisar de ajuda e assistência? Que coisa mais ampla do que nós pode nos fazer sair do nosso ser, liberar-nos da gravidade do nosso próprio ego e dar-nos um real acesso ao cosmos? O simples fato de usarmos a palavra "deus" para descrever algo que há em nós não implica o desaparecimento do mistério mais amplo — mas que designação lhe damos? De que maneira podemos recorrer a ele se tornamos o nosso ego o ponto mais alto da criação?

Francamente, há partes dos mistérios interiores a que só posso chegar individualmente se reconheço que sou a criatura e não o criador. Penetro neles por meio da humildade e da entrega, não por meio da soberba e do poder. Devo deixar que o fascínio do meu ego com os jogos de poder deixe essas partes fora do meu alcance?

Mais uma vez, a questão é de fechamento. As idéias se transformam no seu oposto. Ao afirmar o poder do sagrado, posso terminar perdendo o contato com a própria coisa que desejo, e, no processo, perdendo o contato com a parte de mim que habita verdadeiramente o sagrado e que é, por sua vez, habitada por ele. Não me uno com a vida de modo mais profundo; perco a minha consciência dos vínculos interativos mais profundos da vida. E, em lugar disso, meus vínculos tornam-se unilaterais, definidos pelas minhas fantasias de poder e de controle e fechados ao toque transformador da vida sobre o meu próprio ser.

Os limites do ilimitado

Paradigmas como a criação da nossa própria realidade e a nossa condição de deuses são parte de uma questão conceitual e espiritual mais ampla: o paradigma da ausência de limites.

Esse paradigma diz que somos essencialmente seres cósmicos, divinos, ilimitados. Implica que possuímos potenciais humanos e transpessoais ilimitados, e que a nossa tarefa é autoliberar-nos das coisas que nos limitam a fim de libertar esse "esplendor aprisionado".

No âmbito da Nova Era, essa concepção é em geral expressa na forma de um gnosticismo modificado. Não estamos presos pela Terra nem pela simples existência física; na verdade, a sintonia com a Terra e com o bem-estar do corpo são vistos como maneiras de alcançar a liberação. O que nos aprisiona são os artefatos da cultura humana: atitudes, idéias, instituições, valores, etc.

Dado que todos enfrentam várias limitações e fronteiras na vida, essa idéia traz em si um evidente atrativo. Quem não quer se libertar para conhecer uma condição de vida mais livre?

Contudo, o que significa "ilimitado" em termos práticos na nossa vida cotidiana? Quer dizer que cultivamos um amor, uma coragem e uma compaixão ilimitados, ou coragem e integridade ilimitadas? Pode ser isso, mas com freqüência assume outras formas menos elevadas, em particular se consideramos a ilimitação como idéia e não como espírito interior.

Certa feita, um amigo meu, gerente da YMCA na cidade em que vivia, contratou um sujeito que acabara de ter uma curta estada na comunidade da Fundação Findhorn. O homem aprendera ali sobre as leis da manifestação e a consciência da abundância ilimitada. Em sua nova função, ele cuidava da enorme correspondência da YMCA, que era enviada a uma taxa postal mais barata visto que a organização se beneficiava de uma licença especial do Serviço Postal a empresas sem fins lucrativos.

Quando tomou a si o encargo de organizar uma conferência da Nova Era, o homem viu-se diante da necessidade de enviar milhares de folhetos e programas, mas não tinha dinheiro para fazê-lo. Assim, usou ilegalmente a licença de organização não-lucrativa da YMCA. Quando o meu amigo o interpelou com respeito a esse abuso de sua posição, ele disse: "Bem, como eu tinha acesso à concessão postal da YMCA, percebi que ela existia para que eu atendesse às minhas necessidades. Era parte da abundância que me cerca e me proporciona tudo de que necessito!" Em suma, a concessão estava ali e ele precisava dela; logo, pouco importava que ela não lhe pertencesse. Ele sentia que sua consciência "aquariana" de abundância ilimitada lhe dava o direito de usá-la.

Na "Velha Era", chamamos isso de roubo.

Do mesmo modo, por que ficar preso a compromissos e responsabilidades? Se encontro um parceiro melhor ou mais atraente, ou se o meu "crescimento espiritual" requer que eu não me iniba nem recue em função de um relacionamento já existente, por que hesitar em romper meus compromissos? De acordo com a letra desse paradigma, não me deveriam ser impostas restrições! Por que eu deveria me envergonhar por causa daquilo que um dia recebeu o nome de falta de integridade?

O que muitas vezes passa por consciência da ausência de limites é apenas falta de disciplina. É tomado como permissão para a satisfação sem limites de necessidades, desejos e ambições pessoais, atitude que não se encontra apenas no ambiente da Nova Era.

Esse paradigma aparentemente nos oferece um poder maior, mas na realidade ele nos deixa impotentes; não se pode criar coisa alguma eficaz ou habilidosamente sem estabelecer limites. Não se pode concentrar energia sem estabelecer limites. Sequer se pode viver sem limites (imagine o que seríamos sem pele ou, aliás, sem as paredes celulares).

A criatividade e o poder vêm das escolhas que fazemos, do fato de aceitarmos algumas coisas e não outras. Mas como escolher na ausência de limites? Se não tenho disciplina, como esperar que confiem em mim? Acaso queremos viver num mundo em que os compromissos e responsabilidades só valem enquanto cada qual desejar respeitá-los, mas que não devem ser levados a sério como um tipo de limitação imposta ao nosso comportamento? Será isso o resumo da proposta da Nova Era?

Não creio que seja.

O valor dos valores

A idéia da ilimitação enfraquece a concreção dos valores. Todos os valores fixam fronteiras. Um valor é uma maneira de aceitar certos comportamentos em vez de outros. O valor nos possibilita formar um juízo, discernir, dizer que algumas coisas são certas e outras erradas.

Mas se eu sou contra os limites, como posso ser a favor dos valores?

Isso leva a outra idéia que vemos flutuando ao redor do movimento da Nova Era, a idéia de que tudo é perfeito tal como está, não havendo, pois, necessidade de julgamentos nem discernimentos, visto que na realidade nada há a julgar. Essa noção me garante: simplesmente aceite que tudo é ótimo, pois é o que é (como se o mero fato de existir numa certa forma ou condição fosse o valor último).

Se acato isso, a idéia do amor incondicional degenera em permissividade e aceitação incondicional de qualquer comportamento: não se deve levar ninguém a sentir vergonha nem fazer pessoa alguma ver que errou, porque fazê-lo não contribui para a percepção do poder pessoal de cada um! Trata-se de algo que limita o crescimento e a auto-estima da pessoa.

Porém, o amor incondicional, tal como a maioria das pessoas da Nova Era parece pensá-lo, um amor que flui até mim sem condições e sem exigências, é uma idéia enganosa. Todo amor é condicional, visto que leva em conta as condições nas quais age. É, em outras palavras, adequado, sobretudo quando emana do Bem-Amado. O amor não é isento de exigências; ele requer que eu me levante a fim de ir ao seu encontro. Ele me pede que eu saia de mim mesmo; ele requer que eu me torne receptivo a ele. Posso viver num oceano de amor, como um peixe no mar, mas, para absorvê-lo, tenho de abrir a boca e ingeri-lo.

A realidade que está por trás do amor incondicional pode ser mais bem expressa como um amor "não-transacional", isto é, um amor que não se configura como transação comercial, que não é tanto uma troca quanto uma dádiva. Deus não me ama incondicionalmente; ama-me não-transacionalmente. Não posso comprar ou ganhar o amor de Deus; ele me é dado de graça. Nesse sentido, o amor divino não é condicionado, embora possa ser afetado pelo meu comportamento. Não há dúvida de que eu posso agir de maneiras que me alienam e me distanciam da minha alma, da integridade mais ampla do mundo em que vivo e do Bem-Amado. O Bem-Amado não pára de me amar; ele não fica alienado nem separado; mas eu posso erigir barreiras que mantêm esse amor a distância.

Há ações que perturbam o fluxo da vida, que nos separam e desvinculam, que causam traumas e sofrimentos. Há ações que simplesmente não são boas o bastante para se realizar a tarefa à mão ou que não representam o melhor do que é possível nas circunstâncias. Os grandes passos da história humana, tanto material como espiritualmente, não são dados por pessoas que vão levando a vida com o mínimo de esforço possível ou que dão desculpas e exigem aceitação para um comportamento ou criatividade de segunda classe. São dados por pessoas que fixam padrões para si mesmas e depois os superam, pessoas que têm sonhos impossíveis e tentam alcançar as estrelas inalcançáveis e que, por meio da disciplina, da aprendizagem e do esforço, tornam esses sonhos realidade e trazem as estrelas para a Terra.

Não se pode ter auto-estima e sentimento de força pessoal sem fazer bem alguma coisa. E não é possível fazê-lo se não se tem valores. Não se pode ter qualidade, fixar padrões ou simplesmente fazer eficazmente alguma coisa quando não há discernimento, quando não se diz "não" e não se estabelecem fronteiras. Se tudo tem o mesmo valor, nada tem valor.

Um plano no qual essa atitude cria problemas são as situações em que nos vemos diante do mal. As maiores mentes e almas que este mundo já conheceu enfrentaram o lado problemático do comportamento humano. Desenvolveram diferentes maneiras de compreender e de nomear o mal, bem como diferentes formas de tratá-lo. O que essas pessoas não fizeram foi, no entanto, ignorá-lo.

Mas no movimento da Nova Era, tenho muitas vezes a impressão de que, na premência de as pessoas serem positivas e iluminadas e de evitar uma atitude de crítica constante, o mal tornou-se um embaraço, algo a ser deixado de lado, ignorado ou negado; ele é visto como uma ilusão. Na verdade, conheço grupos e centros da Nova Era nos quais há hesitação em falar da moral ou do comportamento moral. Esse tema parece de certo modo fora de moda, mais uma maneira de impor restrições ao nosso verdadeiro eu interior ilimitado. Para alguns, a eventual necessidade de emitir juízos, de dizer que algo ou alguém é ruim, ou então insistir na moral e nos valores, equivale a negar que o mundo é na verdade pleno de luz, perfeito em sua forma atual, e simplesmente bom — para não dizer que mencionar essas coisas pode ferir os sentimentos de alguém ou, que Deus nos livre, fazer que alguém sinta vergonha ou remorso.

É fácil criticar a abordagem do mal e da ausência de limites que tem a Nova Era. Mas, para ser justo, não se trata de problemas exclusivos da Nova Era; trata-se de um problema cultural mais amplo. Se a Nova Era busca transcender limites, é porque muitíssimas instituições da nossa cultura adormecem a criatividade individual e a inovação, a imaginação e a aspiração das pessoas, ao mesmo tempo em que se empenham em regulamentar o comportamento. Se a Nova Era descarta a atual linguagem sobre o mal, é porque essa linguagem é objeto de abusos em nossa própria cultura, sendo usada para demonizar e rotular as coisas que discrepam das concepções dominantes, estabelecidas, ou que a elas se opõem. Essa linguagem é usada como instrumento de divisão e não de reforma, para justificar o mau comportamento ("Matei-o porque ele era ruim!") e não para transformá-lo. Se a Nova Era rejeita a vergonha e a culpa, é que, na nossa cultura, as pessoas usam a vergonha e a culpa não para inspirar o remorso e a mudança, mas para controlar e manipular. Se a Nova Era faz o fiel da balança pender para o lado do amor incondicional, é que o amor na nossa cultura costuma ser demasiado condicionado. Onde a Nova Era se excede, a razão é, com toda a probabilidade, o fato de a nossa cultura ter se excedido na direção contrária.

Contudo, tentar compensar os erros e excessos da sociedade por meio da eliminação da linguagem dos valores e dos padrões ou de uma linguagem do discernimento não elimina o comportamento bom e o comportamento ruim; isso apenas nos retira a nossa capacidade de nomear essas realidades e de ter instrumentos com que nos haver com elas. Solapa a integridade, visto que esta tem por base valores e juízos que nos permitem dizer não a certos comportamentos, mesmo quando seria prazeroso dizer sim.

É possível ver o perfeito numa situação ruim, ver o sagrado no seio da depravação e da degradação, pondo em seguida em ação as qualidades transformadoras, redentoras e curativas do Bem-Amado a fim de purificá-las. Essa é, todavia, uma prática espiritual totalmente desvinculada de todo tipo de conciliação ou temor emocional de causar mal-estar a outrem. Baseia-se em recursos impessoais cujo proceder envolve a purificação e o perdão e que se encerram com a transformação. É um processo à feição do *laser*, um processo não comprometido que não aceita desculpas e que exige a transmutação. E esse processo começa pelo nomear. Se não temos uma linguagem para o mal, para nomear comportamentos destrutivos e alienantes de maneira apropriada, sobrevém-nos a confusão. Não podemos perdoar nem transmutar aquilo que não podemos ou não queremos nomear. Essa disciplina se assenta na integridade. Se perdemos a nossa integridade, perdemos nossa capacidade de curar, de transmutar e de transformar.

A integridade é, em termos simples, o intenso amor da alma que há dentro de nós; a idéia da alma como uma entidade hipersensível, sentimental, passiva, que aceita tudo e não leva em conta os valores, é ilusória. A alma é um princípio organizador, tal como o sistema imunológico; e quando se organiza estabelecem-se fronteiras, determina-se o que é ou não aceitável no âmbito do sistema que se está criando e, desse modo, criam-se valores. A integridade é essencial para a integralidade desse sistema.

Deve-se acrescentar que a integridade é mais do que uma condição pessoal. Ela vai além de nós, alcançando as totalidades mais amplas de que somos parte. Há em nossa cultura de orientação individualista a tendência de interpretar e compreender a integridade como atributo pessoal, mas ela é igualmente relacional e coletiva. Se sou casado e tenho uma família, por exemplo, a minha integridade inclui a integridade de todo esse sistema familiar. Do mesmo modo, quando encontro alguém ou entro numa nova situação, a minha integridade (que inclui a dos meus atuais relacionamentos) tem de se haver com a integridade e a integralidade de quaisquer novos padrões que possam estar se formando. Dito de modo simples, se me engajo num novo relacionamento, numa nova amizade, num novo cargo ou numa nova responsabilidade, posso honrar a integridade daquilo que vai se desenvolver, bem como a integridade daquilo que já é parte da minha vida?

Sou muitas vezes procurado por pessoas que buscam intuições e dizem que devem seguir um dado caminho espiritual ou levar a efeito uma importante mudança de vida (como deixar a família a fim de dedicar-se a alguma coisa nova e mais excitante) porque têm de ser "fiéis à sua própria integridade". E pergunto sobre a integridade mais ampla dos relacionamentos e padrões com os quais elas já se comprometeram.

A nossa integridade não acaba na pele.

Quando perdemos a integridade ou a capacidade de nos opor ao mau comportamento ou nomear o mal, enfraquecemos o nosso princípio organizador interior. Sofremos um distúrbio imunológico, uma AIDS da alma, e podemos ser invadidos pelas infecções oportunistas do egoísmo, da ambição e de comportamentos que sacrificam outras pessoas para alimentar nossas próprias necessidades e prazeres. Em nome da busca de uma visão de que a nossa própria integridade interior está acima de tudo, tornamo-nos um vírus que ataca a integralidade mais ampla de que somos parte.

Conseqüências paradigmáticas

É útil lembrar que os paradigmas têm conseqüências que podem diferir daquilo que esperamos. O mundo pós-industrial no qual vivemos vem dos paradigmas e da imaginação da "Nova Era" dos nossos ancestrais. Vivemos de acordo com a imagem que os séculos XVIII e XIX tiveram de uma Nova Era baseada no progresso intelectual, científico e tecnológico. Nossos predecessores e predecessoras não previram, no entanto, as conseqüências sociais e ambientais negativas e destrutivas do paradigma industrial.

Do mesmo modo, se o meu objetivo for dispor de poder e manipular os outros, posso encontrar maneiras de fazê-lo por meio de um paradigma holístico, da Nova Era, com a mesma eficácia com que o faríamos usando um paradigma industrial hierárquico. (Sei disso porque estive em grupos da Nova Era em que estava em ação exatamente esse tipo de manipulação sob a capa de pensamento holístico e de promoção da força pessoal de cada um.) E o inverso também é verdadeiro; posso promover a força pessoal e ser visionário e inspirador mesmo nas chamadas estruturas da "Velha Era".

É o nosso comportamento, não os nossos paradigmas ou as nossas ideologias, que determina se somos da "Velha Era" ou da "Nova Era", ou se o espírito do mundo sagrado habita ou não em nós.

Podemos prever possíveis conseqüências negativas e destrutivas do paradigma holístico ou de outros paradigmas da Nova Era? Podemos evitar a transferência dos espíritos limitadores da intolerância, da dominação, da opressão e da irresponsabilidade para a Era de Aquário?

Não, se não nos mantivermos alertas quanto à maneira pela qual os novos paradigmas funcionam na prática, no plano da vida cotidiana pessoal e coletiva. Não, se não pudermos perceber suas conseqüências por meio de sua aplicação aos nossos ambientes imediatos, aos nossos relacionamentos e ao nosso trabalho. Não, se não dermos atenção à nossa integridade, ao nosso comportamento e à qualidade e ao espírito dos nossos relacionamentos com os outros.

Na verdade, temos de passar do paradigma à peregrinação, fazendo o que dizemos e experimentando o terreno.

Temos de ser peregrinos da permanente descoberta e da experimentação, da receptividade e da atenção concentrada. Temos de ser exploradores e pioneiros, marchando em atitude de compaixão e em espírito de tolerância e de humor diante da condição humana, bem como com uma visão das nossas muitas possibilidades.

No final, esse pode ser o mais apropriado de todos os paradigmas.

CAPÍTULO 8

Pisadas Firmes Rumo a Aquário

Certa vez pedi ao meu amigo espiritual John que me descrevesse a essência da Nova Era. Ele disse: "É como vinho. Para compreender o sabor do vinho, você tem de bebê-lo. Contudo, para compreender a natureza e a essência do próprio vinho, você tem de tornar-se fabricante de vinho. Tem de cultivar as uvas com cuidado e atenção e tem de pisar nelas e dançar sobre elas a fim de extrair o sumo.

"Você vai compreender a essência da Nova Era cultivando sua própria vida como o vinhateiro cultiva uvas e pisando e extraindo o doce sumo da novidade de cada momento."

Com efeito, John me lembrara, como o fizera muitas vezes ao longo dos anos, de que descobrimos a Nova Era no processo de criá-la. A simples leitura sobre ela, a reflexão, a análise da Nova Era como processo sociológico, antropológico ou religioso, bem como um eventual mergulho aqui e ali, como turistas, a fim de ter uma amostra de seus produtos e práticas curiosas, não é suficiente, se bem que todas essas coisas possam nos ajudar a formar uma idéia.

Não; para saber qual é a realidade interior da Nova Era, é preciso que o espírito dela se torne parte da nossa vida, criando uma ligação com uma parte mágica e criativa de nós mesmos.

Temos de pisar as uvas com os nossos próprios pés.

Temos de determinar por nós mesmos o curso da nossa peregrinação.

Mas não nos falta ajuda para fazê-lo, nem estamos sozinhos no processo. Podemos recorrer às experiências e conhecimentos dos outros.

Tendo isso em mente, eis mais alguns pensamentos meus acerca de empreender a jornada para uma Nova Era.

Mapa rodoviário

O "mapa rodoviário" que uso para a minha jornada começa com um modelo do cosmos como totalidade dinâmica, emergente e auto-organizadora que passa de estados bem simples para estados cada vez mais complexos. Esse impulso para o desenvolvimento, o vir-a-ser e a complexidade é uma força motriz inerente ao cosmos que se manifesta num ciclo de surgimento, desdobramento, consolidação, massa crítica, reorganização, transformação e, mais uma vez, surgimento, reiniciando o ciclo.

Neste momento, o nosso mundo encontra-se num estado de massa crítica, estado em que a atividade do sistema como um todo gerou tanta energia e potencial que o sistema já não consegue contê-lo a não ser reorganizando-se. Estamos no limiar de uma forma de reorganização planetária, no momento em que a ciência, a tecnologia, a convergência de culturas e religiões, o turismo, a globalização da economia, o desenvolvimento de um cérebro eletrônico global por meio das comunicações planetárias e da Internet, desafios ao ambiente e outros fatores se combinam para aumentar o fogo sob a panela planetária e levá-la a ferver. Praticamente nenhuma maneira tradicional de fazer as coisas pode dar conta dessa convergência e da energia da novidade, da experimentação e da confusão que esse processo está liberando. Essas maneiras estão se mostrando insuficientes para absorver o calor.

Quando chega a esse estágio crítico, o sistema pode tanto mergulhar no caos como metamorfosear-se em outro sistema. É raro poder ele manter-se inalterado sem extraordinários esforços de repressão e de contenção. Não obstante, durante a fase de transição o sistema pode fragmentar-se, passando a haver nele reservas do *status quo*, bolsões de caos e enclaves de novidade, que formam uma louca colcha de retalhos. Sinto ser esse o estágio no qual nos encontramos ou em que começamos a entrar.

A Nova Era se relaciona com esse processo de duas maneiras. De um lado, ela é um tesouro de visão, de experimentação e de energia que em geral se dirige para o processo de metamorfose e de reorganização. Está orientada para um novo estado de harmonia e de vir-a-ser que pode então dar prosseguimento ao seu próprio processo de desenvolvimento e de consolidação. A meu ver, Nova Era é uma expressão que descreve todos os esforços e atividades que dão preferência ao caminho da aprendizagem, da expansão, da transformação e da criatividade como opção adequada à humanidade, em contraposição, de um lado, ao caos e ao colapso, e, do outro, à manutenção repressiva de um *status quo* que não funciona.

Admito que essa descrição cobre um imenso território, incluindo muitas atividades que não seriam atualmente consideradas parte da Nova Era nem designadas com essa expressão. Mas o tema que acentuei ao longo do livro foi: a Nova Era como um processo, um espírito e um conjunto de escolhas acerca do futuro, é bem mais ampla e abrangente do que aquela parcela sua que se autodenomina movimento da Nova Era, parcela que estranhamente usa as imagens e a linguagem da Nova Era para disfarçar uma opção real por reproduzir a situação dominante.

A Nova Era poderia ser definida como um domínio cognitivo, um campo de pensamento e de sentimento, em que a imaginação e a busca da visão são estimuladas e apoiadas. É, metaforicamente, como a configuração das células imaginais do corpo de uma lagarta, as células portadoras da identidade química da borboleta na qual a lagarta se transformará. Trata-se de um campo de antecipação e de propensão que convida a energia do novo e, o que é mais importante, não teme a transformação. É uma fronteira, uma extremidade: o lugar do vir-a-ser e da vida.

Como mencionei neste livro, não creio que já saibamos o bastante ou que já estejamos suficientemente libertos do passado para ser capazes de dizer com precisão como vai ser um mundo pós-metamorfose; há, no entanto, nos paradigmas da integralidade, um número suficiente de componentes de uma visão para nos indicar um rumo a seguir. A chave está, como afirmei no capítulo anterior, em não ficar paralisados cedo demais e simplesmente criar um enclave de novidade em meio ao caos. Pelo que me disse meu amigo espiritual John, estaremos planando na crista das ondas da mudança por algum tempo ainda vindouro, razão pela qual cabe-nos acostumar-nos com elas. John não espera que a expressão plena da Nova Era se manifeste muito antes da segunda metade do próximo século; ainda temos um longo caminho a percorrer!

Em nosso mundo, é muitíssimo tarde para rejeitar a mudança, se é que alguma vez nos foi dada essa opção, visto que a própria vida se caracteriza pelo crescimento e pela mudança. Mas se a mudança é inevitável, a qualidade e a natureza dessa mudança e a facilidade ou dificuldade possíveis da transição não o são. Estas últimas são determinadas pelas nossas próprias escolhas co-criativas e pela riqueza da nossa imaginação e receptividade ao futuro.

Observações gerais

Assim sendo, eis alguns pensamentos gerais sobre a Nova Era.

Considero a Nova Era e o movimento da Nova Era prodigiosos recursos de descoberta de visões de síntese, de integralidade e de otimismo com relação ao futuro. Constituem um dos poucos "lugares" (no mesmo sentido em que o ciberespaço é um "lugar") nos quais as pessoas, genuína, sincera, imaginativa e otimisticamente, se reúnem a fim de conceber um futuro positivo e de estabelecer estratégias para trazer esse futuro à existência. É um lugar de imaginação — e de reimaginação — do mundo e de nós mesmos. Não que isso não esteja sendo igualmente feito fora do movimento da Nova Era, e não que este não esteja por sua vez infestado de idéias tolas, triviais, confusas e mesmo perigosas. Mas o fato é que nenhum outro conjunto de pessoas e de atividades dedica tanta energia direta e concentrada à concepção do futuro e a fazer em favor disso mudanças positivas de estilo de vida.

Do mesmo modo, o movimento da Nova Era oferece uma contribuição sem par ao processo espiritual moderno. Trata-se do maior encontro ecumênico permanente do mundo.

No âmbito do movimento da Nova Era, temos um acesso sem precedentes à sabedoria da peregrinação espiritual da humanidade e das tradições que, de uma ou de outra maneira, nela se originam. Vá a uma boa livraria da Nova Era, se puder encontrar alguma, e você vai ver o que quero dizer. Você vai encontrar não apenas os títulos e tópicos padrão da Nova Era, como também livros que tratam da maioria das tradições religiosas, esotéricas, pagãs e xamanistas do mundo; e não só livros sobre essas tradições, como, quando possível, suas escrituras, histórias e mitos, relatos da criação e ensinamentos éticos.

No interior das fronteiras altamente permeáveis do movimento da Nova Era, em palestras, encontros, seminários, oficinas e conferências, as pessoas de praticamente todas as tendências religiosas, espirituais, metafísicas, esotéricas e filosóficas confrontam e trocam idéias, práticas, crenças, rituais e histórias. Encontrei ao longo dos anos pagãos, neopagãos, bahaístas, judeus, cristãos, budistas, zen-budistas, budistas tibetanos, muçulmanos, sufis, praticantes da Wicca, druidas, hopis, navajos, sioux, lakota, iroqueses, mauristas, aborígenes, xamanistas, kahunas, hermetistas, cabalistas e muitas outras denominações em todo tipo de encontros; todos têm sua abordagem religiosa tradicional, mas todos partilham, todos participam do intercâmbio.

Trata-se de um processo que nos causa surpresa e nos deixa fascinados.

Isso não significa que esses eventos aconteçam com a anuência das organizações que representam essas tradições. Às vezes vemos isso, mas o comum é que os representantes comuns da tradição fiquem horrorizados com o ecletismo e o ecumenismo que se fazem presentes — e, em certos casos, com toda a razão. Pois estamos diante de um imenso cadinho em que se mistura ADN espiritual e filosófico: trata-se da "engenharia memética" [*sic*], que leva sabe Deus onde. (A propósito, "meme" é uma palavra cunhada pelo biólogo de Oxford Richard Dawkins; representa a "unidade essencial da transmissão cultural", ou o equivalente cultural, cognitivo, de um gene. Assim, a engenharia memética se assemelha à engenharia genética, usando, em vez de matéria celular como as proteínas, matéria mental como as idéias e imagens. O que me traz à mente um interessante pensamento: poderia haver uma "unidade essencial de sacralidade" que também transmitimos uns para os outros, algo equivalente a um "teone" ou "divine" que, tal como a luz, fossem tanto partículas como ondas carregadas da energia do amor, da receptividade, da transformação e da capacidade humana de empregar seu próprio potencial? Se houver, talvez a tarefa da Nova Era seja a de nos tornar engenheiros "teonéticos" ou "divinéticos"!)

O resultado dessa mistura de tradições pode ser incrivelmente liberador, trazendo à luz toda uma nova espiritualidade para uma sociedade planetária (e talvez interplanetária) do século XXI, sociedade que terá diante de si profundos desafios de vida ou morte; do mesmo modo, pode fazer aflorar simplesmente a confusão e a monstruosidade metafísica.

Há entre as pessoas da Nova Era a tendência a simplesmente apropriar-se de partes e aspectos das cerimônias, dos rituais, dos costumes, das técnicas e dos ensinamentos de diferentes culturas e tradições religiosas — principalmente indígenas, como as americano-nativas e a aborígene australiana — e reuni-las umas com as outras sem referência aos contextos e narrativas originais nos quais funcionavam esses elementos. O produto final pode ser tão sem alma quanto o monstro de Frankenstein, e igualmente perigoso.

Mas se todas essas tradições podem nos inspirar e orientar a nossa busca, podemos também descobrir, no espaço aberto que há entre elas, os primórdios de uma espiritualidade complementar que dê voz a uma nova síntese ou revelação nascida do encontro contemporâneo da humanidade com o sagrado em todas as aparências e condições nas quais este e aquela se manifestam no mundo.

Se tiver um sentimento de por que deseja fazer a peregrinação para Aquário (por exemplo, você só tem curiosidade, você procura alguma novidade ou excitação na vida, está em busca de mudança, de um espaço no qual servir ou todas as alternativas anteriores?), você poderá manter uma perspectiva com relação a si mesmo enquanto estiver caminhando. Meu conselho às pessoas, especialmente às que mal começam a pensar na Nova Era, é que reservem algum tempo para olhar ao redor de si. Conheçam alguns exemplos de idéias e de imagens; brinquem sem preconceitos com essas idéias e imagens. Prestem honras ao espaço aberto da experimentação.

Não sintam imediatamente a necessidade de fazer parte de algum grupo, nem de ser "servidores do mundo". O serviço tem de vir da disponibilidade do seu coração e da sua maneira de perceber o que é necessário e o que vocês podem oferecer. Não vão simplesmente acreditar em alguém que diz que vocês devem servir à humanidade num clima messiânico. Pensem bem nisso. Vejam qual é o seu nível de reação e comecem dando um pequeno passo proporcional ao ponto em que se encontram, em vez de um salto que possa deixar vocês exauridos e desiludidos interiormente. Usem a metáfora da boa forma física, e considerem o serviço como um músculo da alma. Vocês precisam exercitá-lo, mas podem precisar começar com um alongamento simples e com uma rotina fácil que vá construindo sua força interior. Antes de tentar a maratona, faça caminhadas.

Muitos adeptos da Nova Era vivem preocupados com a situação mundial; e por certo nos vemos acossados por muitos problemas sérios. Sentir que vocês (ou o movimento da Nova Era) têm de resolver todos eles é um caminho seguro para o "desgaste da alma" e para a ação ineficaz. A persistência é melhor que a preocupação.

O mesmo acontece com a mudança. A Nova Era tem a mudança como ponto principal e, se está em busca de Aquário, você cedo ou tarde vai se ver diante da mudança e do crescimento. Mas não pense nisso como uma situação ou/ou: ou você se transforma por inteiro numa pessoa da Nova Era ou fracassou. Essa abordagem pode fazer da mudança um temível adversário, bem como levar você a fazer sutis tentativas (ou nem tão sutis) de boicotar seus próprios esforços ou de fazer mudanças cosméticas que servem de empecilho à verdadeira mudança. Determine suas fronteiras. Até que ponto você está disposto a ir agora? Se vai recusar uma possível mudança em sua vida, compreenda por que o faz. Você pode voltar a ela mais tarde (e provavelmente vai fazê-lo!).

Passei dois meses na Inglaterra simplesmente viajando, visitando castelos e catedrais, apreciando a paisagem, agindo como turista, e só então fui para a comunidade da Fundação Findhorn. Isso foi bom também porque, tendo chegado, só muito raramente saí no decorrer de um ano, e dificilmente tive tempo para um passeio mais demorado! Eu simplesmente não tinha tempo!

Portanto, sejam por algum tempo turistas na Nova Era. Aproveitem a magia e os prodígios que puderem encontrar. Afinal, vocês estão entrando num território novo. Apreciem a paisagem! Dentro em breve vocês poderão descobrir o seu chamado e passar o resto do tempo procurando responder a ele.

Regras do caminho

Trata-se de apenas algumas observações que me têm ajudado ao longo dos anos. Eu as denomino Regras do Caminho.

Seja jovial e divirta-se. Lembre-se de que as crianças aprendem com os folguedos e com a experimentação. Considere ativamente qualquer nova possibilidade.

Há gente demais na Nova Era encarando a si mesmas, e à Nova Era, com demasiada seriedade. A melhor maneira de evitar o auto-engrandecimento ou o extravio é procurar o que há de bem-humorado nas coisas. Ria muito!

Há no movimento da Nova Era uma tendência à enfatuação. Resista a isso. Pessoas que se dizem messias, avatares e segundos adventos são mais numerosas do que as baratas. Você também pode ter instantes de inspiração e passar por momentos em que parece que toda a glória do sagrado foi derramada sobre você. Frua essas coisas e siga em frente. Como diz o ensinamento zen, se encontrar o Buda na estrada, mate-o. (Por outro lado, você poderia contar-lhe uma boa piada e ensiná-lo a jogar iô-iô. O que é menos violento.) Mantenha as coisas presas à Terra e alinhadas com o momento. Salve o mundo, mas não se esqueça de pôr o lixo na rua.

Muitos elementos do movimento da Nova Era encorajam os sentimentos a expensas do pensamento, e assim como as emoções em detrimento do intelecto. Trata-se apenas de uma fase que, com o tempo, vai desaparecer. O nosso mundo já sofre demais com o excesso de sentimento em prejuízo do pensamento ou do excesso de pensamento em sobreposição ao sentimento — ou dos dois sem sabedoria, sem alma ou sem espírito. Aquilo por que a Nova Era deve empenhar-se é o equilíbrio integrado e o uso correto de todas as nossas faculdades. Assim sendo, não deixe o intelecto ou o senso comum à porta na qual você começa sua peregrinação; é permitido o ceticismo — o qual, já que tocamos no assunto, não vai deixar você fora do céu, nem, é claro, da Nova Era.

Valorize e mantenha a sua vida cotidiana. Tenha interesses e passatempos, trabalhos e prazeres não relacionados com a Nova Era nem com o crescimento e o trabalho espirituais (exceto no sentido de que todos os aspectos da vida e todo e qualquer momento são uma oportunidade de crescimento e de trabalho espirituais). Conserve sua vida em equilíbrio.

Tenha um amigo. Entrar em Aquário é mais ou menos como nadar; é mais seguro e divertido fazê-lo a dois. O amigo que você quer ter é uma pessoa simpática às inclinações que você tem com respeito à Nova Era, mas que pode fazê-lo voltar a tomar pé quando você mergulhar muito fundo. Isso se aplica especialmente ao contato com fenômenos mediúnicos de todo tipo cujo potencial de deslumbrá-lo seja alto. Você pode precisar de uma reflexão e de respostas honestas e isentas sobre as coisas que você está aprendendo ou que vai encontrando pela frente. Você não quer uma pessoa que simplesmente fique com medo ou perca o estímulo; quer alguém que confie em sua capacidade de fazer bons juízos, mas não tenha medo de dar em você um empurrãozinho nessa direção quando necessário. Tenho várias pessoas assim em minha vida, com destaque para a minha mulher.

Esteja preparado para cruzar algumas fronteiras e dar de cara com coisas novas. É essa a essência da Nova Era. Prometo que isso vai pôr à prova a sua visão da realidade. Mas você não precisa atemorizar-se. Esteja atento ao que acontece, ao modo como as pessoas se comportam; procure o fator que confere congruência: elas fazem o que dizem? Há um número demasiado de mestres, gurus e médiuns que querem ser adulados e seguidos em função da alegada sabedoria de suas palavras e mensagens, mas que não querem que você examine a vida (ou as finanças) deles muito de perto.

Fique especialmente atento aos hábitos mentais e emocionais que deixam você vulnerável a ter extraída de si a força vital. Muitos são aqueles que se deixam aprisionar por cultos porque estão procurando uma Mamãe ou um Papai, ou porque não estão seguros de si ao pisar num novo território. Essas pessoas pensam que têm de suspender o julgamento ou desprezar o senso comum. Às vezes, é preciso ser receptivo e suspender a descrença a fim de apreciar o que ocorre, mas se alguém ou algum ensinamento sugere de maneira patente ou velada que você não deve pensar, escolher, decidir ou agir com independência, ou faz você sentir que não vai progredir espiritualmente se o fizer, você está em má companhia. Todos os verdadeiros mestres têm uma meta: tornar-se obsoletos e levar os discípulos à libertação. Quando farejar o mínimo sinal de um jogo de poder, procure a saída.

Simplesmente preste atenção ao que sucede, como eu disse, e aos seus próprios sentimentos, com destaque para as sensações corporais. Se sentir algum incômodo, ouça o que diz seu próprio ser. Na nossa cultura, somos treinados para ouvir especialistas e não a nós mesmos. A premissa da Nova Era diz o contrário, embora haja mestres e grupos que prefiram a primeira opção. Preste atenção em especial ao que há de tão atraente no ensinamento ou no mestre para que você fique tentado a renunciar à sua autoridade ou a seu poder a fim de receber esse ensinamento. A regra de ouro aqui é que nenhum mestre ou ensinamento vale sua integridade ou sua soberania; o sagrado está em você e não num ensinamento. Se você se perder, como essa sacralidade vai ser conhecida?

Contudo, para complicar as coisas, há num caminho espiritual momentos nos quais temos de nos entregar a alguma coisa mais ampla do que nós. O segredo é que, numa situação espiritual verdadeira, você é devolvido a si mesmo com mais força e não se entrega a uma pessoa ou ensinamento, mas apenas ao sagrado que habita em todas as coisas.

O desafio do caráter

A chave da personalidade para um adepto da Nova Era é o caráter. O caráter é aquilo que nos torna confiáveis; é o espírito que brilha em nós. O caráter tem por fundamento virtudes como integridade, responsabilidade, honestidade e capacidade de assumir compromissos, tudo isso misturado e combinado com amor e sabedoria.

Como representa um território a ser explorado, a Nova Era é um ambiente permissivo. Mas não é lugar no qual se lancem o caráter ou a integridade pela janela, mesmo quando eles impõem certos limites ao nosso comportamento.

Grande parcela do que hoje compõe o movimento da Nova Era está orientada para o eu: crescimento pessoal, autodesenvolvimento, experimentação de estilos de vida e assim por diante. Isso, se posto em seu devido lugar, pode ser bom e importante; mas quando o crescimento pessoal em si é transformado em objetivo, podem manifestar-se distorções. Nossos valores e nossa integridade passam a se associar intimamente àquilo que nos ajuda em termos individuais ou então, se não formos pessoas atentas e dotadas de discernimento, àquilo que simplesmente nos faz sentir bem.

Ao longo dos meus anos de trabalho no âmbito do movimento da Nova Era, tem-se formado em mim a impressão de que há demasiada ênfase no eu e ênfase insuficiente na pessoa. Para mim, o eu se define pela subjetividade e pelos sentimentos dirigidos para dentro, ao passo que a nossa condição de pessoas tem como base de sua definição os nossos relacionamentos, os nossos vínculos, os nossos compromissos com os outros, bem como uma sensibilidade e percepção dirigidas para o mundo. A condição de pessoa é o caráter tornado visível.

A condição de pessoa tem menos que ver com o que sinto e mais com a maneira como ajo. De algum modo, na progressão de idéias que vem ocorrendo desde os anos 1960 (e isto é um problema cultural, não da Nova Era), as pessoas passaram a acreditar que os sentimentos e as emoções são mais reais e autênticos do que os nossos comportamentos e ações (e certamente mais reais do que os pensamentos). Mas é o nosso comportamento que nos define verdadeiramente no contexto impessoal do nosso relacionamento com os outros, sendo as nossas ações que proporcionam o fundamento da confiança, da comunicação e da comunidade.

A condição de pessoa envolve o desenvolvimento da empatia e da visão moral: a capacidade de imaginar e de viver interiormente os efeitos do nosso comportamento sobre o outro, enquanto a atenção ao eu é com demasiada freqüência atenção à maneira como o comportamento do outro nos afeta. Essa empatia ou qualidade de participação nas condições de uma totalidade mais ampla é uma característica da alma. Os seminários de crescimento pessoal, com sua ênfase na transformação de cada um de nós num eu melhor, mais forte e mais amplo, raramente se concentram, segundo pude constatar, nesse sentido de empatia e de visão moral.

O fato é que não "crescemos" alma adentro; este não é um potencial humano a ser desenvolvido. É um estado no qual entramos mediante a entrega do eu e da entrada em sintonia com o sagrado; um estado revelado na combinação entre a condição de eu e a condição de pessoa.

A condição de pessoa é um processo que tanto honra o nosso eu interior inigualável como vai além dele. Ela nos permite discernir e escolher ações e comportamentos que invoquem um espírito humano mais amplo. Às vezes, no entanto, as condições interiores podem tornar esse processo difícil. A pessoa pode ter "feridas" ou tendências psicológicas que agem contra a integração pessoal ou os vínculos comuns que partilhamos. Se esse for o caso, a pessoa, em vez de tornar o problema uma desculpa para o mau comportamento, a irresponsabilidade e o egoísmo — quando, por exemplo, alguém diz "Bem, você deve desculpar as minhas ações porque eu sofri abusos quando criança" —, deve procurar ajuda especializada a fim de enfrentar e transformar os efeitos de mágoas passadas, tal como o faria quem quebrasse a perna. A ajuda necessária nesses casos pode ir bem além da que existe nos seminários de crescimento pessoal comuns na Nova Era. Na verdade, tenho sempre o cuidado de deixar claro para as pessoas que vão às minhas aulas que eu não sou terapeuta e que elas não devem procurar ajuda terapêutica naquilo que faço. Trabalho para apoiar e expandir sua prática e seu desenvolvimento espiritual, mas espero que elas tenham feito ou estejam fazendo com outras pessoas, fora das fronteiras da minha aula, o trabalho voltado para equilibrar, curar e integrar a personalidade.

Nem sempre a cura vem depois do crescimento. Em algumas ocasiões, precisamos enfrentar corajosamente as mágoas e as sombras que trazemos no íntimo e ter contato direto com qualquer toxicidade que elas possam conter. Poderemos então precisar de um programa disciplinado e competente de terapia profunda, orientado por um profissional bem qualificado. Ir apenas a seminários de crescimento pessoal e concentrar-se na espiritualidade, na luz e em potenciais superiores pode agravar a situação, separando-nos ainda mais dos elementos não-integrados da nossa personalidade, mantendo-nos soltos no ar, não-integrados e sem equilíbrio interior.

A Nova Era não é o milênio

Eis uma última Regra do Caminho (estou certo de que, não obstante, você vai descobrir ou criar regras novas à medida que caminha): A Nova Era não é o Milênio. O Milênio é apenas uma data inventada por uma cultura particular da Terra. É inegável que o Milênio é um ponto focal de antecipação e de imaginação e também é muito provável que este ponto focal possa ser empregado por forças espirituais desejosas de unir-se à consciência humana. Afinal, quando estamos mais receptivos à nova visão e à mudança: no meio do ano ou na véspera do Ano Novo? O ano 2000 é uma fronteira na nossa mente, e à medida que nos aproximamos dele e o cruzamos, a criatividade pode ser invocada.

Mesmo assim, o entusiasmo e a preocupação com a virada do século, somados a todos os movimentos, cultos e profecias milenaristas que ela já está invocando, podem nos desviar de um trabalho mais profundo, mais sério e mais coerente de transformação e de serviço, que dê apoio ao surgimento de um mundo sagrado. Essa atitude nos leva a pensar em termos de datas e de eventos e a desperdiçar a nossa energia com o sensacional e o superficial, em vez de alimentar uma visão e um espírito que vivam e se aprofundem na nossa vida, na textura corriqueira das nossas atividades cotidianas, a cada dia, a cada hora, até o ano 2000 e além dele.

CAPÍTULO 9

As Tarefas de Aquário

A maneira pela qual cada pessoa se torna parte da Nova Era é uma questão de escolha e de afinidade individual. Lembre-se apenas de que não é o mesmo que entrar num clube ou movimento. Nem, exceção feita ao fato de se acreditar num futuro positivo para o nosso planeta e trabalhar por ele, uma questão de adotar uma ideologia específica. No âmbito do movimento da Nova Era, há uma enorme quantidade de grupos com diferentes sistemas de crença e estratégias de execução de mudanças positivas. Você pode sentir-se atraído por um ou mais desses grupos ou por nenhum deles. Mas ser parte da Nova Era é comprometer-se com a boa vontade e com a compaixão, honrar e apoiar o relacionamento co-criativo que temos uns com os outros, com o mundo em geral e com a dimensão sagrada da vida.

Ser parte da Nova Era é um encontro deliberado com o futuro e com as forças de mudança e de transformação que estão agindo no mundo. Esse encontro pode ser profundo ou superficial, mas é isso que a Nova Era é essencialmente. Ela se traduz como a elaboração de uma visão, de uma estratégia e de ações para moldar o nosso destino planetário, reconhecendo as forças e princípios holísticos e espirituais e entrando em comunhão com eles. Se soubéssemos com exatidão como vai ser o futuro e como criá-lo, não teríamos necessidade de uma idéia ou movimento da Nova Era. Teríamos o nosso destino mapeado e só precisaríamos seguir o mapa. Mas não é essa a realidade. O futuro é o desconhecido. Ele requer de nós mais a atitude do explorador do que a do crente.

Como ninguém sabe de fato como será o futuro, todos têm a liberdade de imaginá-lo e criá-lo. Não há especialista que saiba exatamente o que vem por aí. Podemos sem dúvida partilhar as nossas visões e nos engajar na causa comum de construir um futuro melhor — e, de fato, precisamos fazê-lo se quisermos ter sucesso. Algumas pessoas, em decorrência de sua experiência, de sua sintonia interior e da intensidade e clareza de sua visão criadora, podem fazer uma idéia mais nítida do que está por vir do que outras. Mas mesmo essas não conhecem o quadro como um todo, uma vez que este vai se mostrando aos poucos. Pode muito bem ser que, da peculiaridade do seu ser e da sua experiência de vida, você tenha uma intuição sobre a Nova Era que nenhuma outra pessoa tenha conseguido, e que venha a se revelar como uma contribuição vital. Se todos tivessem de ter a mesma visão ou a mesma estratégia no que se refere à Nova Era, essas intuições individuais poderiam vir a ser negadas e o impulso coletivo para a frente perderia força.

Eis por que acentuei que a compreensão da Nova Era é um empreendimento individual, se bem que não necessariamente solitário. Embora seja igualmente um empreendimento coletivo, essa compreensão tem como alvo a vida de indivíduos co-criativos e visionários, sendo nela implementada. Eu e você podemos chegar a exatamente a mesma visão acerca da Nova Era e do rumo que devemos tomar como espécie, mas o fato de que chegamos a isso a partir da nossa própria inteligência e paixão, das nossas reflexões e experiências pessoais, das nossas escolhas e responsabilidades, e não simplesmente da adoção da cosmologia de outrem ou da crença na visão de outrem, dá grande força e integridade pessoal àquilo que partilhamos uns com os outros. Trata-se de algo que amplia em muito a experiência co-criadora.

Uma metáfora de que gosto é a que compara a Nova Era — o futuro — a uma montanha que estamos escalando. No nosso caso, o movimento da Nova Era não é a rota que seguimos, mas o acampamento que nos fornece tudo o de que precisamos para a escalada. Além disso, escalamos ligados uns aos outros a fim de nos darmos apoio mútuo. Com o tempo, certas rotas se mostram mais acessíveis e naturais do que outras e a maioria das pessoas vai por elas, mas isso não significa que outras rotas não possam ser nem sejam descobertas. Temos de estar atentos ao inesperado.

O chamado

Para muitas pessoas, a Nova Era e seu conjunto associado de grupos e atividades é algo em que entrar e sair de acordo com a procura de interesses específicos. Para elas, o movimento da Nova Era é um recurso de novas idéias sobre a vida e sobre estilos de vida, mas não necessariamente uma visão do futuro ou um chamado para criar uma nova sociedade. Para outros, ela é apenas um rótulo. Há aqueles que se vêem atraídos pela idéia em si e sentem afinidade com ela, mas que não querem vir a ser membros de coisa alguma; essas pessoas assimilam o que tem sentido para si mesmas e seguem em frente com sua vida.

Para outros, contudo, a Nova Era é um chamado. Embora possa não ser uma carreira da forma como tem sido para mim e alguns colegas, trata-se da idéia a que se dedicam, sendo sua vida moldada pelo desejo de contribuir direta e conscientemente para o surgimento de uma nova sociedade. Essas pessoas são os discípulos de uma nova visão, de cunho holístico, bem como agentes da transformação.

Às pessoas como eu, que se sentem chamadas à Nova Era e à disciplina de moldar o futuro, ofereço este último capítulo. Trata-se de uma relação de coisas a fazer como parte da experiência interior e exterior da idéia de Nova Era.

A relação é bastante pessoal, e não duvido de que, com alguma reflexão, vocês possam fazer-lhe acréscimos. E vocês devem fazê-lo. Ser discípulo de Aquário é uma tarefa individualizada; como tenho dito ao longo do livro, a Nova Era é uma prática e uma disciplina espirituais que você precisa moldar para representar sua própria relação irreprodutível com o Bem-Amado, com sua própria alma, com o mundo e com a alma do mundo, e com as potencialidades do nosso futuro.

Assim sendo, a lista de tarefas, apresentadas sem nenhuma ordem específica, é apenas uma diretriz que uso na minha própria peregrinação e que funciona para mim. Ofereço-a pretendendo que ela possa ajudar você a encontrar o que funciona no seu caso. E não se esqueça de que o mundo é rico em tradições e ensinamentos, disciplinas e práticas que nos ligam com o amor e com o sagrado. Seja um explorador. Mas, em sua exploração, não se esqueça de que o Bem-Amado está tão próximo de você quanto as pessoas ou a situação com que você vai se envolver. Pratique a arte de ver as coisas como se pela primeira vez, e com profundidade, e você verá que assim é.

Tarefa: a lição de casa

Aquele que encara a Nova Era como um chamado vai querer fazer algumas lições de casa a fim de ter a compreensão mais ampla possível sobre os elementos, a origem, os pontos fortes e fracos da idéia e do movimento. Isso leva à necessidade de obter informações eficazes: leituras, palestras, seminários, experiências concretas, etc. No meu caso, quero também examinar as minhas reações às várias idéias e atividades com que entro em contato, de modo a formar uma idéia do que a Nova Era representa para mim. O objetivo é que o envolvimento com a Nova Era me permita ser mais amoroso, criativo, participante e engajado com o meu mundo e o seu futuro. Quero entusiasmar-me com a Nova Era, mas quero contrabalançar esse entusiasmo com a sabedoria. Quero ser receptivo à descoberta e à aprendizagem, mas não pretendo ser ingênuo e crédulo.

De início, eu talvez cometa alguns erros, mas, se for sincero no falar da auto-educação e da ampliação das minhas capacidades e perspectivas —, em vez de simplesmente buscar alguma coisa a que seguir ou em que acreditar —, serei bem-sucedido.

Mas a Nova Era existe num contexto histórico, social, espiritual e planetário mais amplo. Logo, minha lição de casa deve levar em conta esse contexto. Passatempos, pesquisas, interesses e paixões situados fora do movimento da Nova Era podem e devem ser estimulados. Somos antes de tudo seres humanos em busca de uma vida plenamente corporificada, e só depois adeptos da Nova Era. A perspectiva do movimento da Nova Era pode facilmente cristalizar-se (o trocadilho é intencional) e estreitar-se se não a mantivermos flexível, vívida e bem integrada aos nossos interesses e atividades mais amplos. A Nova Era não precisa de seguidores fanáticos nem de verdadeiros fiéis, mas de pessoas capazes de somar às suas possibilidades a força e a sabedoria de uma vida erigida sobre fundamentos amplos.

Tarefa: as ações exteriores

Quer a denominemos moldar uma Nova Era, curar o sofrimento do mundo ou criar um espaço de esperança e de visão no qual possam surgir novas possibilidades, essa tarefa requer o nosso envolvimento interior e exterior. Trata-se de uma mistura de espírito, alma, intelecto, sentimentos e corpo: uma mistura criativa de amor, sabedoria, vontade, ação e serviço no mundo.

Neste livro, preferi concentrar-me no aspecto interior da Nova Era. Fi-lo para dizer, a título de opinião, que a essência da Nova Era não é a novidade de forma e de ação, nem a transformação e a mudança por si mesmas; trata-se de uma religação com a nossa mais antiga linhagem e a expressão disso: a unicidade do ser humano com a sua alma, com a alma do mundo e com o sagrado. O amor, e não a mudança, é o coração que dá vida à Nova Era.

Contudo, as tarefas exteriores da cura, da reforma, da transformação, da mudança, do perdão, da bênção e da co-criação têm importância vital. Elas dão forma aos nossos instintos e intuições, às nossas aspirações e visões. Se não dermos forma concreta aos propósitos da nossa alma, não poderá haver Nova Era.

São múltiplas e variadas as tarefas exteriores que a humanidade tem diante de si, e às vezes todas parecem igualmente prementes. Agora, graças a milhares de livros, periódicos, matérias jornalísticas, documentários da televisão, romances e filmes, é bem conhecido o rol dessas tarefas. A degradação ambiental, as megalópoles inchadas ou de funcionamento deficiente, a volta de doenças outrora julgadas erradicadas, o terrorismo nuclear, a crescente distância entre ricos e pobres, os excessos consumistas, a desintegração da família, o sofrimento de crianças em todo o planeta... tudo isso e muito mais faz parte de uma ladainha de sofrimento e de desafio tão conhecida que a maior ameaça pode ser a de as pessoas se desligarem disso e se entregarem à inércia psicológica e cultural.

Em grande número de casos, não é a falta de conhecimento, de tecnologia ou de capacidade que nos impede de tratar desses problemas; é a falta de vontade de dar os passos necessários e aceitar as mudanças de que se precisa para chegarmos a uma solução.

Afinal, os problemas que a humanidade hoje enfrenta têm uma natureza e uma escala sem precedentes na nossa história (algo que se aplica igualmente às oportunidades que temos à nossa frente). Os desafios que enfrentamos com freqüência estão interligados de maneira surpreendente e intricada, e ultrapassam as fronteiras nacionais. Não admira que a mente coletiva dê de ombros e caia na inércia e na negação quando se vê diante de tarefas para as quais nenhuma coisa do passado nos preparou.

Essa negação pode assumir muitas formas: escapismo, consumismo e auto-satisfação, rejeição da nova identidade global da humanidade e a regressão a formas de tribalismo cujas fronteiras mais restritas parecem oferecer segurança. Para a nossa infelicidade, a busca do espírito e da visão da Nova Era também pode ser usada como forma de negação do mundo e de refúgio num céu particular de introspecção e bem-estar.

Mesmo assim, a maioria das pessoas e programas que conheci ou com que me associei no movimento da Nova Era ao longo dos anos estava orientada para o mundo e motivada pelo desejo de, a um só tempo, sustentar a visão e a espiritualidade e oferecer um serviço concreto e perfeito. Essas pessoas e programas levam a sério as tarefas exteriores, assim como fazem com as interiores. A High Wind Association, do norte do Wisconsin, por exemplo, é pioneira na construção de edificações a partir de princípios ecológicos de projeto e de materiais criados para causar baixo impacto no ambiente e maximizar a independência energética. Ao mesmo tempo, essa associação ajudou a criar programas educacionais especiais para as crianças de grupos minoritários do centro de Milwaukee, tendo trabalhado pela eleição de representantes em todo o país a fim de promover formas eficazes e amistosas de fazer política. Do mesmo modo, a comunidade da Fundação Findhorn é bem conhecida em toda a Europa pelo desenvolvimento da ecocidade e pela aplicação de tecnologia de ponta a uma vida não destrutiva na Terra.

A maneira como cada qual se envolve com os grandes problemas do mundo é uma decisão individual. Há uma ampla gama de grupos e de organizações a que podemos nos afiliar, organismos voltados para todo tipo de questões — do ambiente à paz, da pobreza à saúde, dos direitos da criança e da mulher à busca de novas instituições políticas e econômicas que possam servir melhor ao mundo complexo que vai surgir no século XXI. Não nos faltam oportunidades de servir.

Contudo, a qualidade do nosso trabalho exterior, o valor do nosso serviço ou a natureza do modo como nos voltamos para o mundo não devem ser medidos pela magnitude do problema a que esse trabalho pretende dedicar-se. Tenho às vezes a impressão de que existe nesta cultura uma moda desastrosa em função da qual o trabalho da pessoa no mundo só é considerado valioso ou dotado de sentido quando trata de um ou de outro dos megaproblemas que afetam a humanidade.

Essa atitude dissemina a ilusão de que só pessoas com grande poder e influência, como os líderes políticos e empresariais, podem fazer alguma coisa. É evidente que isso não é verdade. Aliás, na maioria das vezes são os líderes que se sentem mais perturbados ou impotentes, ou então tolhidos por tradições, protocolos, estruturas e expectativas a tal ponto que não se consideram livres para agir como de fato desejariam. As pessoas que deixam a sua marca no mundo costumam ser pessoas que estão à margem do poder instituído e têm a imaginação, a liberdade, a vontade e a ousadia de correr riscos e inovar.

Envolver-se no mundo de maneira significativa não equivale necessariamente a envolver-se com questões e problemas de proporções planetárias (se bem que, obviamente, tudo aquilo que pudermos fazer na vida e no trabalho para minorar ou resolver problemas dessa magnitude se reveste de importância). É envolver-se de uma maneira que nos leve para fora de nós, não por necessidade, mas por disponibilidade e escolha. É, por assim dizer, doar a si mesmo; é envolver nosso amor, nossa sabedoria, nossa imaginação e nosso entusiasmo em tudo aquilo que estivermos fazendo. É engajar-se com a alma, a mente e o corpo. É praticar o encontro tal como discutido no capítulo 5.

Encontrar o mundo é fazê-lo com a consciência de que, seja qual for a ação, seja cuidar da casa, cozinhar, cuidar das crianças, trabalhar no escritório, ajudar um consumidor ou cliente, operar uma máquina ou fazer qualquer outra coisa, essa tarefa exterior é o nosso vínculo, naquele momento, com a alma do mundo. É a nossa ligação com o todo mais amplo de que toda a humanidade é parte. É a oportunidade por meio da qual podemos oferecer amor e um espírito de cura e de boa vontade ao mundo em geral. Quem é capaz de dizer quais podem ser os efeitos dessa simples doação de si?

A tarefa exterior não consiste em negar ou fugir dos problemas que enfrentamos como seres humanos, mas também não consiste em supor que só determinados tipos de trabalho e de envolvimento podem dar uma contribuição efetiva ou importante. Manter uma família saudável com valores sólidos (tarefa que requer uma extraordinária quantidade de tempo, de energia, de paciência, de amor e de sacrifício) é tão importante para a nossa sobrevivência e prosperidade a longo prazo quanto purificar um rio ou combater a pobreza; cuidar da casa é tão importante quanto dirigir uma multinacional ou ocupar um cargo político.

Sem ar puro para respirar, água pura para beber, alimentos não-poluídos para comer, um ambiente não-violento no qual criar os filhos e nutrir a família e um trabalho dotado de sentido que nos envolva a imaginação e a criatividade, as tarefas espirituais que temos diante de nós tornam-se questionáveis. Mas é quase inevitável fracassar nas tarefas exteriores se não dermos igual atenção às tarefas interiores. A maioria — ou talvez a totalidade — dos problemas que a humanidade tem diante de si é de natureza essencialmente espiritual, na medida em que envolvem valores, atitudes, perspectivas, vontade, integridade e sintonia com as qualidades superiores do ser.

Se os nossos valores forem egoístas, nossas atitudes forem cínicas, nossa vontade de mudar inexistente, nossa integridade for dependente por inteiro dos nossos prazeres e desejos e a nossa sintonia for modulada por preocupações puramente materiais, vamos somente perpetuar os tipos de ações que levaram o mundo ao seu presente estado de perigo. Não há capacidade técnica nem habilidade política capazes de vencer a incapacidade ou a falta de vontade de compreender as mudanças interiores e exteriores fundamentais que a época exige. Se não conseguirmos ver o mundo em termos holísticos, não vamos compreender a natureza interligada e sistêmica dos problemas da humanidade; agiremos de forma fragmentária, tratando de cada problema como se estivesse isolado dos outros. Vamos culpar os outros, sem ver a nossa própria responsabilidade e participação no dar ao mundo as feições que tem. Assim agindo, deixaremos de cumprir apropriadamente as nossas tarefas exteriores.

Tarefa: o serviço

O serviço se traduz tanto em agir no mundo como em personificar a atitude de ser um servo, alguém cuja função é ser uma fonte de energia para os outros. Peter Caddy era uma perfeita encarnação desse tipo de pessoa. Ele foi co-criador da comunidade da Fundação Findhorn não só por meio de suas ações como de sua capacidade de inspirar, fortalecer e capacitar os outros a dar o melhor de si.

O serviço pode assumir muitas formas, incluindo, naturalmente, servir ativamente a alguém ou a alguma situação, como é o caso do trabalho voluntário, das ações em favor do ambiente ou pela melhoria da qualidade do local de trabalho. A modalidade de serviço é uma questão de escolha individual e de oportunidade.

A idéia que eu quero apresentar aqui é a de que o serviço é, antes de tudo, um jorro ou transbordamento da energia pessoal de alguém a fim de aprimorar uma ligação com o mundo mais amplo e de torná-lo mais íntegro do que ele era antes. Pode-se servir criando um lar amoroso, dando oportunidades para que outras pessoas prosperem, partilhando pensamentos e idéias ou simplesmente sentando-se em silêncio e meditando para que as qualidades do mundo sagrado penetrem neste. O serviço é um ato que nos leva para além do nosso ser e das nossas próprias necessidades. O serviço amplia as nossas fronteiras e nos deixa abertos ao coração e à alma do mundo.

Não existe ato de serviço demasiado ínfimo, trivial ou comum que não possa fazer isso. Uma passagem ínfima para chegar ao Bem-Amado é tão boa quanto um túnel de grande largura. Tocamos o Amor que nos une a todos, e nesse toque concretizamos uma identidade maior: não a de alguma alma cósmica, avatárica ou reluzente que constitua a fantasia mágica do ego, mas a identidade de que partilhamos; nela, suas alegrias e tristezas são minhas e minhas alegrias e tristezas, suas, e nela todos nos vemos necessitados da graça que o Bem-Amado dá, sem pedir nada em troca, ao mundo inteiro.

O serviço nos tira do ego e nos leva para a condição de pessoa; nos leva além desta até cada semelhante; leva-nos de cada semelhante ao Bem-Amado. Ali, faz-nos voltar a nós mesmos, renovados e transformados. O serviço é o músculo da alma.

Uma forma de serviço que passa despercebida é o simples ato de estar presente no momento, dando-lhe atenção integral, dando atenção e, portanto, a própria alma, a tudo o que está acontecendo. Isso é serviço — e serviço importante — porque, quando estamos plenamente presentes, com a energia liberta da nossa história, das mágoas, das preocupações e necessidades, fazemos sentir a nossa presença, que é para o Bem-Amado a onda transportadora. A presença nos permite ver o momento como se o fizéssemos pela primeira vez; e quem o vê com esses olhos pode fazê-lo com maravilhamento e com amor. Então, o amor pode levar o momento a acolher o espírito da novidade, que é o espírito do Bem-Amado. É nesse momento que, como disse John, pisamos verdadeiramente no momento, como se se tratasse de uvas, a fim de fazer sair o doce vinho.

Desenvolvi com o passar dos anos uma técnica simples para fazer isso.

Fico parado e respiro fundo, procurando fazer cessar a dispersão e a inquietação. Olho com toda a atenção para as coisas que me rodeiam.

Então pergunto: "O que há de novo neste momento? Que espírito, atitude ou ação tomaria este momento e o alinharia com o Bem-Amado, tornando-o receptivo às suas possibilidades? O que o espírito amoroso e sábio, o espírito calmo e pacífico, o espírito do mundo sagrado traria agora para este momento?"

Às vezes me vem alguma intuição. Se vem, ajo com base nela. Às vezes só há silêncio interior.

Quando isso acontece, imagino e penso (além de sentir) profundamente meus vínculos com as coisas que vejo. Podem ser vínculos de propriedade, de função, de uso, de amor, de mero compartilhamento do mesmo ambiente, etc. — todos os vínculos que consigo conceber. E seguindo essas linhas e ondas de vinculação, envio amor e admiração. Sem nenhuma razão específica. Não digo: "Amo você porque você me é útil ou é belo", nem coisa alguma do tipo. Envio amor porque as coisas e pessoas com as quais estou vinculado existem. Amo-as por sua existência, pelo seu ser.

E quando envio amor a elas, o amor retorna. Ele flui de volta por essas linhas de vinculação. Outro modo de descrever a mesma coisa: ao prestar atenção a esses vínculos, ao honrá-los e amá-los, não por uma razão utilitária, mas tão-somente como celebração do existir, os vínculos se fundem e de dissolvem, deixando em seu rastro uma única ligação: a unidade do Ser que é o Bem-Amado.

Como quer que funcione, o resultado é que o espaço se abre interiormente e vejo-me celebrando esse momento como um momento de criatividade. É como se eu e o ambiente circundante estivéssemos na extremidade do tempo, no lugar em que começa a criação, o instante criativo. É esse, na minha opinião, o espírito e a presença da Nova Era.

Ser um criador

Ao longo deste livro, tenho-me referido à co-criatividade como uma das habilidades que estamos aprendendo e exprimindo como parte da transição para a Nova Era. Para explicar essa nova tarefa, devo antes de tudo partilhar com vocês algumas coisas que aprendi sobre a natureza e o desafio da criatividade (com ou sem o prefixo "co-"). Aprendi-as com John e com minha própria experiência dos mundos interiores e com as observações que neles fiz.

Um dos atributos da mudança de consciência simbolizada pela Nova Era é a modificação do nosso relacionamento criativo com o mundo. Assumiremos um papel mais criativo do que em qualquer momento anterior; o potencial de criação presente na alma será liberado, principalmente mediante um aumento da nossa capacidade de amar e de, por meio do amor, sentir o bem-estar coletivo do mundo e nos identificarmos com ele.

Também é possível descrever essa mudança dizendo que não apenas estamos nos tornando mais criativos (e, na verdade, em alguns aspectos, criativos pela primeira vez na nossa história) como também mais responsáveis pelos efeitos e conseqüências da nossa criatividade.

Do ponto de vista interior, a humanidade ainda não viveu nem exprimiu de fato sua plena capacidade de criação. Sempre fomos, ao contrário, os receptáculos das dádivas de criação proporcionadas por outras forças, que são superiores a nós. Nós reorganizamos essas dádivas — os materiais do mundo circundante — de maneira inteligente e inovadora, mas não as criamos. Recebemos o apoio da criatividade de várias forças plasmadoras e de diversos seres espirituais superiores.

A Nova Era é a mudança por meio da qual tornamo-nos verdadeiros criadores no sentido da participação direta no fluxo de energia de criação que vem do Bem-Amado. Essa força vem fundamentalmente do despertar das qualidades do sagrado em nosso próprio íntimo, como o amor e a sabedoria.

Pode-se naturalmente afirmar que os seres humanos têm sido criativos/criadores desde que os primeiros instrumentos de pedra foram feitos; do ponto de vista espiritual, no entanto, eu diria que temos antes inventado do que criado. A criação nos mundos espirituais não é apenas o ato de fabricação de uma nova forma ou de iniciação de uma nova condição. Trata-se de um ato que também infunde, na forma ou condição criada, uma forte qualidade de vinculação, uma qualidade da alma, de modo que, desde o começo, o que é criado é intimamente parte da integralidade de toda a criação. A nova forma está ligada ao espírito do sagrado, participando assim da comunhão, da unicidade implícita de tudo o que existe. Isso permite que o espírito fluido ou energia do cosmos acolha e se movimente livremente nesse novo acréscimo. A nova criação torna-se um participante, e não um objeto.

Para usar uma metáfora moderna, a ato da criação envolve não só fabricar o computador como também ligá-lo por meio do *modem* para que ele seja parte do fluxo planetário de informação que percorre a Internet global e a *World Wide Web*.

O ato de "ligar" ou infundir na nova criação as qualidades de vinculação da alma se realiza pela ação da alma e do espírito do agente criador. Logo, a nova criação é parte da alma do seu criador. Os dois participam um do outro, e o agente criador é responsável pelas conseqüências e efeitos daquilo que criou. (Observe-se que não falo da criação da própria alma, função reservada ao sagrado, mas à criação de artefatos, espirituais e não espirituais.)

Portanto, a criação não se limita à fabricação de uma nova forma, mas implica também, por meio da responsabilidade pessoal e da transmissão de alguma coisa do nosso próprio ser à forma criada, a integração dessa forma à totalidade mais ampla da criação a fim de que venha a infundir-se do espírito dessa totalidade.

O que importa aqui é que o criador espiritual não cria separação. Pode-se criar diferenciação e distinção, de modo que aquilo que você cria seja diferente de você e talvez de todas as outras coisas do mundo, mas você não está separado dele, nem é ele separado do mundo por meio do seu ato criativo. Logo, a criação ocorre num círculo de vinculação e de unicidade.

Para usar a desgastada analogia da partícula e da onda, um criador faz uma partícula vir à existência, mas ao mesmo tempo traz à tona o aspecto de onda dessa partícula. O criador confere forma e diferença àquilo que fabrica (o aspecto de partícula), mas também se assegura de que sua obra esteja vinculada com a rede do ser, o círculo da unicidade (o aspecto de onda). Além disso, a garantia da presença de ambos os aspectos na coisa criada permite que se manifeste a verdadeira realidade que jaz sob a onda e a partícula.

Se, no entanto, eu crio só uma partícula, deixando a onda de fora, esse vínculo e essa totalidade se perdem. Criei de modo incompleto. A diferenciação e a peculiaridade daquilo que fiz se tornam separação e isolamento. Posso negar-lhe todo vínculo com a minha própria alma e lhe faltará um vínculo com a alma do mundo. Esse produto fica, por assim dizer, fora de comunicação e da comunhão. Isso produz um anseio irrealizado de integridade que, dado o fato de eu não poder me desvincular totalmente das minhas criações, também tem ressonância em mim. Como fiz algo desvinculado e menos íntegro, começo a sentir-me desvinculado e menos íntegro.

Quando um ser humano cria verdadeiramente a partir da vinculação que percebe, o produto aprimora e revela um fluxo de vida e de energia, de espírito e de alma; sentindo esse fluxo, sentimo-nos vinculados com algo transcendente quando nos vemos na presença de uma tal criação. Ela traz em si aquela qualidade inefável que atribuímos à grande arte.

Porém, boa parte das nossas criações carece desse vínculo e, de uma ou de outra maneira, bloqueia o fluxo do espírito e da alma no mundo. Nós inventamos, mas não criamos.

A forma mais simples que essa criatividade incompleta assume é a da situação em que uma pessoa faz algo e o solta no mundo com pouca ou nenhuma preocupação com as conseqüências. Falta ao produto a responsabilidade que vincula todas as coisas entre si, faltam igualmente as qualidades anímicas do amor e da sabedoria.

O efeito disso ao longo do tempo é o de atulhar tanto o mundo físico como os mundos interiores de produtos separados, produtos que atuam como empecilhos ao fluxo do amor e da alma no mundo. É como se fizéssemos pedras e as jogássemos num regato até que este se visse obstruído e impedido de fluir livremente.

Essa circunstância seria horrenda, não fosse o fato de o mundo também estar cheio da energia da verdadeira criatividade, como a advinda do Bem-Amado e de vários seres espirituais e forças plasmadoras. Isso liberta e reaviva metaforicamente o fluxo do regato, dando-lhe forças para arrastar e desgastar as pedras que nele lançamos. A humanidade ter-se-ia já há muito apartado por inteiro da vida dos mundos espirituais, em virtude de sua criatividade incompleta, não fossem as ações de amor, de graça e de sacrifício das forças criadoras/criativas nos mundos interiores e na alma, bem como no coração, na mente e nas ações de tantos seres humanos.

Isso não significa que a criatividade, a invenção e a engenhosidade humanas estejam erradas e devam parar; longe disso! Significa que agora temos de expandir o vínculo com a nossa própria alma, com a alma do mundo e com a presença do Bem-Amado. Para ir além da simples invenção e alcançar a criação, nós mesmos temos de viver e personificar uma ligação amorosa com o mundo e com a totalidade do espírito e do mundo sagrado que o envolve. Nossos primeiros passos em termos de criação, passos de fabricação e invenção, foram dados num ambiente de graça e de amor que até certo ponto perdoou os nossos erros e deu um jeito em algumas das confusões mais graves que fizemos nos mundos interiores. Do mesmo modo, o sentido de isolamento e de desvinculação, que se manifesta em nossa alma porque existe nas coisas com as quais preenchemos o mundo, é curado pela graça no máximo grau possível, embora só possa ser eliminado por inteiro quando restauramos o nosso próprio sentido de vínculo e de unicidade com o mundo.

Mas essa condição não pode existir para sempre, da mesma maneira como não podemos ser eternas crianças. É hora de crescer e parar de lançar pedras no rio. É hora de nos transformarmos nas próprias origens do regato (os aguadeiros de Aquário!), fontes do Bem-Amado. Essa mudança resume a natureza da Nova Era.

Tarefa: a alteridade

A fim de realizar a passagem da invenção para a criação, temos de mudar: de uma consciência de separação e de isolamento para uma consciência de vinculação e de unicidade. Em termos gerais, temos de sair da nossa particularidade e da nossa individualidade separativa para entrar numa participação maior, semelhante a uma onda, na alma do mundo que nos cerca. Trata-se de um ato de amor. Um ato de expansão. Ato de aceitação do outro no nosso coração e na nossa alma, de permitir que a presença dele nos torne mais amplos.

Assim, a tarefa que temos diante de nós consiste em aceitar a presença da alteridade em nossa vida e permitir-lhe aprofundar em nós o nosso poder de amar e de encarnar o vínculo e a identificação com o mundo.

É fácil aceitar o outro quando esse outro se parece conosco ou tem algo que queremos ou admiramos. Posso aceitar minha esposa no meu coração ainda que ela tenha uma visão de mundo diferente da minha, porque eu a amo e nós temos nossas afinidades.

É mais difícil aceitar a alteridade quando o outro é bem diferente de nós ou então concretamente assustador e potencialmente perigoso. Mas é esse o desafio do mundo moderno, visto que, nele, culturas bem diferentes são postas em contato de formas inauditas e imprevisíveis. Como entrar em contato com os nossos outros eus, cuja forma é tão diferente da nossa? É um encontro que me causa maravilhamento e aprendizagem ou traz medo e conflito?

Quando estive em Findhorn, participando de um seminário, tive o prazer de escutar a física Danah Zohar. Em sua palestra, ela falou de uma experiência específica de encontro com uma alteridade cujo contato foi para ela um desafio. Quando trabalhava como voluntária na prisão, pediram-lhe que se reunisse com um grupo de estupradores seriais. Tratava-se de homens muitíssimo diferentes dela, monstros que haviam cometido os mais atrozes crimes contra mulheres e crianças. Zohar sentia-se física e emocionalmente contaminada só por estar num mesmo aposento com eles. Contudo, depois que começou a falar e a trabalhar com eles, ela passou a compreender algumas das forças que os faziam ser como eram e que os haviam levado a escolher essas ações maléficas. Se bem que sentisse total repulsa por seus crimes e se considerasse satisfeita por vê-los da prisão, ela começou a tocar um núcleo de humanidade no íntimo daqueles homens que estimulou-lhe a alma de maneira profunda. Para além do horror da vida e das ações daquelas pessoas, Zohar conseguiu ver um vínculo com elas como seres humanos, que serviu para ampliar a sua experiência geral de vinculação.

No encontro com o outro, especialmente com uma alteridade que nos causa desgosto e que normalmente rejeitamos, e quando enfrentamos o desafio que essa alteridade apresenta, podemos conhecer um profundo sentimento de amor e de perdão, bem como de uma unicidade que abarca a todos nós, santos e pecadores. Essa unicidade não se compõe de uma equivalência moral, mas de uma participação fundamental na raiz de todo ser, participação que acalenta a esperança de que mesmo para as almas aparentemente mais danificadas e perdidas são possíveis a redenção e a transformação. Se o Bem-Amado mantém uma ligação com todos os elementos da criação, os danificados e os íntegros, os deficientes e os eficientes, os ignorantes e os sábios, aqueles que amam e aqueles que não amam, não poderemos nós aprender a agir como ele e, ao fazê-lo, a renovar e ampliar a nossa própria participação no espírito do sagrado?

A alteridade não precisa tomar a forma de uma pessoa; pode ser qualquer coisa diferente ou aparentemente separada de nós. Sou capaz de aceitar alegre, voluntária e avidamente a alteridade do chocolate na minha vida, mas posso hesitar na hora de enfrentar a alteridade do sofrimento e da dor.

Porém, o mundo atual está tomado pelo sofrimento. Dificilmente há um instante em que os meios de comunicação não nos tragam novas imagens e palavras sobre alguma tragédia.

Parte da tarefa de responder ao chamado de moldar uma Nova Era consiste em testemunhar esse sofrimento e não negá-lo. Os adeptos da Nova Era costumam ser criticados por só procurar a doçura e a luz; a verdade é que, para tornar a nossa alma receptiva a fim de nos transformarmos em verdadeiros criadores, não podemos rejeitar nem negar a dor do mundo. Quando suas imagens nos são apresentadas pelos meios de comunicação, ou quando a encontramos pessoalmente, temos de aprender a levá-la impessoal e amorosamente para a imaginação da nossa alma, permitindo que esta realize uma alquimia de empatia e compaixão para que possamos ver essa dor também como um sofrimento nosso — ou, mais precisamente, não deixemos que a imagem e a presença do sofrimento se ponha entre nós e o nosso vínculo com a condição de pessoa e com a alma daquele que sofre.

A maneira pela qual permitimos que a alteridade do sofrimento nos desvincule do mundo, por temer que ela de algum modo encontre um meio de entrar na nossa vida, também nos desvincula da alma mais ampla do mundo e até mesmo da natureza amorosa e compassiva da nossa alma.

Por outro lado, conheço pessoas que dramatizam e, de certo modo, alimentam o sofrimento, pessoas que usam seu sofrimento como desculpa para o seu comportamento ou sua falta de responsabilidade no mundo, havendo igualmente quem procure servir ao sofrimento do mundo a fim de enfatuar seu próprio ego, o que, na realidade, se configura como outro modo de separação da realidade mais ampla. Assim agindo, elas não assimilam a alteridade, mas mantêm-na a distância quando tentam administrá-la, controlá-la ou explicá-la.

O contato com o sofrimento tem de ser impessoal e fluente; ele não é um instrumento para uma meta maior. É o ato de forçar a passagem de uma potente imagem da alteridade a fim de descobrir do outro lado o amor e a ligação mais profundos. Queremos empreender ações que levem ao fim do sofrimento sempre que seja possível, mas também queremos agir de molde a levar ao fim a desvinculação, já que esta é, em última análise, a fonte maior do sofrimento do mundo.

A tarefa da alteridade pode também ser vista como um desafio de coerência, destinando-se a garantir que as nossas ações e os nossos comportamentos não sejam desvinculados das nossas palavras e crenças. Essa desvinculação cria ou intensifica a alteridade dentro de nós. A importância da integridade reside no fato de dar coerência à nossa vida e aos nossos relacionamentos com as pessoas; sua ação faz diminuir a separação que pode haver entre nós e os outros ou entre aspectos do nosso próprio ser.

A tarefa de acolher a alteridade com integridade, receptividade e integralidade é uma tarefa vital do nosso tempo, visto ser o portal que nos vai levar à posse dos nossos poderes superiores de amor e de cocriatividade.

Tarefa: a alegria

Aceitar e acolher o sofrimento e a dor em nosso mundo não é agradável, porém muitos julgam isso mais fácil do que acolher e aceitar a alegria que também está no mundo. Mas se não pudermos suportar a alegria, não teremos acesso à plenitude dos nossos poderes de transformação e de cura.

Mencionei na última seção que o movimento da Nova Era é muitas vezes criticado por causa daquilo que um teólogo amigo meu denomina "síndrome de Poliana". Trata-se da tendência a ver sempre todas as coisas sob a melhor ótica possível e a concentrar-se apenas nos aspectos da luz, do amor e da alegria, ignorando o lado sombrio do mundo e a dor que nele há. Concordo com essa crítica; contudo, nessa mesma linha é possível a pessoa se ver nas garras da "síndrome do Sebastião chorão", na qual tudo é sombrio, perturbado, causa de sofrimento, malévolo e, de modo geral, fadado ao fracasso.

Uma das coisas mais difíceis de ser no mundo de hoje é um idealista otimista, alguém que não tema proclamar uma visão positiva das coisas. Uma pessoa que tem ideais, que é otimista, positiva e jubilosa, e que celebra o mundo, é vista muitas vezes como um escapista, que se recusa a ver a realidade tal como é.

É claro que as duas perspectivas podem chegar a extremos. Mas a Nova Era é, por definição, a visão de um futuro positivo e jubiloso; e se não pudermos ter um sentimento de alegria e um espírito positivo, será difícil ter e personificar as qualidades capazes de fazer esse futuro existir. Não vamos moldá-lo a partir de uma obsessão com as trevas e com o mal ou de uma deficiência pessimista de imaginação.

Como, entretanto, podemos ser alegres tendo em vista o sofrimento que há no mundo? Bem, de um lado, o sofrimento, a dor, a deficiência e o mal não são as únicas coisas presentes no mundo, se bem que não se possa garanti-lo a partir da dieta que nos é servida todos os dias pelos meios de comunicação e de entretenimento. Há também coisas positivas, criativas e que enlevam a alma.

Por outro lado, há uma compreensão errônea do significado da alegria. A verdadeira alegria não é uma reação a alguma coisa do ambiente: isso é felicidade; não é necessariamente uma sensação de prazer; não é o mesmo que sentir-se bem. Senti uma alegria profunda em meio à depressão, à tristeza e à enfermidade. Não preciso gostar da situação em que me encontro para sentir alegria. Na realidade, a fuga das situações difíceis que não trazem prazer nem gratificação imediatos pode nos manter num estado de separação e de vazio que inibe a experiência da alegria.

A alegria é uma força ativa, criativa e incondicional, que vem do coração do Bem-Amado; ela não se regozija tanto com o que se passa no mundo, mas com o amor e a integralidade que são a realidade fundamental do mundo. É uma força vinculadora que permite que o poder de transformação e de cura dessa realidade mais profunda penetre e faça agir a sua magia em nosso mundo de manifestações imperfeitas e incompletas.

Pense por um momento. Se você estivesse doente, quem você gostaria que agisse junto a você como agente de cura: uma pessoa pessimista e tristonha, que o recorda freqüentemente do que você sofre e manifesta pouca esperança em sua recuperação, ou uma pessoa alegre, positiva, estimulante e portadora de uma visão do seu futuro?

A pessoa pode diagnosticar um problema e ainda sentir-se alegre.

A alegria é, como eu disse, uma força vinculadora que une o nosso coração e a nossa mente com a presença do sagrado. A alegria é o sagrado. Como posso ir à presença do Bem-Amado se não puder compreender nem aceitar as qualidades que manifestam essa presença?

Não procuro a alegria nos eventos ou coisas da minha vida; procuro-a no vínculo com a minha alma e com o mundo. A alegria não é necessariamente a ausência de sofrimento; é a presença de Deus.

A experiência da alegria transcende o eu e é também uma experiência de participação no bem-estar e na vida de outras pessoas. Paradoxalmente, a alegria possibilita que enfrentemos o sofrimento do mundo sem nos deixarmos seduzir pela imaginação sombria que afirma ser a dor demasiado grande, demasiado assustadora, excessivamente avassaladora para ser um dia curada ou transformada; ao mesmo tempo, porém, aceitar a presença do sofrimento e levá-la ao coração por meio da compaixão — o esforço por sentir no meu próprio ser o sofrimento alheio — torna-me receptivo à alegria, porque me faz receptivo à realidade do vínculo. Não se trata de uma alegria decorrente do fato de que outras pessoas estão sofrendo; e eu não emprego imagens de sofrimento como recurso de meditação para me deixar alegre (porque o que eu sinto se uso o sofrimento como recurso não é alegria, mas satisfação por não estar sofrendo, o que é uma atitude desvinculadora). Trata-se da alegria que é a presença natural do Bem-Amado, que se manifesta porque não estou me separando dos outros nem do mundo.

Se você tem dificuldades para encontrar a alegria, procure uma disciplina espiritual que possa ajudar (e aqui a ênfase deve recair na disciplina: a prática constante de uma capacidade, porque a alegria vem da profundidade e do compromisso — que é profundidade temporal —, e não do viver as coisas de maneira superficial, do ver as coisas que fazem você se sentir bem ou lhe trazem prazer). Mas você também pode procurar pessoas alegres e ligar-se a elas. Você pode expor-se a condições e artefatos, como a grande arte ou a grande música, advindos da alegria. Aquilo que é criado num espírito de alegria transmite esse espírito a outras pessoas. E se tudo o mais falhar, descobri que o bom humor e o riso são o portal que leva à alegria, desde que esse humor não se baseie na desgraça ou na humilhação de outras pessoas. Assista a um filme divertido, leia um livro engraçado, faça piadas consigo mesmo. Afinal de contas, trata-se de um começo! Por outro lado, se Deus ri, por que você não deveria fazê-lo?

Tarefa: a esperança e a visão

Na qualidade de discípulo da Nova Era, cabe-me ter esperança no futuro e me empenhar por ter uma visão e uma estratégia sobre como plasmar um futuro melhor. Não se trata necessariamente de uma visão do tipo de prédios a erigir ou do tipo de economia a implantar. Nada sei de arquitetura, de construção nem de economia, razão pela qual deixo essas visões para quem tiver melhores qualificações. Mas no campo em que tenho conhecimento e experiência, posso conceber uma visão positiva. Por exemplo, talvez o que eu mais conheça seja a minha família e as funções de pai de família. Se essa é a base do meu conhecimento e da minha experiência, qual é a visão positiva e de esperança para a minha família, para o caráter, o espírito e a alma dos meus filhos e da minha mulher? Como posso ajudá-los a ter uma visão de possibilidade e de transformação?

Se posso transformar o mundo, devo fazê-lo. Mas se tudo o que posso transformar é o meu lar, meu local de trabalho ou meus relacionamentos imediatos, começarei por aí. O que importa é que, por amplo ou restrito que seja o mundo sujeito à minha influência direta, eu quero deixá-lo cheio de esperança e de visão, de um espírito de aspiração e de revelação. E quem sabe aonde chegaremos a partir daí?

Tarefa: a jovialidade

Todos os seres que já encontrei no mundo interior são fundamentalmente joviais. O universo, da perspectiva deles, é uma arena para o engajamento jovial, a dádiva de uma sacralidade que aprecia o maravilhamento, o deleite, a descoberta, o riso e a alegria.

Infelizmente, na nossa sociedade, tendemos a equiparar a jovialidade com a frivolidade e a irresponsabilidade. Há por certo comportamentos joviais que têm essa característica; trata-se, no entanto, em geral, de uma forma de fuga e de desligamento do mundo. A verdadeira jovialidade, na qual vemos as crianças mergulhadas, é o oposto disso: ela as leva para o mundo de modo a honrar a imaginação e a força do momento, revelando coisas novas e inesperadas; é um encontro que abre as portas ao vir-a-ser. Essa jovialidade vincula as crianças com aquilo que é e com aquilo que poderia ou deveria ser. A verdadeira jovialidade é um portal para o futuro, para a possibilidade e para a novidade. Logo, é com certeza o portal que leva a qualquer uma das Novas Eras e a todas elas.

A jovialidade pode ser amorosa e sábia; na verdade, o amor e a sabedoria são, em sua essência, joviais. Ao responder ao chamado para erigir uma Nova Era, aprenda a ser jovial, não como uma fuga mas como um engajamento.

Tarefa: a perspectiva equilibrada

A Nova Era precisa de pessoas que têm equilíbrio e perspectiva, que não se identificam tão-somente com seus sentimentos ou com sua mente, com seu corpo ou com seu espírito. A Nova Era precisa de pessoas de intelecto forte e honesto, pessoas que estão em contato com suas próprias emoções e com o significado dos seus sentimentos, que honram sua condição de seres físicos e sua sensualidade e que fazem de sua vida uma encarnação do espírito e da alma.

Para alcançar essa perspectiva e esse equilíbrio, há outras tarefas importantes, como a de aprender. William Bloom, em seu excelente livro (e, a meu ver, dotado de um título um tanto infeliz), *Psychic Protection,* oferece um exercício para a manutenção da flexibilidade mental e emocional: pensar e sentir em favor de posições que você não aceita. Assim, se, por exemplo, você não tem simpatia pelos militares nem pelos negócios, você precisa tentar ver o mundo pelos olhos de um soldado ou de um empreendedor, usando todos os recursos que puder imaginar para pôr-se mental e emocionalmente na pele deles por um dado período de tempo. Isso pode não nos levar a concordar com essas posições, mas teremos ampliado a mente e o coração e evitado que se acomodassem em determinados hábitos de pensamento e de sentimento.

Essa flexibilidade é um importante fundamento da aprendizagem, e nos ajuda a crescer em vez de limitar-nos a reafirmar a aceitação de posições que já temos. Do mesmo modo, é algo que nos auxilia na tarefa da alteridade e da ampliação da nossa capacidade de formar vínculos com aquilo que é diferente de nós a fim de poder entrar em contato com os níveis mais profundos da alma e da vinculação que formam o solo sobre o qual construímos as estruturas das nossas diferenças.

Essa flexibilidade e essa perspectiva também nos impedem de ser prisioneiros das nossas posições. Para muitas pessoas, a mudança é uma forma de guerra; ela se realiza por meio da destruição das posições adversárias. Mas essa atitude de violência apenas perpetua a desvinculação que obscurece a presença do mundo sagrado. Por exemplo, os ambientalistas podem assumir posições extremas a fim de levar, pelo medo, as pessoas a proteger a Terra; e os industriais podem, como reação a isso, assumir posições extremas a fim de proteger uma base econômica e ter acesso aos recursos. Os dois lados podem usar a desonestidade (fatos incompletos ou distorcidos, lemas, técnicas terroristas, etc.) para alcançar a vitória; mas quando isso acontece, ninguém ganha de fato. A tirania, a ignorância e a desvinculação podem manifestar-se no mundo dos ecologistas da mesma maneira como o fazem no mundo das grandes empresas.

A pessoa interessada na criação de uma Nova Era deve ver todos os lados das questões. Não basta que uma facção "ganhe" porque parece mais ecológica e mais "Nova-Era" do que outra. O espírito da Nova Era surge da criatividade advinda dos encontros sem críticas acerbas e atitudes hostis entre facções. Os dois lados têm sua parcela de razão, de intuição e de sabedoria a oferecer. A Nova Era requer as duas parcelas, e não apenas uma ou outra.

Logo, quem leva a Nova Era a sério tem de aprender a arte do encontro que discuti no capítulo 5. De certa maneira, pode parecer que as pessoas da Nova Era têm de ser defensoras de ambos os lados de uma questão, mas na realidade elas defendem a extremidade, a fronteira co-criativa, o espaço aberto, o espírito de novidade e a dinâmica do diálogo. São defensoras da alma, que é amor e ligação. Do mundo sagrado, que não é uma posição, mas um processo e um revelar-se.

Tarefa: a recolonização do invisível

Há não muito tempo, o sagrado era visto na cultura ocidental como algo que penetra, infunde e plasma todas as coisas. A Terra era considerada um ser vivo dotado de alma e de espírito, e os mundos interiores dos anjos e de outros espíritos estavam intimamente entrelaçados com o mundo corpóreo e os assuntos cotidianos da humanidade.

Mas não é isso o que hoje sucede. Nossa cultura se afastou do território espiritual que antes conhecia, de início num esforço de superar a superstição, o charlatanismo e o medo e distingui-los do conhecimento espiritual comprovado; depois, com o aumento da força e da aceitação da visão de mundo materialista, numa rejeição a todos os fenômenos sagrados e espirituais, entendidos como simples fantasia, alucinação, sexualidade reprimida ou realização inconsciente de desejos. É como se, metaforicamente, tivéssemos habitado outrora um local de ricas florestas e campinas, mas tivéssemos recuado para uma cidade cercada de muros, tendo abandonado a Terra.

Isso, naturalmente, nos privou de uma linguagem espiritual comum. Já não sabemos falar sobre a experiência da espiritualidade ou dos mundos interiores em nossa vida cotidiana, a não ser na terminologia do culto e do dogma herdada das religiões organizadas ou na terminologia da neurose e da subjetividade herdada da teoria psicológica. É como se tivéssemos perdido o "saber do mato" que nos servia quando caminhávamos pelas florestas e pelas campinas e nelas nos dedicávamos aos nossos labores.

Trata-se de uma perda concreta, e a nossa vida anímica correu o risco de empobrecer em função disso. Por outro lado, essa perda também nos proporciona uma dádiva. A nossa tarefa interior é agora recolonizar e voltar a habitar o território perdido do espírito, mas fazê-lo com uma perspectiva inteiramente nova. O movimento da Nova Era realmente é uma tentativa de levar a efeito uma tal recolonização, um movimento de recuperação de um legado e de um conhecimento espiritual que, de modo geral, nos são oferecidos pela religião ou pela psicologia e, em menor medida, pela ciência e pela tecnologia.

No esforço por resgatar a linguagem e compreender esse campo da espiritualidade, tão novo e tão antigo, estamos nos voltando para mapas e ruínas, lendas e histórias das culturas que outrora habitaram essa paisagem interior, mas esses recursos nos chegam, via de regra, distorcidos e aos pedaços. Não há garantia de que as informações que obtemos ao reunir os resquícios de antigas tradições estejam corretas, que as estejamos interpretando corretamente ou que não estejamos recaindo em velhos padrões de superstição dos quais os nossos ancestrais queriam escapar.

Quando percorremos e resgatamos a espiritualidade de culturas que precederam a nossa, corremos o risco de desenterrar detritos ao lado das jóias. O fato de algo ser antigo ou parte de uma longa tradição não o torna correto. Ao lado de valiosas intuições vindas do passado, podemos igualmente coligir informações falsas. Nem tudo que os nossos ancestrais sabiam ou julgavam saber sobre a espiritualidade, os mundos interiores ou a prática espiritual é útil ou apropriado à humanidade moderna — ou mesmo correto de modo mais geral.

A discriminação e o discernimento são vitais no processo de recolonização. O impulso de descartar tudo o que aprendemos no mundo moderno em favor de modalidades mais antigas de vida ou de espírito, de abandonar a troca espiritual e imaginativa com a ciência e a tecnologia ou ainda de só honrar valores que venham de culturas autóctones é suspeito. A maioria das pessoas do mundo ocidental não vive segundo as culturas tradicionais, nativas, nem descende delas, e, portanto, não participa das estruturas psicológicas e espirituais — tanto pessoais como coletivas — que vêm dessas culturas. Sem essas estruturas, que são quase genéticas em sua origem, há intuições e modalidades de relação com o espírito que nos são negadas. Podemos adotar a aparência e os costumes de um antigo druida (ou o máximo do que soubermos sobre essa aparência e esses costumes), por exemplo, no empenho por resgatar a espiritualidade que essa pessoa pode ter conhecido, mas não podemos ser esse druida. Ele foi uma extensão de sua cultura, tendo extraído conhecimento e força do mundo no qual cresceu e viveu. Essa cultura e esse mundo já não existem. Os portais para o espírito que ele transpôs não estão abertos da mesma maneira para nós.

Gostem ou não, a maioria das pessoas do Ocidente e muitas do Oriente são produtos de uma cultura altamente urbanizada, tecnocrática, industrializada e eletrônica. Esse é o nosso ambiente nativo, tal como as florestas e campinas, as savanas e as montanhas foram o ambiente dos nossos antepassados. Temos de aceitar os desafios dessa cultura, aprender seus pontos fracos e fortes e discernir suas belezas e seus perigos. Temos de aprender a invocar o espírito e nos relacionar espiritualmente com as características desse ambiente — se o nosso desejo for transformá-las eficazmente.

Podemos ser orientados pelo profundo conhecimento e experiência dos nossos ancestrais — os xamãs, sacerdotes, monges, druidas, magos, bardos, poetas, místicos e profetas de tempos antigos e de ambientes diferentes —, mas não podemos ser definidos nem limitados por eles. Temos de acolher a natureza do mundo que ora habitamos e, por meio da descoberta do nosso espírito mais profundo em seu seio e do modo como esse espírito é por ele moldado, também descobrir o espírito que habita o mundo moderno e nos ligar a ele, tudo isso por meio de ações práticas; do contrário, não vamos ter a capacidade de proteger ao mundo e a nós mesmos das mortais influências que efetivamente infectam a civilização moderna, nem de levar vida nova, criativa e transformadora ao mundo tal como é no momento.

Na melhor das hipóteses, podemos recorrer às ressonâncias míticas e imaginativas dessas culturas antigas ou autóctones — sejam elas celtas ou norte-americanas, australianas ou maias — a fim de descobrir modos de relação com a realidade espiritual que tenham utilidade para nós em nossa época e lugar. O legado do passado não está fora do nosso alcance nem é inútil; é preciso simplesmente que a nossa aceitação dele seja feita de maneira a dizer algo ao espírito da nossa época e à realidade da nossa encarnação presente e da encarnação do mundo como um todo. Se vamos ser druidas, sejamos druidas modernos!

Ao mesmo tempo, a relativa novidade do terreno espiritual para muitas pessoas dá-nos a oportunidade sem par de habitá-lo de novas formas, de vê-lo com olhos inocentes, olhos não toldados, e de coração aberto. Podemos fazer vir à luz novas interpretações e definições e, enquanto isso, descobrir novos portais para o mundo sagrado que sejam apropriados ao nosso tempo ou a que os nossos ancestrais podem não ter tido acesso.

Essa é a característica dupla da nossa época. Temos liberdade de nos relacionar com o espírito de maneira nova, porque não estamos abertamente condicionados pela nossa cultura materialista para ver o espírito de um modo determinado (exceto, é claro, para não reconhecê-lo de modo algum, o que nos apresenta seu próprio desafio especial); por outro lado, sem uma tranqüila familiaridade com o terreno, corremos o risco de nos perder, de ficar confusos e de cair vítimas da falsidade, do *glamour*, da superstição e da desorientação.

Uma maneira de começar a recolonizar o invisível consiste em adquirir familiaridade com o que leva o nome de trabalho energético ou vibracional, como o que há em muitas formas complementares de cura como a acupuntura e a cura espiritual, o estudo das interações mente-corpo e a psiconeuroimunologia. Há vários livros e professores excelentes que tratam desse assunto. Quatro pessoas atuantes nesse campo, que conheço pessoalmente, são: William Bloom (*Psychic Protection*), Rosalyn Bruyere (*Wheels of Light*), o doutor Brugh Joy (*Joy's Way*) e Carolyn Myss (*Anatomy of the Spirit*). Além disso, embora não o conheça pessoalmente, sempre tive boa impressão do trabalho e dos livros do doutor Larry Dossey, obras que retratam o diálogo permanente entre a ciência (com destaque para a medicina) e os mundos espirituais. (Seu último livro, sobre "o poder da oração e a prática da medicina", é *Healing Words*.*

* *As Palavras Curam*, publicado pela Ed. Cultrix, São Paulo, 1992.

Os conceitos de trabalho vibracional e dos campos de energia sutil que cercam e interpenetram o ser humano são uma área de estudos que está, por assim dizer, próxima da Terra, sendo objeto de interessantes estudos científicos. É um bom lugar para começar a aprender o vocabulário e examinar algumas rotas de recolonização. Contudo, em algum ponto do percurso você também vai querer dedicar-se às tradições místicas e religiosas, à espiritualidade esotérica e às suas próprias experiências interiores.

Breves palavras sobre espiritualidade e religião. Essas duas palavras vêm sendo usadas cada vez mais, com o passar do tempo, para descrever duas coisas diferentes, havendo a implicação de que a espiritualidade é boa e saudável e de que a religião é restrita e está moribunda. Claro que a idéia de religião é prejudicada pelo modo como as instituições religiosas permitiram, no decorrer da história, que interesses organizacionais e políticos criassem desvinculação, violência e separação, subordinando valores espirituais a valores institucionais. Essas instituições configuram-se como partículas que tentam conter as ondas.

Por outro lado, sem alguma forma de especificidade e de peculiaridade, a espiritualidade tende a perder-se no vazio cósmico ou em estados solipsísticos de subjetividade.

Nossa época tem a necessidade de libertar o espírito da pertinência a uma instituição, tradição ou atividade humana particulares, assim como de permitir que ele se manifeste em obras em todos os pontos do amplo espectro dos assuntos humanos. Esse agir não é a promulgação de uma doutrina ou crença específica, mas a expressão de qualidades como o amor, a ligação, a sabedoria, a integridade e o espírito do mundo sagrado.

Essa espiritualidade precisa ainda ser associada com a especificidade da experiência humana. Precisa ser objeto de ligação. E é isso que significa a palavra "religião": vem de uma raiz que significa "ligar com firmeza". A palavra religião não precisa significar uma doutrina particular, porém significa uma ação que traz o místico para a terra a fim de ir ao encontro de uma situação particular e tê-la vindo ao seu encontro. Esse ligar no plano material pode tomar a forma de comunidade, culto, ensino, serviço e outras atividades bem diferentes; aprendendo com os erros do passado, esse re-ligar precisa ser levado a efeito de uma maneira que permita também a liberdade e a expansão.

A Nova Era é uma atividade voltada mais para a espiritualidade como atributo e expressão humanos do que para a religião como instituição particular que tem necessidades políticas e organizacionais. Mas se se joga a espiritualidade contra a religião, a Nova Era e a causa do progresso humano não vão sair favorecidas.

O herói cotidiano

No final, todas as tarefas de Aquário se resumem a introduzir o amor e a sabedoria na vida cotidiana, na qual estes se tornam parte da nossa ação e dos nossos encontros diários. Talvez essa não seja uma tarefa cósmica, mas também não é das mais fáceis. Ela conclama cada um de nós a ser heroínas e heróis cotidianos. Ir ao encontro do mundo de corpo e alma apresenta suas dificuldades. Crer numa Nova Era e atuar para levar o seu espírito ao mundo diário de cada um de forma equilibrada também não é bolinho. Na realidade, em nossa época o simples fato de ser uma criatura humana não está fácil!

A Nova Era é uma idéia poderosa e antiga. Torná-la parte da nossa vida é algo que deve ser avaliado em termos do alto chamado que representa; você está se tornando um discípulo, um cavaleiro, um servo, um mediador de uma das mais antigas e profundas aspirações da humanidade: a manifestação de um mundo sagrado de amor e de bem-aventurança. É mais do que um estilo de vida, do que um seminário, mais do que uma marca, mais do que um conceito. É um chamado que requer altos padrões, integridade, coragem, visão, uma vida nas fronteiras e a receptividade às exigências de uma condição de amor, de perdão e de vinculação. Responder a esse chamado deve ser um ato resultante de muita reflexão, pois nos convida a cumprir tarefas de grande magnitude e complexidade em nosso mundo moderno, não se podendo julgar como menos importante a tarefa da esperança e da visão.

Mas esse chamado também nos conclama a estar na presença de uma antiga e poderosa linhagem de almas: todos aqueles que, nos vários campos da atividade humana — religião, ciência, arte, política, negócios —, se empenharam em promover a integridade e o bem-estar da humanidade. É um grupo formado por pessoas famosas e por desconhecidos, pessoas excepcionais e pessoas comuns, uma coleção de servos do mundo sagrado. Essa coleção representa um vasto reservatório e um vasto recurso de ajuda e de energia espiritual à disposição de todos os que compartilham os seus objetivos e que acolhem a sua visão e os seus desafios em benefício da humanidade e da alma do mundo.

O elemento maravilhoso é o fato de que, seguindo o espírito dessas pessoas e da Nova Era em si, todos podem dar a sua contribuição. Todos podem ser uma força envolvida no parto de um novo mundo. Porque o mundo sagrado nos acolhe a todos e, nesse seu espírito, todos podem ser seus defensores, cumprindo as tarefas de Aquário.

EPÍLOGO

Recuperar a Nova Era

Comecei este livro com uma história que envolvia a mim e aos cristais. Suponho que é apropriado (certamente simétrico e, na verdade, praticamente cristalino) encerrá-lo com outra.

No final dos anos 1980, fui chamado ao Canadá a fim de participar de um programa de entrevistas na televisão, cujo formato assemelhava-se ao de Oprah ou de Donahue. O assunto, se bem me lembro, eram os "alternativos", e eu representaria o ponto de vista da Nova Era. Duas outras pessoas se uniriam a mim, representando a medicina alternativa e os estilos de vida alternativos.

Os produtores e o pessoal eram todos maravilhosos e envolvidos com o trabalho. Eles me maquiaram (deixando-me ainda mais parecido com Robert Redford) e me passaram um paletó da moda (o que eu usava iria, disseram eles, "entrar em choque com o cenário"). Antes do programa, fui para a "sala verde", onde pude comer minha porção de uma ampla variedade de pães, queijos e frutas enquanto ouvia os membros do Clube dos Céticos local, contratados para estimular a discussão, ensaiar as perguntas e comentários sarcásticos supostamente espontâneos que usariam quando estivessem sentados no meio do público. Isso me deu tempo para imaginar e ensaiar respostas igualmente espontâneas, sábias e espirituosas. Considerando todas as coisas, estava-se formando uma tarde divertida, amigável e, é claro, espontânea.

Então subi no palco.

Foi um choque! Nós três nos sentávamos em poltronas contra um imenso fundo coberto de fotos gigantescas de cristais que contrastavam com o fundo esverdeado e rosa-choque, brilhando com uma radiância tênue, porém celestial. O cenário mostrava de modo gritante as imagens mais desgastadas que eu podia conceber para representar a Nova Era. Senti que tinha entrado num inferno de Aquário.

Os outros convidados tinham contra-atacado os céticos levando consigo grupos de seguidores na forma de uma torcida organizada, técnica na qual não pensei (não que isso me fosse trazer algum benefício; de qualquer forma, não tenho seguidores: deve ser por causa das minhas brincadeiras). Os dois grupos, o dos céticos e o dos crentes, sentavam-se nas extremidades opostas de arquibancadas colocadas diante de nós. No meio, umas poucas pessoas que, imagino, tinham sido escolhidas junto ao grande público. Mas eu não estava totalmente sem apoio. No meio da platéia estava minha própria torcida: minha mulher. Quem precisa de mais? (Apresso-me, contudo, a dizer que ela não é uma seguidora. Trabalhamos lado a lado.)

A entrevista em si correu bem e foi bastante divertida. As pessoas do grande público acabaram fazendo a maioria das perguntas, e por certo as mais interessantes e inteligentes; os céticos nos espicaçavam espontaneamente de vez em quando, mas sempre seguindo as intervenções ensaiadas, de modo que suas perguntas não tinham nenhuma relação com coisa alguma do que falávamos; elas pareciam artificiais e irrelevantes — e eram. Os seguidores só aplaudiam; imagino que pensavam que nos saíamos bem o bastante para que não precisassem dizer coisa alguma.

O ponto alto foi, ao meu ver, quando o entrevistador se virou para mim e perguntou: — David, a que você atribui a má reputação da Nova Era? Por que a maioria das pessoas se recusa a levá-la a sério?

— Bem — eu disse —, a razão é óbvia. Veja o cenário atrás de nós. Quem pode levar a sério cristais expostos sobre um fundo esverdeado e rosa-choque? Por que vocês usam essas imagens para representar a Nova Era? Por que não vemos imagens de pessoas construindo comunidades? Por que não há imagens de formas alternativas de uso da energia? Por que não usar uma foto do abrigo biológico de

John Todd? Qual a relação dos cristais com a transformação social e com a criação de um mundo mais humano e holístico? Se vocês querem saber quem mancha a imagem da Nova Era, eu digo: são vocês! São os meios de comunicação que fazem isso! Não causa surpresa que a Nova Era tenha má reputação!

Ao ouvir isso, a platéia aplaudiu estrondosamente. (Quer dizer, minha mulher ao menos aplaudiu.) O anfitrião sorriu e disse: — Essa é uma boa resposta! — e prosseguiu. Mas vi pelo jeito dele que o pessoal não iria me deixar com a última palavra.

Mais tarde, quando recebi um vídeo de cortesia do programa, descobri que toda a seqüência pergunta-resposta ("David defendendo a Nova Era") fora cortada na sala de edição e nunca fora transmitida. Aprendi a minha lição: nunca critique os cristais de outro homem.

A idéia de uma Nova Era é importante para mim. Se assim não fosse, duvido que eu continuasse envolvido com ela por mais de trinta anos. Ela é parte do meu chamado interior. Ela é para mim uma idéia espiritual, e até aquilo que Jacob Needleman chamou de idéia sagrada. Ou seja, uma idéia capaz de nos levar ao mais profundo do nosso ser e à alma do mundo, idéia capaz de nos transformar.

Por outro lado, o entrevistador da televisão canadense tinha razão. O termo "Nova Era" criou uma má reputação como idéia ou movimento que não merece ser levado a sério. Nisso os meios de comunicação têm a sua parcela de culpa. Mas ela cabe igualmente aos adeptos da Nova Era, que confundem fenômeno com substância, potencial pessoal com condição de pessoa, profecias com práticas espirituais e novidade com modismos.

Quando ouvi pela primeira vez a expressão Nova Era, tratava-se de uma idéia profética. Agora, vejo essa expressão, na maioria das vezes, em lojas, bem como em músicas da Nova Era, livros da Nova Era ou cosméticos da Nova Era. Num intervalo de trinta anos, a Nova Era foi da previsão de eventos à previsão de vendas, da visão ao Visa, da consciência à mercadoria, o que não constitui uma curva de desenvolvimento incomum na cultura ocidental.

Você agora pode comprar produtos da Nova Era; mas pode levar a Nova Era a sério o suficiente para vivê-la?

Você se dispõe a fazer o trabalho de discernimento crítico, de reflexão e de comprometimento pessoal que constrói a integridade; o trabalho de examinar o sentido do sagrado e dos seus relacionamentos com ele, trabalho de concepção de novas possibilidades e rumos para a nossa sociedade, de tornar-se receptivo a novas maneiras de ver a realidade ao mesmo tempo em que, indo além dos fenômenos, alcança os pontos mais profundos da alma? Está pronto a ir além do sentir-se bem para alcançar o pensar bem? A deixar o crescimento pessoal em favor do crescimento de sua condição de pessoa — que abarca igualmente as necessidades e o bem-estar das comunidades mais amplas de que todos somos parte? Está disposto a manter um alto padrão pessoal de integridade e de espírito, de amor e de compaixão?

O fato é que, quando diz que tem uma visão do futuro ou oferece um caminho para a transformação, um grupo será considerado responsável pela qualidade do exemplo que dá. De que maneira ou com que grau de perfeição o grupo encarna aquilo que prega? Ele de fato representa um futuro no qual quereríamos viver?

Eis aqui um teste no qual o movimento da Nova Era nem sempre passa.

Por outro lado, esse teste pode também ser enganoso. Porque muitos dos pecados pelos quais o movimento da Nova Era é criticado são na realidade desafios que defrontam a própria cultura ocidental. As acusações de narcisismo, de irresponsabilidade, de escapismo, de permissividade e de individualismo, de não ver o sofrimento dos outros, de falta de valores, etc. podem ser igualmente dirigidas à nossa cultura moderna. A real falha no movimento da Nova Era não está nesses problemas, mas no fato de que, dizendo representar uma alternativa, ele nem sempre foi capaz de ultrapassar as fraquezas e os vícios da cultura que o deu à luz. Nem sempre a sua realidade corresponde às suas promessas.

Acresce que a Nova Era é, na sua forma moderna, um movimento relativamente jovem, que ainda cresce, amadurece e se transforma. E, apesar de todos os exemplos de comportamento imaturo e escapista que se possam arrolar, também há exemplos nos quais a visão, a imaginação, o espírito, os valores e a personificação efetivamente se unem em atos e demonstrações de serviço e de transformação.

É nesse campo que os meios de comunicação também têm responsabilidade por não apresentar a Nova Era como ela é. Quando é apresentada nos meios de comunicação, a Nova Era o é no contexto do ocultismo, da paranormalidade, dos OVNIs, dos fenômenos mediúnicos e de coisas desse gênero. Isso não seria tão ruim se alguns dos trabalhos profundos e responsáveis dessas atividades estivessem sendo destacados, trabalhos que buscam transcender os meros fenômenos e o sensacionalismo em busca de sentidos mais profundos e de padrões constituintes da consciência e do potencial humanos. Porém, a cobertura tende a concentrar-se nas coisas vazias e sensacionais, além de transmitir a mensagem, de maneira não muito sutil, de que, como tem em si esses materiais e esses comportamentos, a Nova Era não deve ser levada a sério. Claro está que, se algo desafia a situação estabelecida, como é o caso da Nova Era, uma das reações consiste em marginalizar o ofensor por meio de sua transformação em objeto de ridículo, de suspeita e de condescendência.

O fato de alguns grupos e indivíduos que se identificam como membros da Nova Era facilitarem isso com o seu comportamento imprevisível ou extremista é apenas parte da condição humana. Todo grupo tem suas fronteiras. Quase todos os grupos e pessoas podem ser marginalizados ou demonizados por meio da apresentação de informações selecionadas ou deturpadas a seu respeito. É muito provável que as pessoas ficassem horrorizadas se descobrissem que uma religião que venerou instrumentos de tortura, incitou seus seguidores a ingerir sangue e praticou o canibalismo ritual está disseminada por todo o país e, mais do que isso, é a fé dominante. Mas essa é uma descrição perfeitamente precisa, embora altamente distorcida, do cristianismo: a cruz foi um instrumento de tortura e o Sacramento da Missa consiste na ingestão ritual do corpo e do sangue de Jesus Cristo.

A distorção nos meios de comunicação nem sempre está no que eles mostram, mas no que não mostram. Não se vêem na televisão nem nos jornais programas ou matérias sobre John e Nancy Todd ou sobre o trabalho dos cientistas do New Alchemy Institute (ou, mais recentemente, de Earth Stewards e Ocean Arks, International), que desenvolveram a arquitetura orgânica do abrigo biológico ou as "máquinas vivas" que usam princípios ecológicos para destruir as formas mais tenazes e mortais de poluentes orgânicos e resíduos tóxicos. Não se vêem artigos nem filmes sobre pessoas que reflorestam o deserto, desenvolvem novas formas de remédios herbais, constroem comunidades harmoniosas, desenvolvem diálogos ecumênicos entre várias tradições de espiritualidade, incluindo a indígena, a xamanista e a pagã, ou que empreendem outras ações de mudança esperançosa e não destrutiva no mundo.

Não se vêem imagens de trabalhos sérios desenvolvidos por uma comunidade da Nova Era no sentido de cultivar alimentos orgânicos para distribuição gratuita aos pobres e desabrigados de centros urbanos próximos. Não se ouve falar do uso bem-sucedido do processo educacional Waldorf, desenvolvido pelo místico e cientista Rudolf Steiner, para transformar de modo positivo uma escola de crianças faveladas do centro da cidade e para levar a elas novos estímulos, uma nova imaginação e um novo progresso.

Não vemos comunidades da Nova Era enviando voluntários, remédios, alimentos e médicos às cidades centro-americanas devastadas por terremotos. Nem membros individuais da Nova Era figurando como os primeiros cidadãos-diplomatas a fazer a mediação entre a Rússia e os Estados Unidos e a Grã-Bretanha na época da Guerra Fria, visando com isso promover a comunicação e a paz entre nações hostis. Não se vêem grupos da Nova Era implantando centros de tratamento da dependência de drogas nem aventuras na selva para crianças do centro de Nova York e adjacências. Todas essas atividades e muitas outras existem há anos, mas em vez delas vemos somente médiuns sentados em almofadas, cercados de flores e de seguidores em atitude de adoração e encorajando as pessoas a lhes dar mais dinheiro, ou então imagens de cristais radiantes contra um fundo rosa-choque e esverdeado.

Vocês foram enganados.

Foram-lhes negadas imagens de esperança, de imaginação, de co-criatividade, de júbilo e de amor em ação.

E a idéia de Nova Era sofreu com isso.

A Nova Era é uma idéia demasiado vigorosa para ser cristalizada, mediunizada, "ocultizada" e, em conseqüência, ridicularizada e desconsiderada. Trata-se de uma idéia que está em contato com forças primordiais da vida, forças de mudança e de crescimento, forças de amor e de sacrifício, de desafio e de expansão. Uma idéia que nos leva às fronteiras e nos apresenta a extremidade em que todas as coisas são renovadas.

Uma idéia que fala às forças criativas/criadoras que estão dentro de você.

Ela afirma as possibilidades que você pode fazer nascer.

Ela não deve ser domesticada.

Não deve ser tornada segura.

Não deve ser banhada de perfume para ficar uma gracinha.

Não deve ser motivo de escárnio de pessoas demasiado temerosas, demasiado insensíveis ou demasiado voltadas para si mesmas para se mostrar receptivas a novas possibilidades no mundo; nem motivo de enfatuação para aqueles que pensam que a participação na Nova Era lhes dá acesso especial à força cósmica e aos prodígios do universo.

Ela não deve ficar à mercê de interesses comerciais que estão sempre à espera, como aranhas venenosas, prontos para saltar sobre a vítima ao mais tênue tremor de uma teia.

A Nova Era deve ser uma revelação do espírito sagrado que habita em nós.

Deve ser uma revelação da Terra sagrada e amorosa cuja semente está em nós e cuja promessa podemos fazer vir à luz.

Deve infundir nova vida em nós. Deve nos abalar, deixar-nos incomodados, chamar-nos a uma nova visão e deixar-nos fortes por meio da constatação de que nossa ação pode influir no resultado final, de que somos co-criadores, de que podemos ser guardiões da semente de um futuro extraordinário.

Deve nos chamar a seguir um elevado padrão de vida e de relacionamento.

Se você acredita nas possibilidades de uma Nova Era, você está comprometido consigo mesmo a ir além das imagens (ou da falta delas) nos meios de comunicação e encontrar os elementos, as pessoas e os exemplos da Nova Era que realizam as suas possibilidades de modo pleno e elevado e que, por conseguinte, concretizam de modo pleno e elevado as possibilidades que estão dentro de você.

Quanto a mim, não gosto do termo "Novoérico", mas tenho orgulho de estar associado com a Nova Era. Ela é um chamado que tenho o privilégio e a felicidade de ouvir.

Espero que você também possa compartilhar comigo esse sentimento.

Se assim for, estaremos compartilhando uma grande aventura, ora em andamento: a peregrinação para Aquário... e para Além dele!

APÊNDICES

Os apêndices a seguir incluem um excelente artigo do doutor Jackson Spielvogel sobre a história da Nova Era, trabalho resultante de um seminário que ele e eu coordenamos juntos sobre o assunto. Esse trabalho elabora parte do material apresentado no capítulo. Ao lado da minha resposta, que vem em seguida, o texto foi publicado em 1983 na *Lorian Journal*, publicação hoje extinta. Há, por fim, um artigo que escrevi sobre a Nova Era e que foi originalmente distribuído num dos cursos que ministrei sobre a questão.

A NOVA ERA EM ÉPOCAS PASSADAS: REFLEXÕES SOBRE A TRANSFORMAÇÃO HISTÓRICA

Jackson Spielvogel

A partir da metade dos anos 60, quando comecei a estudá-la pessoalmente, sempre julguei importante que as pessoas compreendessem a Nova Era num contexto histórico. Isso proporciona uma perspectiva de imenso valor para a avaliação das várias formas e expressões que o moderno movimento da Nova Era assume, além de nos dar idéias sobre como o espírito que está na base da Nova Era pode ser traduzido em serviço efetivo e ação transformadora em nossa época.

Em 1983, a Lorian Association patrocinou um seminário em Madison, Wisconsin, sobre as raízes históricas da Nova Era. O seminário foi comandado por um de nossos associados e colaboradores, o doutor Jackson Spielvogel, professor de História da Europa na Universidade Estadual da Pensilvânia. Intitulamos o programa "A Nova Era em Épocas Passadas, ou Aconteceu um Fato Curioso no Caminho para o Milênio". A apresentação de Jackson foi excelente. Sentindo que suas perspectivas merecem ser partilhadas com um público mais amplo, pedimos-lhe que condensasse essa apresentação na forma de um artigo adequado à Lorian Journal.

Jack dá exemplos de movimentos milenaristas da história ocidental que esperavam o advento de uma nova era. Eles fracassaram em parte porque se viam como algo especial, apartado do mundo e contrário a ele. Eles não imaginavam precisar integrar-se à corrente principal da sociedade, nem que era preciso chegar a uma integração criativa com o mundo em que viviam. Tornaram-se movimentos de conflito e este os derrotou. Oferecemos essa perspectiva histórica como um lembrete para não nos esquecermos de que os nossos próprios empreendimentos da Nova Era têm, no final, de levar a uma invisibilidade advinda não da inação nem da timidez, mas da naturalidade. É imperativo não esquecer que as transformações pelas quais ansiamos não vêm de atividades especiais ou exóticas que nos separam da sociedade, mas de pessoas que descobriram uma nova experiência do comum ao viver em harmonia com a sacralidade e a criatividade de toda a vida.

No final da década de 1960 e começo da de 1970, houve quem procurasse situar o turbilhão desse período no contexto de um processo de transformação histórica mais ampla. A expressão "Nova Era" foi usada para descrever a chegada da humanidade a uma nova maneira de ver o seu potencial de desenvolvimento de uma civilização que espelhasse o salto evolutivo para um nível mais elevado de consciência. *Revelation: Birth of a New Age,* de

David Spangler, foi um dos livros que influenciaram a disseminação desse conceito, mas outros intelectuais americanos, como William Irving Rhompson (em *Passages about Earth*) e Theodore Roszak (em *Where the Wasteland Ends* e *Man the Unfinished Animal*) apresentavam idéias semelhantes. No início dos anos 1970, o movimento da Nova Era espalhara-se rapidamente e continuava a crescer e a aprofundar-se, como o documentou Marilyn Ferguson em *The Aquarian Conspiracy*.

O movimento contemporâneo da Nova Era é visto muitas vezes como evento sem precedentes na história. Contudo, a história da civilização ocidental apresenta inúmeros exemplos de movimentos do passado que postularam o advento de uma Nova Era que iria ensejar todo um novo nível de existência da humanidade. O desenvolvimento de movimentos milenaristas e a tentativa, à época da Renascença, de criar uma nova cultura sagrada por meio da retomada da tradição hermética são exemplos proeminentes de movimentos da Nova Era antecedentes. O exame deles ajuda a situar o movimento contemporâneo da Nova Era numa perspectiva histórica.

Os estudos modernos de Norman Cohn, Michael Barkun e James Rhodes nos dão a conhecer algo da natureza dos movimentos milenaristas. Usando-se os seus escritos, é possível formular um modelo desses movimentos que pode ser exemplificado pelo levante taborita, da Boêmia, ocorrido no início do século XV, pela criação de uma Nova Jerusalém em Munster, na Alemanha do século XVI e por uma versão secularizada: a Alemanha nazista do século XX.

O primeiro estágio da maioria dos movimentos milenaristas envolve uma crise e um cenário de desastre. As pessoas percebem-se a si mesmas como participantes de eventos catastróficos que lhes ameaçam a própria sobrevivência. A confusão e o medo da destruição levam ao segundo estágio, no qual a necessidade de explicar o sofrimento das pessoas é atendida por visões ou revelações que oferecem soluções para os seus problemas. Essas soluções incluem a revelação dos elementos demoníacos responsáveis por seus sofrimentos e a subseqüente compreensão de que elas são os eleitos ou escolhidos de Deus, que vai livrá-los, e ao mundo, de mais sofrimentos. Nesse estágio, costuma surgir uma figura messiânica capaz de exprimir novas visões e reunir pessoas que as sigam. No terceiro estágio, toma-se a decisão de agir e de combater as forças do mal e destruir os iníquos. Por fim, essa batalha entre o bem e o mal desemboca na Nova Era com o estabelecimento da Nova Jerusalém, o paraíso milenarista no qual tudo se transforma.

O movimento taborita começou como resultado da reação, na Boêmia (parte da Checoslováquia moderna), à morte do seu herói nacional, João Huss. Huss foi um padre que se pronunciava sobre a necessidade de uma reforma na Igreja Católica, pedindo a imediata eliminação da mundaneidade e da corrupção entre o clero checo e criticando a venda de indulgências e o poder excessivo do papado dentro da Igreja Católica. As objeções de Huss encontravam ouvidos receptivos, visto que havia disseminadas críticas à Igreja Católica como um dos principais proprietários de terra da Boêmia. Muitos clérigos eram alemães, e um forte ressentimento contra os alemães que dominavam a Boêmia ajudaram o movimento de Huss. Quando este foi queimado na estaca como herege durante o Concílio de Constança, no ano de 1415, descumprindo-se assim as promessas de um salvo-conduto que lhe permitisse deslocar-se e expor suas opiniões, a insatisfação na Boêmia tornou-se uma reforma nacional. Mais tarde, quando o rei Wenceslau recusou-se a aceitar as reformas moderadas, estabeleceu-se um movimento mais profundo, e as tendências radicais no âmbito do movimento hussita se viram fortalecidas.

Os elementos radicais eram recrutados nos estratos sociais mais baixos, como o dos tecelões e operários manuais de cidades como Praga, onde eram dominados pelos patrícios, e o campesinato explorado por grandes proprietários. Em 1419, a ala radical do movimento hussita começou a organizar a ocupação permanente das colinas do sul da Boêmia. Uma delas, rebatizada como Monte Tabor, deu origem ao nome Taboritas. Embora estes de início fossem a favor de uma reforma nacional e de um total rompimento com a Igreja Romana, sua perseguição pelo novo imperador, Sigismundo, no final de 1419, criou uma síndrome do desastre entre eles, que pensaram que iam ser aniquilados. A resposta a essa ameaça tomou a forma de visões e expectativas milenaristas. Líderes messiânicos como Martin Huska apareceram e deram voz a essas expectativas. Os artigos de 1420 exprimiam claramente as esperanças dos taboritas: "É preciso extirpar um mal desta terra." Todos seriam destruídos, exceção feita aos que fossem para as cidades montanhesas taboritas: "Nesta época de vingança, apenas quatro cidades permanecerão, sendo salvos todos os que para elas fugirem; mas todas as outras cidades, povoados e lugarejos, com aqueles que nelas habitam, serão destruídos, ardendo como Sodoma." Os taboritas eram os eleitos: "Anjos de Deus enviados para liderar os justos até as montanhas, fora das cidades, povoados e lugarejos." Os eleitos tinham a responsabilidade de purgar do mundo os inimigos de Deus.

> *Todo senhor, cavaleiro, cidadão ou camponês que for conclamado pelos irmãos taboritas a assistir... no trabalho pela salvação da humanidade... e não o fizer deverá ser combatido como Satanás ou dragão, e morto, e toda a sua propriedade lhe será tirada ou destruída, e o mesmo destino se abaterá sobre cada cidade, povoado ou lugarejo.*

O clero merecia menções específicas: "Toda casa de sacerdote, cônego, capelão ou outro eclesiástico deve ser destruída e queimada." Depois, Cristo iria "descer corporalmente do Céu para assumir o Seu reino aqui na terra", e a Nova Era se iniciaria. O milênio era concebido como uma sociedade sem classes em que não haveria reis nem senhores humanos, não haveria igreja nem propriedade privada: "Tudo será comum a todos por todo o sempre."

Era relativamente fácil enunciar essas expectativas como o fizeram os artigos taboritas de 1420, mas bem mais difícil vê-las concretizadas. Fizeram-se tentativas de estabelecer uma nova ordem, especialmente no desenvolvimento das comunidades igualitárias de Pizek e Tabor. O exército taborita liderado por João Zizka, que vinha da aristocracia proprietária de menos terras e tinha grande habilidade militar, permitiu que os taboritas sobrevivessem por algum tempo; mas depois da morte de Zizka, em 1424, uma contra-revolução comandada pela aristocracia abonada em terras fez que a velha ordem recuperasse seu poder tradicional. Perto da metade da década de 1420, a Nova Era já não constituía para os taboritas uma possibilidade, como reconheceu claramente um deles, Nicolau de Pelhrimov:

> *Não consideramos digna de crédito a história que alguns contam de que uma nova era, em que não haverá quem pratique o mal, está chegando, e de que nada irão sofrer, mas ser invadidos por inefável júbilo. Porque todas essas coisas devem ser no Céu, mas as coisas que hão de acontecer aqui são incertas.*

O reino milenar tinha de ser adiado para o pós-vida.

Os taboritas não tinham conseguido estabelecer a Nova Era, mas expectativas milenaristas continuaram a surgir. O século XVI foi outra época de inquietação, sendo o levante criado por severas mudanças econômicas, sociais e políticas reforçado pela cisão do cristianismo decorrente da Reforma Protestante. Em meio à proliferação de seitas protestantes criadas pela Reforma, os Anabatistas se destacaram como os radicais do movimento protestante. Eles acreditavam no batismo de adultos e na completa separação entre Igreja e Estado, assustando não apenas as autoridades seculares como também os católicos e outros grupos protestantes. Por essa razão, sofreram implacável perseguição. Essa ameaça de aniquilação produziu uma síndrome do desastre, e alguns anabatistas reagiram com expectativas milenaristas. Um exemplo extremo ocorreu em Munster, da Vestfália, no noroeste da Alemanha. Essa cidade de 15.000 habitantes, governada por um príncipe-bispo ajudado por um clero aristocrático, continha uma ampla classe de proletários despossuídos e uma imensa classe média de mercadores que se opunham aos altos impostos cobrados por seus dirigentes e ressentida com o poder de clérigos e patrícios. Em 1529-30, a cidade foi palco de uma extraordinária seqüência de desastres, incluindo pragas e a destruição da lavoura. Em 1532, Munster converteu-se ao luteranismo e logo percorreu o caminho para um protestantismo mais extremista quando Jan Bockelson (também conhecido como João de Leiden) ali chegou, no começo de 1534. Bockelson, com a ajuda de um mercador abastado, Bernhard Knipperdollinck, despertou nas massas uma histeria religiosa que levou ao reconhecimento legal dos anabatistas. Seu mestre, Jan Matthys, que se julgava um profeta, chegou logo depois para assumir os encargos. Matthys proclamou que o resto da terra estava condenado e que Munster era agora a Nova Jerusalém. Foram enviadas cartas a cidades vizinhas instando todas as pessoas religiosas a ir para Munster. Nesse sentido:

> *A redenção está próxima. Que todos estejam preparados para acorrer à Nova Jerusalém, a cidade dos Santos, porque Deus está prestes a punir o mundo. Que homem algum deixe de unir-se à marcha, a fim de não fazer uma provocação a Deus. Fugi da Babilônia, para que todos possam conservar a própria alma... que ninguém leve em conta um marido ou uma mulher descrentes, nem os traga consigo, nem crianças incrédulas ou desobedientes.*

Milhares de pessoas acudiram a Munster, em sua maioria fazendeiros e membros do proletariado urbano.

No final de fevereiro do ano de 1534, todos os católicos e luteranos foram expulsos da comunidade, e os habitantes remanescentes foram batizados como filhos de Deus, santos ou eleitos. Os anabatistas somavam agora 11.000. O príncipe-bispo, Franz von Waldau, sitiou a cidade, proporcionando evidências adicionais de que as forças do Anticristo pegavam em armas contra os seus membros.

No interior de Munster, Matthys e Bockelson empenharam-se na tarefa de estabelecer a Nova Jerusalém. A propriedade privada foi abolida e uma nova ordem comunal foi implantada, como o exprimem os panfletos munsteritas:

> *Entre nós, Deus — a quem elevamos eterno louvor e gratidão — restaurou a comunidade, como foi no princípio e como é próprio dos Santos de Deus. Esperamos também que entre nós a comunidade seja tão vigorosa e gloriosa, e seja pela graça de Deus observada com um coração tão puro, quanto em qualquer época precedente. Já que não somente juntamos todos os nossos pertences num fundo comum, aos cuidados de diáconos, como também vivemos com base nele, de acordo com as nossas necessidades, louvamos a Deus através de Cristo com um só coração e uma única mente, estando ávidos por nos ajudar mutuamente em todo gênero de serviço.*

Depois que Matthys morreu numa fútil tentativa de derrotar os sitiantes, Bockelson assumiu a direção da Nova Jerusalém. Como resultado de suas visões extáticas, foi introduzida a poligamia e implantado um novo sistema em que Bockelson declarava ser o Rei da Nova Jerusalém e, portanto, rei do mundo inteiro. Na qualidade de Rei da Nova Jerusalém, ele lideraria os eleitos a partir de Munster a fim de alcançar a terra inteira e purificá-la do mal como preparação do Segundo Advento de Cristo e do estabelecimento de uma Nova Era milenar. Nesse novo reino, todos os bens seriam comuns e os santos viveriam sem nenhum sofrimento.

Com o aumento da eficiência do cerco de Munster, o novo rei tinha de adiar continuamente o momento em que lideraria seu povo a sair da cidade. Por fim, depois de meses de fome, Munster foi recapturada pelas forças de Waldau em junho de 1535, e Bockelson, Knipperdollink e outros líderes foram executados de maneira pavorosa. A Nova Jerusalém cessara de existir.

Os movimentos milenaristas que examinamos desenvolveram-se no âmbito do simbolismo cristão, fazendo uso, especialmente, de imagens do Apocalipse de São João no Novo Testamento. Com a ascensão do secularismo e o declínio do cristianismo na história ocidental moderna, os movimentos milenaristas baseados nesses símbolos também se reduziram, tanto em freqüência como em magnitude. Porém, recentemente, seguindo uma sugestão feita por Norman Cohn em seu livro *The Pursuit of the Millennium*, James Rhodes (*The Hitler Movement*) apresentou elementos que permitem substanciar a crença de que o movimento de Hitler foi um movimento milenarista secularizado e moderno. É patente que, embora Hitler e os nazistas manipulassem deliberadamente os símbolos do milenarismo, a força destes manifesta-se indubitavelmente no vigor do movimento nazista e no fascínio que exerceu sobre o povo alemão. Podemos vê-lo como um movimento que se enquadra no padrão do modelo milenarista, mas obviamente de modo demoníaco.

Hitler e os primeiros nazistas viam-se a si mesmos como vítimas da catástrofe, tendo desenvolvido a síndrome do desastre. A derrota na Primeira Guerra Mundial, a insegurança política do Pós-Guerra na República de Weimar, os resultados devastadores tanto da inflação como da depressão econômica produziram um forte medo da aniquilação em Hitler e outros nazistas. Como ele disse: "Há hoje um gigantesco processo de aniquilação do nosso *Volk* ["povo", em alemão - *sic*] e da nossa Pátria." A síndrome do desastre levou por sua vez a visões que revelaram a causa e a cura dos seus sofrimentos. Essas revelações foram o resultado daquilo que Hitler denominou "certos sentimentos" advindos dos instintos da alma do povo ou da alma da raça do povo alemão. Seu conteúdo era inequívoco: os judeus eram vistos como a fonte primordial do mal. Segundo Hitler, os judeus eram biologicamente demoníacos. Ele os comparava a parasitas que matam o hospedeiro e julgava que tivessem a intenção de destruir os alemães por meio do marxismo e da luta de classes, do liberalismo, das finanças internacionais e dos meios de comunicação.

Em contrapartida, os nazistas eram considerados os eleitos, os "escolhidos", que, sob a orientação do seu novo messias, Adolf Hitler, seriam a vanguarda da marcha para uma nova era. Assim é que Ernst Rohm, líder da S.A., o exército particular de Hitler, afirmou que "a época em que vivemos, na qual o mundo se desfaz fragorosamente e um novo mundo luta pela vida e pela luz, será julgada pelas futuras gerações o nascimento de uma nova era". Naturalmente, o caminho para essa "nova era" tinha necessidade de entrar em conflito com as hostes demoníacas a fim de ganhar vida e liberdade. Num discurso a seus companheiros de partido, Hitler foi muito claro a esse respeito:

> *Combatam a forma maléfica que conduziu a Alemanha a esse sofrimento. Combatam tanto o marxismo como os sustentáculos espirituais dessa peste e doença epidêmica mundial, os judeus. Quando nos congregamos neste novo movimento, enunciamos com clareza para nós mesmos que, neste conflito, há somente duas possibilidades: ou o inimigo vai pisar sobre os nossos cadáveres ou nós vamos pisar nos dele.*

No final, a luta desembocaria na Nova Jerusalém, no caso um milênio secular, um Reich de 1000 anos. Nesse paraíso terrestre os nazistas iriam, por meio de processos científicos, criar uma nova "humanidade superior". Felizmente para a humanidade, o Reich de 1000 anos durou apenas 12, e a tentativa nazista de criar uma Nova Jerusalém secularizada malogrou.

O movimento hermético da Renascença consubstancia uma abordagem diferente para o estabelecimento de uma Nova Era. Nesse período, concebeu-se uma nova cultura sagrada cujo fundamento era a "teologia antiga" (nome dado aos escritos herméticos). Mas o movimento hermético também não alcançou suas metas, tendo-se transformado em seu oposto, a Revolução Científica.

A tradição hermética foi introduzida na Renascença como um subproduto da revivescência platônica em Florença, um dos principais centros do renascimento cultural do século XVI. Impelido por seu interesse pelos estudos gregos, Cosimo de Medici, regente *de facto* da cidade, contratou Marsilio Ficino para traduzir as obras de Platão. Antes de empreender esse projeto, Cosimo pediu a Ficino que traduzisse o *Corpus Hermeticum*, coletânea de escritos sobre temas esotéricos como a magia, a astrologia e a alquimia.

Ficino acreditava erroneamente que o *Corpus Hermeticum* tinha como autor um antigo sacerdote egípcio, Hermes Trismegisto, o "Três Vezes Grande", que viveu apenas duas gerações depois de Moisés. Segundo Ficino, a sabedoria de Hermes Trismegisto fora transmitida ao sábio grego Orfeu e, por fim, a Pitágoras e Platão. Só no século XVII os eruditos descobriram que esses escritos tinham sido compostos por volta de 100-300 d.C. como produto das escolas mistéricas neoplatônicas da parte leste do Império Romano.

(Como suas fontes permanecem desconhecidas, é possível que o *Corpus Hermeticum* contenha a essência de um corpo de conhecimento mais antigo, estendendo-se talvez ao Antigo Egito.)

Embora o conteúdo do *Corpus Hermeticum* fosse variado, havia nele concepções da humanidade e do universo que impressionaram de modo especial os intelectuais da Renascença e os levaram a pensar a natureza humana sob nova ótica. Os indivíduos eram considerados seres divinos que traziam em si força de criação. Embora tendo uma essência básica de cunho espiritual, os seres humanos escolhiam livremente entrar no mundo material, sendo por isso tanto mortais como imortais. Via-se o universo segundo o prisma do animismo ("tudo o que há no mundo, sem exceção, está em movimento, e aquilo que está em movimento também está em vida. Contempla pois a bela organização do mundo e vê que ele é vivo e que toda matéria é cheia de vida") e do panteísmo ("quer fale da matéria, dos corpos ou da substância, conhece que todas as coisas são energias de Deus, do Deus que é o Todo. No Todo, nada há que não seja Deus").

Em sua forma renascentista, a tradição hermética via o ser humano como um mago em potencial. Por meio de exercícios de regeneração, a pessoa podia recuperar sua divindade e resgatar um conhecimento da natureza que ela poderia empregar em benefício dos outros. A magia do Renascimento, tal como praticada pelos magos, era tida como uma forma de organizar e controlar a vida. A forma mais comum era a magia hermética, fundada no uso de forças naturais. Alguns magos desenvolveram a magia cabalista, o emprego de forças ou potências espirituais que transcendem as naturais.

Esses magos da Renascença constituíram uma sociedade internacional de intelectuais que incluía John Dee na Inglaterra, Paracelso e Cornélio Agripa na Alemanha e Marsilio Ficino, Pico della Mirandola e Giordano Bruno na Itália. Alguns deles, e Bruno em especial, concebiam a tradição hermética como a base da formação de uma nova cultura sagrada na qual o homem compreenderia seu papel nobre e seu valor. Os Manifestos Rosa-cruzes do início do século XVII representam uma tentativa de concretizar essas visões. Num deles, a idéia de uma Nova Era está claramente expressa:

> *... podemos tecer loas à época feliz na qual não apenas chegou ao nosso conhecimento a metade do mundo até então desconhecida e oculta, como... também... muitas obras e criaturas da Natureza, prodigiosas, e nunca vistas antes, e... os homens, imbuídos de grande visão, capaz de renovar e reduzir parcialmente todas as artes (nesta nossa época maculada e imperfeita) à perfeição, de modo que o homem pode finalmente, por meio disso, compreender a sua própria nobreza e valor, e por que é chamado de Microcosmo, e o ponto até o qual vai o seu conhecimento da Natureza.*

Como mostrou Frances Yates em *The Rosicrucian Enlightenment*, na corte do Eleitor Palatino Frederick no Palatinato do oeste da Alemanha no começo do século XVII, houve uma tentativa de realizar o ideal da reforma hermética ao lhe dar expressão religiosa e política concreta. O movimento teve vida curta, mas o hermetismo sobreviveu, se bem que numa forma completamente alterada. Yates mostrou em suas obras *Giordano Bruno and the Hermetic Tradicion** e *The Rosicrucian Enlightenment*** que a ascensão da Revolução Científica no século XVII tem estreitos vínculos com a retomada da tradição hermética.

Essa tradição, com sua ênfase no uso operativo do número e na aplicação da mecânica como ramos da magia matemática, estimulou o desenvolvimento da matemática e das ciências mecânicas que tanta importância tiveram na Revolução Científica. A tradição hermética também estimulou o homem a empregar suas forças a fim de dominar a natureza. Como disse Yates: "O homem como grande milagre que age por meio do seu conhecimento mágico criou as condições para a existência do homem como um grande milagre que age por meio do conhecimento científico. O mago da Renascença é o ancestral imediato do... cientista do século XVII."

Mas, para o mago da Renascença, o manejo pela ciência moderna do domínio da natureza pelo homem contém um trágico defeito: o domínio sobre a natureza só poderia ser realizado em harmonia com as forças criadoras divinas da natureza. Ignorar a divindade da natureza, como o fez a ciência moderna, era dominar a natureza materialisticamente e gerar a desarmonia que está na base dos modernos problemas ecológicos. A tentativa de criar a cultura sagrada de uma Nova Era originara uma civilização ocidental baseada em premissas materialistas.

Pode-se considerar o passado e ver com facilidade a ligação entre os movimentos da Nova Era e as tentativas de construção de culturas sagradas, bem como com manifestações aberrantes por vezes geradas no processo. Esperamos que esse exame do comportamento pregresso da humanidade sirva para conferir às pessoas de hoje a capacidade de agir com maior clareza, equilíbrio e responsabilidade neste momento crucial da história em que parece que, mais uma vez, a consciência humana vê-se incitada e inspirada a construir uma Nova Era.

---

* *Giordano Bruno e a Tradição Hermética*, publicado pela Ed. Cultrix, São Paulo, 1987.

** *O Iluminismo Rosa-Cruz*, publicado pela Ed. Pensamento, São Paulo, 1983.

Sugestões de Leitura

Barkun, Michael, *Disaster and the Millennium*, New Haven, 1974.

Chamberlin, Eric R., *Antichrist and the Millennium*, Nova York, 1975.

Cohn, Norman, *The Pursuit of the Millennium: Revolutionary Millenarians and Mystical Anarchists of the Middle Ages*, Nova York, 1970.

Kaminsky, Howard, *A History of the Hussite Revolution*, Berkeley, 1967.

Olson, Theodore, *Millennialism, Utopianism, and Progress*, Toronto, 1982.

Rhodes, James, *The Hitler Movement: A Modern Millenarian Revolution*, Palo Alto, 1980.

Thrupp, Sylvia L., org., *Millennial Dreams in Action*, Nova York, 1970.

Yates, Frances, *Giordano Bruno and the Hermetic Tradition*, Chicago, 1964. [*Giordano Bruno e a Tradição Hermética*, publicado pela Editora Cultrix, São Paulo, 1987.]

——, *The Rosicrucian Enlightenment*, Londres, 1972. [*O Iluminismo Rosa-Cruz*, publicado pela Editora Pensamento, São Paulo, 1983.]

O MOVIMENTO DA NOVA ERA: REVELAÇÃO OU REPRISE?

Esta foi a minha resposta ao artigo de Jack no mesmo número de 1983 da *Lorian Journal.*

O artigo de Jack Spielvogel, "A Nova Era em Épocas Passadas", suscita algumas interrogações interessantes. O movimento contemporâneo da Nova Era é simplesmente mais um movimento milenarista? Se é, seu impacto será diferente ou mais eficaz que o dos seus predecessores? Será ele capaz de evitar os defeitos que condenaram ou distorceram os esforços precedentes de geração de uma nova cultura? Por outro lado, se o movimento moderno da Nova Era não for mais uma manifestação de um milenarismo perene, em que aspectos ele é diferente?

Estou envolvido com o movimento da Nova Era há 24 anos, tempo durante o qual observei a existência de uma multiplicidade de imagens e de definições da "Nova Era". Claro que existem semelhanças, como é o caso da crença geral de que este momento da história é de transformação para a humanidade. As diferenças afloram quando se define a natureza dessa transformação.

Alguns, por exemplo, vêem essa transformação em termos do impacto social do progresso científico e tecnológico contínuo e cada vez mais rápido. Outros o vêem como a necessidade de acabar com tensões humanas e ecológicas mediante o desenvolvimento de tecnologias e estilos de vida alternativos, bem como por meio da mudança dos nossos hábitos econômicos e políticos. Do mesmo modo, novas imagens científicas da natureza do universo, do mundo e de nós mesmos opõem-se a antigas suposições acerca da realidade e nos impelem a mudar de consciência e de perspectiva (uma mudança interior que alguns definiriam como o elemento crucial da transformação). Nem é preciso dizer que esses pontos de vista diferentes levam a estratégias de ação bem diferentes umas das outras.

Essa diversidade de visão e de ação, que se agrega a um tema central de transformação, difere dos movimentos milenaristas descritos por Jack. Estes tendiam a ser monolíticos, ter um líder carismático e uma visão básica unificada. O movimento da Nova Era, embora tenha pessoas que o representam, não tem no topo uma figura dominante, surgindo essencialmente de um processo pluralista de criatividade nas bases.

Muitos movimentos milenaristas, como o indica Jack em seu artigo, têm características identificáveis. Seus membros acreditam nas profecias de um desastre iminente; identificam um inimigo cuja presença como antagonista é necessária para sustentar sua identificação de si mesmos como Eleitos e oferecer um foco às suas energias e ao seu propósito; crêem num evento extraordinário em que o Inimigo é enfrentado e destruído, quer pelos próprios Eleitos ou, mais freqüentemente, por uma força maior, como a intervenção de Deus em favor dos Eleitos; por fim, prevêem o estabelecimento de um paraíso milenarista, uma Nova Era, com a recompensa dos Eleitos.

Conheci grupos, particularmente no final dos anos 1950 e 1960, que exprimiram a sua visão da Nova Era em termos milenaristas. Esses grupos existem hoje. Caracterizam-se pela exclusividade, pela necessidade de caracterizar inimigos, um pendor pelos desastres transformadores, um forte sentido de moralismo e uma falta fundamental de consideração pelos outros, mascarada por protestos abstratos de amor à humanidade. Essas características podem igualmente ser encontradas em alguns grupos religiosos e políticos. Mas esses grupos são minoritários. A tendência mais comum de atividades da Nova Era é para a síntese e a cooperação. Caracterizar o movimento da Nova Era como milenarista em função da existência desses grupos em seu seio é tão errôneo quanto julgar todo o cristianismo pelas seitas milenaristas que empregam seu arcabouço teológico.

Não vejo o movimento da Nova Era como um movimento milenarista clássico, ainda que algumas das características desses grupos possam ser encontradas em alguns grupos da Nova Era. O pensamento moderno da Nova Era tem raízes fincadas em muitas outras áreas de ação e de reflexão humanas como a ciência e a medicina, a arte e a mitologia, a política e a economia, as chamadas tradições esotéricas e os ensinamentos místicos e religiosos de inúmeras culturas. A Nova Era assemelha-se mais à irrupção de novas idéias e modos de ver as coisas que marcou a Renascença do que a movimentos milenaristas como o dos taboritas ou dos munsteritas.

Embora hoje isso seja quase um clichê, é correto afirmar que vivemos numa época de grande mudança histórica. Encontramo-nos no início de uma era global em que a humanidade, para sobreviver e prosperar, terá de começar a pensar e a agir levando em consideração o todo planetário. Somos chamados neste momento a considerar com cuidado uma visão de simbiose, de cooperação e de fortalecimento mútuo. O movimento da Nova Era é cada vez mais uma "onda portadora" da comunicação e da implementação dessa visão. Com efeito, a Nova Era poderia ser definida como a percepção e implementação de uma simbiose planetária entre todas as partes da humanidade e entre esta e a natureza. A necessidade dessa percepção e implementação tem um ímpeto que traz consigo uma multiplicidade de idéias, imagens, estratégias e atividades, todas elas relacionadas com os conceitos nucleares de síntese e simbiose. É uma resposta a um desafio histórico sem par: a necessidade de a humanidade elevar-se ao nível dos requisitos da criação de uma cultura planetária.

Esse ímpeto abrange uma gama de atividades e de conhecimentos mais ampla do que a costumeiramente associada com um movimento milenarista.

Ele é mais inclusivo, mais tolerante, livre da necessidade de um inimigo para definir a sua própria direção. O que não significa que ele não possa vir a sofrer distorções à medida que avança.

Os movimentos milenaristas costumam ser associados com imagens de desastre e de apocalipse e, de certa maneira, isso se aplica ao moderno movimento da Nova Era. A palavra "apocalipse" vem do termo grego *apokalupsis*, que significa descobrir ou revelar. Trata-se na verdade de um sinônimo de "revelação". Mas no uso (ou abuso) popular, apocalipse passou a ter o sentido de desastre. O que começou como uma palavra que denota uma experiência interior de iluminação e de transformação chegou a significar um evento exterior trágico. O conceito foi objetificado e concretizado e, no processo, sua significação subjetiva se perdeu.

Seja qual for a forma que ela venha a assumir, a distorção começa quando vemos a Nova Era simplesmente como uma imagem de mudança exterior. Claro que esta é a imagem mais fácil com que trabalhar. Ela é suscetível de análise e de diagnóstico; podemos determinar aquilo de que não gostamos e aquilo que tem de mudar, e a partir daí desenvolver estratégias e agir. Contudo, na maioria das vezes, as nossas análises produzem divisão; a divisão leva à percepção de um inimigo, o que promove, por sua vez, o conflito e a distorção. A partir do apocalipse como revelação, criamos o apocalipse como destruição e caos.

A Nova Era é fundamentalmente uma imagem de revelação. Tendemos a ver a revelação como um ato de percepção, de ver e saber o que temos de fazer, para onde temos de ir, como temos de agir. É um ato de comunicação, porém mais ainda um ato de comunhão, de relacionamento, de vulnerabilidade e de pureza de coração na presença de Deus. A revelação traz como implicação a responsabilidade. É um encontro com a presença criadora/criativa fundamental, presença na qual todas as coisas são renovadas. É um encontro com a presença fundamental da integralidade, em que todas as coisas são acolhidas, amadas e tornadas uma só. Encontro com uma força que é suprema porque faz doação de si mesma para que o universo possa viver.

Examinamos os movimentos da "Nova Era" do passado, como fez Jack, e na maioria das vezes vemos o fracasso ou, no caso do nazismo, uma grosseira perversão. Teríamos desejado que algum desses movimentos tivesse sucesso? Eram suas imagens de uma Nova Era verdadeiramente iluminadas ou outras tantas imposições das limitações humanas?

As Novas Eras do passado malograram porque buscavam uma transformação que beneficiasse apenas algumas pessoas, tendo sido concebidas em corações e mentes desvinculados da integralidade do mundo. Talvez tenham começado por uma revelação dessa integralidade, num momento de intuição e de comunhão que deixou o coração maravilhado e repleto de luz. Contudo, essa revelação foi se desfazendo, tornando-se antes uma força a impor do que uma receptividade ao compartilhamento de uma presença, do que uma vontade de compartilhar um poder e um compromisso com a descoberta da simbiose.

O desafio que o movimento da Nova Era enfrenta hoje é como elevar-se acima de suas próprias raízes, sejam elas milenaristas, utópicas, científicas ou tecnológicas, transcender sua própria concepção sobre como as coisas deveriam ser e oferecer ao mundo a experiência incondicional de integralidade transformadora. Sua tarefa consiste em ser uma presença constante de revelação que alimenta, enquanto lhes confere a estrutura, o empenho e a criatividade humanos, ao mesmo tempo em que compreende que a revelação não é uma diretriz a ser seguida, mas um amor a ser compartilhado. A revelação é uma simbiose entre Deus e a humanidade, uma aliança de cocriação dos homens entre si e destes com a Terra. O seu desempenho dessa tarefa vai determinar se ela é verdadeiramente uma revelação capaz de curar e transformar a nossa época ou se não passa de mais uma reprise das Novas Eras de épocas passadas.

OS QUATRO M'S DE AQUÁRIO

Entre 1990 e 1994, dei uma série de aulas que incluía um segmento sobre a Nova Era como moderno movimento espiritual e como um chamado a uma forma específica de prática espiritual. Para ajudar a definir a Nova Era para as pessoas que iam às aulas, escrevi o texto a seguir.

Os Quatro M's

A Nova era é um mito [*myth*], uma metáfora [*metaphor*], uma metamorfose [*metamorphosis*] e uma ameaça [*menace*]. É o mito da Idade do Ouro, da Utopia, do Progresso e da criação de uma sociedade mais perfeita e justa. É uma metáfora da nossa capacidade criativa de aprender, de ter novas intuições, de mudar, de imaginar, de ser receptivos ao imprevisível e ao novo e, dessa maneira, construir um futuro diferente daquele que já conhecemos ou esperamos. Quando a inspiração desse mito e a força dessa capacidade criadora se unem, a metamorfose pode ocorrer: novas idéias e visões se concretizam em estratégias e ações capazes de transformar de modo positivo tanto o indivíduo como a sociedade, tornando-os receptivos a novas possibilidades e rumos. Por outro lado, a Nova Era pode vir a constituir uma ameaça se inspirar uma atitude hostil e um sentido de exclusividade e de distinção entre seus seguidores. O mundo não precisa de mais um "ismo" que lhe imponha ainda mais divisões.

A Nova Era como Mito [*Myth*]

A Nova Era tem, de modo geral, suas raízes fincadas nos mitos da humanidade que falam da progressiva manifestação e nascimento de um mundo melhor, e especificamente nas tradições milenaristas e messiânicas da cultura judeu-cristã. Além disso, ela retira muitos dos seus valores dos ensinamentos espirituais essenciais de todas as grandes religiões do mundo. Falar de mito não é o mesmo que falar de fantasia. Um mito é uma imagem, uma história, que contém uma verdade profunda, a qual não seríamos capazes de exprimir de outra maneira. Ele revela os padrões arquetípicos, formadores, presentes no indivíduo, na cultura, na espécie.

O mito da Nova Era é o mito do mundo sagrado. Trata-se de um mundo no qual há comunhão e harmonia entre a humanidade, todas as criaturas e Deus. Um mundo em que a sociedade e a cultura, de um lado, e a ecologia e a natureza, do outro, se apóiam mutuamente. Um mundo cujas ações e decisões baseiam-se num profundo reconhecimento da interdependência, da interligação e da sacralidade de todas as coisas orgânicas e inorgânicas. É a Nova Jerusalém, o Novo Éden, a Utopia, Shambhala e todas as outras imagens e mitos criados pela humanidade para descrever as suas mais profundas intuições de um mundo de harmonia e abundância e os seus mais profundos anseios por esse mundo.

O mito do mundo sagrado é como um arquétipo junguiano. Quer dizer, a busca desse mundo e o desejo de criá-lo é parte profunda da psique humana. A história da civilização pode, por certo, ser interpretada como um labor contínuo de sucessivas sociedades no sentido de fazer nascer um mundo iluminado, segundo a compreensão que cada uma delas tem disso. Somos mais humanos quando nos empenhamos em construir o mundo sagrado.

Esse mito aflora periodicamente de forma explícita e, quando o faz, um movimento da "nova era" começa a tomar forma. Isso já aconteceu repetidas vezes na história ocidental. O fracasso desses movimentos em particular e dessas sociedades em geral de dar efetivamente à luz o mundo sagrado decorre em larga medida das limitações de visão e de capacidade desses movimentos e coletividades. Cada qual tinha sua representação restrita do que esse mundo deveria ser e, de modo geral, tratava-se de imagens excludentes, hostis a tudo que delas diferisse.

Mas o mundo sagrado em si é a essência da inclusividade e da não-hostilidade, da comunhão e da comunidade. Nenhum movimento da nova era terá a oportunidade de concretizar o seu mito se não puder personificar essa essência e, assim, ser ele mesmo inclusivo e não-hostil. Com a perspectiva planetária que a humanidade tem hoje à sua disposição, estamos em condições, mais do que em qualquer outra época, de chegar mais perto da personificação desse mito; diante de todas as divisões que há neste nosso mundo, grandes são igualmente as probabilidades de um malogro.

Porém, tenhamos ou não êxito, o mito permanece. Se não agora, mas em algum momento futuro, a humanidade conseguirá reagir diante desse arquétipo e aprenderá a fazer nascer esse mundo sagrado. Não há motivos para que não seja este o momento, desde que tenhamos a vontade e o desejo, a intuição e a sabedoria para fazê-lo.

A Nova Era como Metáfora [*Metaphor*]

Como metáfora, a idéia da Nova Era não se refere a um nível profundo, arquetípico, configurando-se antes como algo que nos recorda da nossa capacidade de criação/criatividade. No íntimo de cada um de nós, essa metáfora é a capacidade de produzir grandes mudanças em nossa vida, de transcender o hábito, de criar e de inovar, de imaginar e fazer surgir em nosso mundo não apenas a repetição do que foi como também o vir-a-ser do que pode ser.

Imersos em nossa história pessoal e coletiva, podemos nos esquecer da existência dessa capacidade. Podemos ter por certo que o amanhã será como o hoje. Logo, podemos não despertar para oportunidades e possibilidades de mudança criativa.

Dizer que temos a capacidade de mudar não é denegrir o que já existe. O futuro não é inimigo do passado, e a imaginação criadora/criativa pode ser usada com igual facilidade para honrar o que já se tem e dar-lhe bom uso e para moldar alguma coisa nova. Contudo, quando os hábitos e procedimentos do passado vêm a nos ameaçar porque deixaram de ser meios apropriados de ser ou de agir, temos de nos lembrar que a mudança é possível. A transformação está tão próxima de nós quanto a mudança de pensamento que faz surgir uma mudança de comportamento. Como metáfora, a Nova Era serve para nos lembrar disso, evitando que o conhecido se imponha tiranicamente a nós. Ela nos desperta para o fato de que, se o mundo não está funcionando para nós, quer pessoal ou coletivamente, temos o poder de imaginar uma maneira melhor de organizar as coisas e de agir para estabelecer essa maneira melhor.

A Nova Era como Metamorfose [*Metamorphosis*]

A Nova Era é também uma imagem de metamorfose. Metamorfose não é transformação abrupta. É um processo natural que se desenvolve organicamente a partir daquilo que veio antes. A metamorfose é uma alteração interior que leva o organismo a um estado diferente e mais maduro; ela não é imposta de fora para dentro.

Muitas pessoas parecem ver a Nova Era como algo que vai ser imposto à humanidade por forças amplas, de cunho impessoal. E podem sentir-se, naturalmente, ameaçadas por essa imposição. Mas pensar a Nova Era como metamorfose nos lembra que a transformação duradoura é orgânica: ela vem a partir de dentro. Ela aflora de modo natural, um modo que honra o passado do qual vem e não procura destruir o organismo que o deu à luz, mas antes dar-lhe forma diferente e mais eficiente.

A Nova Era como Ameaça [*Menace*]

A Nova Era pode, no entanto, ser uma ameaça quando tomada como uma nova ideologia ou um movimento exclusivo. Se estabelecer uma dicotomia, um estranhamento, entre nós e eles, entre o velho e o novo mundo ou entre velha era e nova era, ela só vai perpetuar padrões de conflito do passado, dar continuidade aos aspectos tirânicos do já conhecido. Ela não vai então trazer transformação, mas conflito e, em última análise, fracasso.

A Nova Era pode ser uma ameaça se, em nome do novo, desprezar a sabedoria adquirida pela nossa raça ao longo de milhares de anos, se atacar a tradição, desonrar o intelecto ou rejeitar o desenvolvimento humano. Tem de haver um espaço, um tempo e uma receptividade para que surjam novos padrões; o nosso mundo necessita desesperadamente de novas formas de perceber, de pensar, de sentir e de agir para evitar os perigos da destruição nuclear ou ecológica que parecem estar à nossa volta. Mas esse tempo e esse espaço não podem ser conseguidos às expensas do terreno que já conquistamos. Se assim se fizer, teremos, em nome do novo, trevas que na realidade nada têm de novas.

Os Elementos Essenciais da Nova Era

A Nova Era não é monolítica; ela não apresenta ao mundo uma única face. Trata-se de um fenômeno diversificado, rico e multifacetado. Ela engloba de pessoas interessadas por fenômenos mediúnicos, mas não pelos sociais, a pessoas que têm uma preocupação apaixonada com a paz, a ecologia, a justiça social e a liberdade política, mas julga as pesquisas mediúnicas uma fuga da realidade. Entre esses extremos está quem se interesse pelo desenvolvimento pessoal, pela criação de instituições comerciais mais humanas, pelo avanço da medicina holística, pela ampliação das fronteiras do conhecimento por meio da ciência e da educação, por honrar e compreender de modo sempre mais profundo Deus e a dimensão sagrada da vida, pelo desenvolvimento de relacionamentos que promovam o progresso da pessoa e pela construção de comunidade. A Nova Era é um espectro de atividades, muitas delas ligadas entre si por um único interesse comum: a concretização de novas possibilidades de crescimento e de melhoria dos indivíduos, da humanidade e do mundo como um todo.

A força essencial do ímpeto da Nova Era está em criar comunhão — a interação harmoniosa entre a humanidade, a natureza e Deus — mediante a cura de padrões de alienação e de hostilidade, em promover a reparação dos vieses perceptivos e em fomentar a integralidade do indivíduo e do seu relacionamento compassivo com os outros e com o mundo. Essa comunhão é o pré-requisito da liberação de um maior potencial co-criativo no seio da humanidade, um potencial não-distorcido e imune a padrões conflituosos limitadores.

O paradigma da Nova Era inclui os seguintes elementos: somos todos responsáveis pelo mundo em que vivemos. Somos todos participantes de um universo vivo, interligado e interdependente no qual as ações de uma pessoa afetam o bem-estar de todos. A nossa consciência não está confinada ao mundo físico; ela é na verdade, em níveis mais elevados, co-extensiva com o universo, e forma unidade com Deus. A nossa tarefa consiste em despertar para esses níveis superiores de percepção e fazer que a sua perspectiva e energia participem da cura e da manifestação de cada um de nós, das nossas sociedades e do mundo. Enquanto dela nos desincumbimos, cabe-nos aprender a exprimir a nossa vontade compassiva e co-criativa de modo mais vigoroso e eficaz a fim de moldar o nosso futuro, ao tempo em que nos tornamos mais acolhedores e receptivos à vontade recíproca [*sic*] da vida como um todo e de Deus.

A pauta da Nova Era tem como base a premissa de que, como indivíduos e como espécie, nós usamos apenas uma fração reduzida do nosso potencial criador e espiritual. Em conseqüência, temos de descobrir e usar estratégias econômicas, políticas, religiosas, espirituais, metafísicas, médicas, artísticas, educacionais e tecnológicas nos níveis pessoal, institucional, nacional e global a fim de assegurar e promover o bem-estar de todas as pessoas e de todas as criaturas vivas da Terra, bem como da própria Terra. Esse bem-estar e integralidade ativa é um pré-requisito para a liberação das energias, ora suprimidas, da co-criatividade, da comunidade, da imaginação e do crescimento.

Pontos Altos e Sombras da Nova Era

O atrativo que a Nova Era tem para as pessoas reside no fato de ela ser, no íntimo, uma visão capaz de tornar reais os potenciais que temos; ela apela à nossa necessidade de uma nova manifestação e de um novo crescimento; ela dirige as nossas energias para o serviço global numa época de necessidade e de perigo planetários, mas nos impele por meio da percepção de que este também é um tempo de oportunidades globais. As sombras da Nova Era incluem a alienação do passado em nome do futuro; o apego à novidade pela novidade, sem um adequado alinhamento com a história e a tradição; a falta de discriminação e de discernimento em nome da integralidade e da comunhão, de que decorre a incapacidade de compreender ou respeitar a função das fronteiras e dos limites; o egoísmo advindo do autodesenvolvimento impróprio; uma mal percebida rendição à impotência e à irresponsabilidade em nome da espera da vinda da Nova Era em vez da atitude de ser um criador ativo de integralidade na vida pessoal; a identificação da Nova Era primordialmente como um evento em vez de um processo; a confusão entre paranormalidade e sabedoria, entre mediunidade e espiritualidade e entre a perspectiva da Nova Era e a verdade última.

Considerações Finais

Ao longo da história, Novas Eras têm surgido e desaparecido. A humanidade, a natureza e Deus estão sempre presentes. Temos de manter a nossa perspectiva. A Nova Era é a imagem de uma transição momentânea e não da continuidade que subjaz à vida e ao espírito. Temos de ver com clareza o que está mudando e o que se mantém como fundamentos interiores e exteriores sobre os quais se pode construir algo novo. Temos de saber o que é fixo e o que é fluido.

A Nova Era foi feita para a humanidade; não foi esta que foi feita para a Nova Era. A Nova Era é uma imagem da nossa mudança, de transformações que nos servem, e não de um molde a que devemos nos adaptar para não perecer. É também uma imagem de irrestrição num contexto de valores e capacidades universais. O futuro não está determinado. Podemos ser co-criativos uns com os outros, com a natureza e com Deus, e abrir assim portas a prodígios e manifestações que mal podemos imaginar. Enquanto o fazemos, temos de honrar a comunhão, construir comunidade, levar cada qual a descobrir e desenvolver seu potencial e fazer que o processo todo prossiga de maneira jovial e criativa.

Conhecer Aquário por Meio de Livros

Relação introdutória de obras destinadas a quem se interessa por conhecer Aquário por meio da palavra impressa.

Há no mercado centenas de livros que tratam direta ou indiretamente de temas da Nova Era. A melhor coisa que deve fazer quem se interessa por esse vasto terreno é ir a uma boa livraria especializada em metafísica ou em Nova Era e dar uma olhada no que há nas prateleiras. Ver o que lhe desperta o interesse. Uma boa livraria universitária também pode oferecer muitas coisas.

Até lá, eis uma pequena amostra dos livros da minha biblioteca que julguei úteis em aulas ou que simplesmente me divertiram. Alguns podem ter deixado de ser editados, mas quando for esse o caso, vale a pena procurá-los em lojas de livros usados. Separei-os em seis temas: Livros Anteriores de David Spangler, Transformação, A Nova Era e Sua História, Contextos para Aquário, Habilidades para Aquário e Novos Paradigmas. Recomendo todos esses livros, mas indico em **NEGRITO** aqueles com que iniciaria cada seção.

Claro está que cada um desses livros contém sua própria bibliografia, que pode levá-lo ainda mais longe! Boa sorte!

Livros Anteriores de David Spangler

Emergence: The Rebirth of the Sacred, 1984, Doubleday.
Reimagination of the World (com William Irwin Thompson), 1991, Bear & Co.
Everyday Miracles, 1995, Bantam.
The Call, 1996, Riverhead Books.

Transformação

Capra, Fritjof, *The Turning Point: Science, Society, and the Rising Culture*, 1982, Simon & Schuster. [*O Ponto de Mutação*, publicado pela Editora Cultrix, São Paulo, 1980.]
Earth's Answer: Explorations of Planetary Culture at the Lindisfarne Conferences, 1977, Lindisfarne/Harper & Row.
Ferguson, Marilyn, *The Aquarian Conspiracy*, 1980, Tarcher.
Roszak, Theodore, *Unfinished Animal*, 1975, Harper & Row.
— *Person/Planet*, 1978, Anchor Press/Doubleday.
Russell, Peter, *The Global Brain*, 1983, Tarcher.
— *The White Hole in Time*, 1992, HarperSanFrancisco.
Thompson, William Irwin, *Passages About Earth/At the Edge of History*, 1988, Lindisfarne Press.
— *Coming Into Being*, 1996, St. Martin's Press.

A Nova Era e Sua História

Barkun, Michael, *Disaster and the Millennium*, 1974, Yale University.
Bloom, William & Button, John, *The Seeker's Guide*, 1992, Aquarian Press.
Caddy, Peter, *In Perfect Timing: Memoirs of a Man for the New Millennium*, 1996, Findhorn Press.
Cohn, Norman, *The Pursuit of the Millennium*, 1970, Oxford University Press.
Ferguson, Duncan, *New Age Spirituality*, 1993, Westminster/John Knox Press.
Heinberg, Richard, *Memories and Visions of Paradise*, 1989, Tarcher.
Lash, John, *The Seeker's Handbook*, 1990, Harmony Books.
Lewin, James & Melton, J. Gordon, *Perspectives on the New Age*, 1992, SUNY Press.
Walker, Alex (org.), *The Kingdom Within: A Guide to the Spiritual Work of the Findhorn Community*, 1995, Findhorn Press.

Contextos para Aquário

Curran, Douglas, *In Advance of the Landing: Folk Concepts of Outer Space*, 1985, Abbeville Press.
W. Brugh Joy, *Joy's Way*, 1979, Tarcher.
Klimo, Jon, *Channeling*, 1987, Tarcher.
Matthews, John & Caitlin, *The Western Way*, 1994, Arcana.
Matthews, John, *The Celtic Shaman*, 1991, Element Books.
Rudhyar, Dane, *Occult Preparations for a New Age*, 1975, Quest Books. [*Preparações Ocultas para uma Nova Era*, publicado pela Editora Pensamento, São Paulo, 1991.]
Stewart, R. J., *Earthlight*, 1992, Element Books.
— *Power in the Land*, 1993, Element Books.

Habilidades para Aquário

Bloom, William, *Meditation in a Changing World*, 1992, Gothic Images.
— *First Steps*, 1993, Findhorn Press.
— *Psychic Protection*, 1996, Piatkus. (A ser publicado nos EUA pela Simon & Schuster, talvez com outro título.)
Daloz, Laurent et al., *Common Fire: Lives of Commitment in a Complex World*, 1996, Beacon.
Dominguez, Joe & Robin, Vicki, *Your Money or Your Life*, 1993, Viking/Penguin.
James, Jennifer, *Thinking in the Future Tense*, 1996, Simon & Schuster.
Sardello, Robert, *Love and the Soul: Creating a Future for Earth*, 1995, HarperCollins.
Savary, Louis M. & Berne, Patricia H., *Kything: The Art of Spiritual Presence*, 1988, Paulist Press.
Stewart, R. J., *Living Magical Arts*, 1987, Blandford Press.

Novos Paradigmas e Estratégias

Anderson, Walter Truett, *The Truth about the Truth*, 1995, Tarcher/Putnam.
Berry, Thomas, *The Dream of the Earth*, 1988, Sierra Club Books.
Bloom, William, *Money, Heart and Mind*, 1995, Viking.
Bruyere, Rosalyn, *Wheels of Light*, 1989, Simon & Schuster.
Conrad, Jillian (org.), *Ecovillages & Sustainable Communities*, 1995, Findhorn Press.
Davies, Paul, *Are We Alone?*, 1995, Basic Books.
Dossey, Larry, *Healing Words*, 1993, HarperCollins. [*As Palavras Curam*, publicado pela Editora Cultrix, São Paulo, 1992.]

— *Recovering the Soul*, 1989, Bantam. [*Reencontro com a Alma,* publicado pela Editora Cultrix, São Paulo, 1992.]

Fox, Matthew, *Original Blessing*, 1983, Bear & Co.

— *Creation Spirituality*, 1991, HarperSanFrancisco.

— *The Reinvention of Work*, 1994, HarperCollins.

— *Confessions*, 1996, HarperSanFrancisco.

Henderson, Hazel, *Building a Win-Win World*, 1996, Barrett-Koehler. [*Construindo um Mundo Onde Todos Ganhem,* publicado pela Editora Cultrix, São Paulo, 1998.]

Heyneman, Martha, *The Breathing Cathedral*, 1993, Sierra Club.

Irwin, Lee, *Visionary Worlds: The Making and Unmaking of Reality*, 1996, SUNY Press.

Myss, Caroline, *Anatomy of the Spirit*, 1996, Harmony Books.

Peat, F. David, *Synchronicity*, 1987, Bantam.

Spretnak, Charlene, *States of Grace*, 1991, HarperCollins.

Swimme, Brian & Berry, Thomas, *The Universe Story*, 1992, HarperCollins.

Talbot, Michael. *Mysticism and the New Physics*, 1981, Arcana.

Thompson, William Irwin (org.), *Gaia: A Way of Knowing*, 1987, Lindisfarne Press.

— *Gaia 2: Emergence, the New Science of Becoming*, 1991, Lindisfarne Press.

— *Imaginary Landscape*, 1989, St. Martin's Press.

Van Der Ryn, Sim & Cowan, Stuart, *Ecological Design*, 1996, Island Press.

Waldrop, M. Mitchell, *Complexity*, 1992, Simon & Schuster.

Wheatley, Margaret J., *Leadership and the New Science*, 1992, Barrett-Koehler.

Young, Louise, *The Unfinished Universe*, 1986, Simon & Schuster.

Zohar, Danah, *The Quantum Self*, 1990, William Morrow.

O PONTO DE MUTAÇÃO

Fritjof Capra

Em *O Tao da Física,* Fritjof Capra desafiou a sabedoria convencional ao demonstrar os surpreendentes paralelos existentes entre as mais antigas tradições místicas e as descobertas da Física do século XX. Agora, em *O Ponto de Mutação,* ele mostra como a revolução da Física moderna prenuncia uma revolução iminente em todas as ciências e uma transformação da nossa visão do mundo e dos nossos valores.

Com uma aguda crítica ao pensamento cartesiano na Biologia, na Medicina, na Psicologia e na Economia, Capra explica como a nossa abordagem, limitada aos problemas orgânicos, nos levou a um impasse perigoso, ao mesmo tempo em que antevê boas perspectivas para o futuro e traz uma nova visão da realidade, que envolve mudanças radicais em nossos pensamentos, percepções e valores.

Essa nova visão inclui novos conceitos de espaço, de tempo e de matéria, desenvolvidos pela Física subatômica; a visão de sistemas emergentes de vida, de mente, de consciência e de evolução; a correspondente abordagem holística da Saúde e da Medicina; a integração entre as abordagens ocidental e oriental da Psicologia e da Psicoterapia; uma nova estrutura conceitual para a Economia e a Tecnologia; e uma perspectiva ecológica e feminista.

Citando o *I Ching* — "*Depois de uma época de decadência chega o ponto de mutação*" — Capra argumenta que os movimentos sociais dos anos 60 e 70 representam uma nova cultura em ascensão, destinada a substituir nossas rígidas instituições e suas tecnologias obsoletas. Ao delinear pormenorizadamente, pela primeira vez, uma nova visão da realidade, ele espera dotar os vários movimentos com uma estrutura conceitual comum, de modo a permitir que eles fluam conjuntamente para formar uma força poderosa de mudança social.

EDITORA CULTRIX

Preparações Ocultas para uma Nova Era

Dane Rudhyar

Neste livro, Dane Rudhyar — compositor, poeta, filósofo e astrólogo — afirma sua esperança no mundo novo que estamos criando a cada instante e revela que é através da crise que surge o novo começo: "A semente tem de morrer para que a folha se desenvolva."

Embora tenha sido amplamente aclamado no campo da astrologia, este livro é essencialmente um estudo sobre o homem e sobre sua relação com o Universo. É um estudo que reconhece o fato de que não é só o céu que nos afeta, mas que também nós o afetamos; que a evolução da vida é um processo criativo cíclico e que, para avaliar corretamente a condição do mundo hoje, é preciso ter uma visão ampla e evolucionária dele.

Dane Rudhyar sugere aqui que nós, os participantes deste ato de criação, somos ajudados nos nossos esforços para realizar o nosso potencial e que essa ajuda surge na forma de avatares, de anjos, de heróis, de gênios e de todos aqueles que fazem parte, consciente ou inconscientemente, de uma Fraternidade Oculta muito real.

Preparações Ocultas para uma Nova Era é, na verdade, uma ampla síntese de mais de 50 anos de trabalhos do autor, síntese essa que incorpora uma visão global da *Doutrina Secreta* de H. P. Blavatsky, abrindo nossas mentes e corações para novos horizontes.

REENCONTRO COM A ALMA

Uma Investigação Científica e Espiritual

Larry Dossey, M.D.

Neste seu último livro, sério e instigante, Larry Dossey nos dá uma visão alternativa da consciência humana – uma teoria da mente e do ser, independentes da matéria, do tempo e do espaço. Ilustrado com pensamentos de Lao Tsé e de Jung, de Meister Eckhart e de Rilke, e com textos tão antigos quanto os Upanishades, *Reencontro com a alma* entrelaça o conhecimento do Ocidente com o do Oriente, numa rica tapeçaria de grande profundidade intelectual e força espiritual. Trata-se, sem dúvida, de uma investigação profunda da ligação entre misticismo e cura, entre religião e física, que nos ajuda a entender a nossa realidade interior – um livro que, triunfante, afirma a nossa inter-relação com o Universo.

Sendo médico, o autor já presenciou em seus pacientes curas miraculosas que não podem ser explicadas pela ciência convencional. As idéias de eminentes cientistas como Schrödinger, Margenau, Einstein, Gödel, David Bohm e Sheldrake são combinadas à sabedoria tradicional de visionários e místicos para apresentar evidências convincentes de uma concepção não-localizada e holística da mente e da realidade. Em resumo, Larry Dossey nos fornece neste livro novas provas da existência da alma.

Larry Dossey é especialista em medicina psicossomática na Dallas Diagnostic Association e ex-chefe de equipe da Medical City Dallas Hospital. Também já dirigiu o Isthmus Institute em Dallas, uma organização que investiga a convergência entre ciência e religião. Tem dois livros já publicados — *Space, Time & Medicine* e *Beyond Illness*.

EDITORA CULTRIX

A SABEDORIA NECESSÁRIA

Como Enfrentar o Desafio de uma Nova Maturidade Cultural

Charles M. Johnston, M.D.

A Sabedoria Necessária é um manual para nos ajudar a controlar o futuro. Os profundos desafios que caracterizam a nossa época — as mudanças nos relacionamentos e na família, o mundo transformado numa aldeia global, a agressão ao meio ambiente — requerem não apenas políticas novas, mas também novos tipos de compreensão.

A Sabedoria Necessária é um convite feito por um dos nossos mais conceituados pensadores de vanguarda para que exploremos a nova criatividade e a maturidade que os desafios do futuro exigirão cada vez mais de nós.

Charles M. Johnston, doutor em Medicina, é psiquiatra, artista e futurólogo. É diretor do *Institute for Creative Development*, um centro de estudos e de treinamento em Seatle, Washington, e autor de diversos trabalhos sobre crescimento humano e evolução planetária.

* * *

"Charles M. Johnston escreveu um livro tão brilhante quanto uma jóia preciosa. Uma obra clara e atraente, *A Sabedoria Necessária* mudará a vida de todos os que a lerem."

Larry Dossey, autor de *Reencontro com a Alma*, publicado pela Editora Cultrix

"Um livro dos mais importantes. *A Sabedoria Necessária* desafia cada um de nós a examinar seu papel no futuro do planeta. Merece toda a nossa atenção."

Thomas Engel, Catedrático do Departamento de Química da Universidade de Washington

A NATUREZA E O DESPERTAR DO SEU MUNDO INTERIOR – Uma Aventura Espiritual

Michael J. Roads

"Você irá abrir-se a novas experiências e envolver-se com elas espontaneamente. Você já deu início a esse processo há muito tempo. Para penetrar numa nova realidade da Natureza, você deve primeiro sentir essa Natureza, vivenciá-la como ela é, não como observador mas como participante. Os reinos mineral, vegetal e animal são parte do Ser humano. Você precisa experimentar a sua ligação com esses reinos. Dessa forma, o conhecimento e a experiência que agora estão bem escondidos no fundo da sua psique tornar-se-ão a sua realidade consciente."

* * *

Nessa viagem de auto-realização que Michael J. Roads empreendeu é-nos revelada uma dimensão interior da Natureza muito próxima da nossa realidade e que é de um valor incomparável para todos nós, apesar de nos termos condicionado a negar a sua existência.

Através de uma série deslumbrante de visões, o autor vai além do simples ato de comunicação, transformando-se nos próprios seres da Natureza, não importa a que reinos eles pertençam — o mineral, o vegetal ou o animal. As viagens de Michael servem de experiência profunda para verificarmos o impacto que exercemos sobre a Natureza do ponto de vista dela mesma e para adotarmos um relacionamento mais harmonioso com ela e com os seres que a integram.

* * *

Michael J. Roads é autor de *Diálogos com a Natureza,* também publicado pela Editora Pensamento.

EDITORA PENSAMENTO

A AUDÁCIA DE VIVER

Arnaud Desjardins e *Véronique Loiseleur*

Arnaud Desjardins, que já foi um viajante incansável, diretor de filmes para a televisão sobre as espiritualidades vivas do Oriente, filmes que marcaram época, autor de quinze livros cujo impacto não pára de crescer, vive hoje no sul da França, onde se dedica a transmitir o que lhe foi ensinado.

Por que os seres humanos têm medo de morrer? Porque não viveram de fato. E que maldição os impediu de existir plenamente a não ser o medo de viver?

Não há dúvida de que a nossa civilização em nada nos ajuda a ousar ser e a exprimir aquilo que realmente somos, apesar de sua aparente permissividade.

A importância exagerada que a nossa sociedade atribui aos valores puramente intelectuais e ao saber abstrato não favorece o cultivo nem o desenvolvimento do sentimento. A proliferação de modelos, muitas vezes efêmeros e superficiais, propostos pelos meios de comunicação contribui para essa confusão. É cada vez mais difícil conseguir ser o que se é, e não uma imitação. Além disso, muitas pessoas só se empenham pela metade na aventura da existência; elas avançam com timidez, tomadas por um sentimento de frustração, sem saber de onde podem extrair a simples coragem de ser.

Seguindo a linha das obras precedentes escritas por Arnaud Desjardins, *A Audácia de Viver* pretende ser um apelo a uma vida plena, uma vida intensa, de acordo com as condições de cada um de nós. O livro se dirige a todos os homens e a todas as mulheres que aspiram encontrar ou reencontrar em seu próprio ser a audácia de viver.

EDITORA PENSAMENTO

A BUSCA – Uma jornada pelo caminho interior

Jean Sulzberger (org.)

A busca de que trata este livro faz vir à tona o anseio de cada um de nós por uma vida dotada de significado. Uma pesquisa segundo o espírito dos grandes ensinamentos tradicionais – Zen, Sufismo, Judaísmo, Cristianismo, Budismo tibetano e outros – leva o leitor através dos estágios do despertar espiritual, confrontando escritos antigos e contemporâneos com exemplos surpreendentes e raros. Para os que apreciam essas idéias, histórias e imagens, o livro é por si só uma aventura; para os que ainda não têm conhecimento delas o livro serve de verdadeira iniciação. Tendo como ponto inicial o nosso dia-a-dia, *A busca* nos orienta passo a passo na nossa jornada interior rumo à liberdade definitiva.

Entre os autores cujos textos foram escolhidos para integrar esta obra – Martin Buber, Roger Lipsey, Jacob Needleman, Peter Mathiessen – destaca-se o capítulo de P. L. Travers sobre o filme de Peter Brooks, *Encontros com homens notáveis*, que reproduz uma importante palestra inédita de G. I. Gurdjieff.

A busca pressupõe uma atitude espiritual nos leitores, um sentimento de nostalgia de alguma coisa que se perdeu ou esqueceu, a certeza de que existe alguma coisa escondida que o homem não pode encontrar enquanto não for arrastado, sabe-se lá por que influências, a buscar uma fonte de idéias que possa, pouco a pouco, libertá-lo das suas formas cristalizadas de percepção e trazer-lhe o verdadeiro conhecimento de quem ele é.

EDITORA PENSAMENTO